中国输美食品生产企业合规指南丛书

中国输美食品生产企业合规指南

速冻食品分册

李 莉 主编

中国林业出版社
China Forestry Publishing House

图书在版编目（CIP）数据

中国输美食品生产企业合规指南. 速冻食品分册 / 李莉主编. --北京：中国林业出版社，2024.6

ISBN 978-7-5219-0071-2

Ⅰ.①中… Ⅱ.①李… Ⅲ.①冷冻食品-食品卫生法-美国-指南 Ⅳ.①D971.221.6-62

中国版本图书馆 CIP 数据核字（2019）第 085709 号

策划编辑：许　玮

责任编辑：许　玮

————————————————

出版发行：中国林业出版社

　　（100009，北京市西城区刘海胡同 7 号，电话 83143576）

印刷：河北京平诚乾印刷有限公司

网址：https：//www.cfph.net

版次：2024 年 6 月第 1 版

印次：2024 年 6 月第 1 次印刷

开本：787mm×1092mm 1/16

印张：16.5

字数：390 千字

定价：60.00 元

中国输美食品生产企业合规指南
速冻食品分册

编写人员名单

主　编　李　莉

副主编　王昭祯　李　立　王铁龙

参编人员　张　婉　冯亚敏　王建华　司念鹏

　　　　　严海元　冯　杰　徐　颖　崔　杨

　　　　　高　磊　张建彬　刘静娜　贾春枫

　　　　　俄世谨

2011 年 1 月 4 日，美国总统奥巴马签署了《FDA 食品安全现代化法案》(FDA Food Safety Modernization Act，简称 FSMA）。这是美国 70 多年来对现行主要食品法律《联邦食品、药品及化妆品法》最大的修订，是美国食品安全监管体系的重大变革。

美国是世界上第一大经济体，发达国家之一。随着 FSMA 的颁布、实施，新一轮的食品安全管理已经从酝酿到正式实施。随着中美之间贸易往来加深，美国食品药品监督管理局(FDA)加强进口食品监管，逐年增加海外工厂检查频次并推动进口商对国外工厂进行验证，同时每年中国被美国 FDA 预警或是扣留的企业总数量达到上百家次，造成了巨大的损失，在此叠加背景下，如何有效识别并且实施 FSMA 法规成为一个巨大的挑战。

基于此，为了帮助中国输美食品企业更好地符合 FSMA 法规的要求，我们组织专家编写了这套"中国输美食品生产企业合规指南丛书"，丛书一共分为十册：总论、注册分册、低酸罐头分册、酸化食品分册、水产品分册、饮料分册、速冻食品分册、调味品分册、膳食补充剂分册、其他类产品分册。该丛书基本上按照该种类食品介绍、应符合法规介绍、FDA 关注要点分析、食品安全计划（或HACCP 计划）、FDA 检查记录、附录等内容进行编写，实际编写过程中，因产品情况不同上述顺序可能存在一定差异，但是遵循每种产品针对不同的分册来进行设计，有些产品种类没有囊括进来，涉及的产品可以参考相近产品的种类。

希望本丛书的出版能够对我国的输美食品企业、食品安全监管部门、食品研究机构、高等院校、科研院所等开展食品安全合规性检查及体系研究、提升我国食品安全水平起到一定的借鉴作用。

由于 FSMA 法规是一个系统性很强的法规，且在实际应用过程中存在着灵活性和原则性，加之作者水平有限及编写时间仓促，编写过程中难免有错漏之处，希望广大读者批评指正。

编 者

2021 年 12 月

第一章

速冻食品简介

　　速冻食品是将需速冻的食品，经过适当的处理，急速冷冻，低温储存，于-20～-18℃（一般要求，不同食物要求温度不同）的连贯低温条件下送抵消费地点的低温产品。速冻食品最大优点是完全以低温来保存食品原有品质（使食品内部的热或支持各种化学活动的能量降低，同时将细胞的部分游离水冻结，即降低水分活度），而不借助任何防腐剂和添加剂，同时使食品营养最大限度地保存下来。具有原食品美味、方便、健康、卫生、营养、实惠（错开季节，提升食品值，创造更高效益）的好处。本章对速冻食品的定义及分类、起源及其发展情况、对美出口及预警通报情况进行了简要介绍。

第一节　速冻食品定义及分类

　　关于速冻产品，是采取快速冻结的方式对食品进行处理，以此来达到长时间保存的目的。各个国家对速冻产品都有不同的定义和分类方式。

一、定义

（一）国际食品法典委员会（CAC）

　　根据国际食品法典委员会（CAC）的规定，速冻食品是已实施过速冻程序（可使食品尽快通过最大结晶温度范围的一种程序），并且在冷链（涵盖从收货到加工、运输、储存和零售整个过程中为了保持食品温度而相继使用的方法的连续整体）任何一点上、在温度允许范围内保持-18℃或更低的食品。

（二）中国食品安全标准

　　我国在食品安全国家标准《速冻食品生产和经营卫生规范》（GB 31646—2018）中规定，速冻食品，是指被冻食品迅速通过最大冰晶区（食品中的水形成冰的一个温度区间，大部分食品的温度区间是-5～-1℃），使其热中心温度达到-18℃及以下而冻结，食品冻结时的温度应在-18℃以下，并采用冷链方式在运输、冷藏、流通领域保持-18℃或更低温度的包装食品。速冻食品组织中的水分、汁液不会流失，而且在这样的低温环境下，微生物基本上不会繁殖，食品的安全也就有了保证。

（三）美国食品药品监督管理局（FDA）

根据美国食品药品监督管理局（FDA）的规定，"快速冷冻"是指通过一种冷冻系统来冻结，以确保食物甚至是食物的中心被快速冻结，而且几乎没有发生变质。如空气鼓风冷冻（在华氏零度以下，直接用快速流动的空气冷冻食物）。

二、分类

速冻食品按照其原料特性以及生产工艺关键工序的特点，可以分为五大类，分别是：速冻畜禽产品、速冻水产品、速冻果蔬制品、速冻面米制品、速冻调制食品（表1-1）。下面对这五大类产品进行逐一介绍。

表1-1 速冻食品分类表

种类	类别
速冻畜禽产品	猪肉、鸡肉等
速冻水产品	海虾、冻鱼、虾仁等
速冻果蔬制品	桃、杏、梨、混合水果等；毛豆、花生、竹笋、混合蔬菜等
速冻面米制品	速冻油条、速冻汤圆、速冻包子、速冻春卷、速冻粽子等
速冻调制食品	速冻肉糜类制品、速冻菜肴制品、速冻汤料制品等

（一）速冻畜禽产品

速冻畜禽产品包括速冻分割畜肉及其副产品、骨类产品和速冻分割禽肉及其副产品、骨类产品，是以鲜、冻畜（禽）肉为原料，经过验收、宰杀沥血、浸烫脱毛、去爪皮、净膛消毒、宰后检验、预冷杀菌、分割、修整加工、速冻、包装、金属探测等某几项工艺加工包装并在冻结条件下贮存、运输及销售的食品。其中原料验收、宰后检验、预冷杀菌、金属探测往往被确认为关键控制点。

（二）速冻水产品

速冻水产品包括速冻鱼类、速冻水生甲壳类、速冻水生软体类、速冻棘皮类、速冻水产糜类产品，是指将保鲜或冻的鱼、虾等水产原料经过验收、储存、解冻、清洗、去头脏去皮清洗、切段修整、控水、分级挑选、摆盘、速冻、修型、脱盒挂冰衣、包装、金属探测等其中的几道工序加工，并在冻结条件下贮存、运输及销售的食品。其中原料验收、金属探测往往被确认为关键控制点。

（三）速冻果蔬制品

速冻果蔬制品包括速冻水果、速冻蔬菜，是以新鲜果品、蔬菜为原料，经过验收、挑选、分级、清洗、整理、浸泡、漂洗、漂烫、预冷、护色等其中的几道预处理工序后，采用速冻工艺加工、包装并在冻结条件下贮存、运输及销售的果蔬制品。其中原料验收、漂烫（如果有此工序）、金属探测往往被确定为关键控制点。

（四）速冻面米制品

速冻面米制品包括速冻饺子、速冻油条、速冻汤圆、速冻包子、速冻春卷、速冻粽子、速冻风味派等，是以小麦粉、大米、杂粮等谷物为主要原料，或同时配以肉、禽、蛋、水产品、蔬菜、果料、糖、油、调味品等单一或多种配料为馅料，经原辅料验收、和面、制作馅料、面团醒发、加工成型、熟制、速冻、金属探测等其中的几道工序而制成的食品。其中原辅料验收、制作馅料、熟制、金属探测往往被确认为关键控制点。

（五）速冻调制食品

速冻调制食品包括速冻肉糜类制品、速冻菜肴制品、速冻汤料制品等，是以谷物或豆类或薯类及其制品、畜禽肉及其制品、水产品及其制品、植物蛋白及其制品、果蔬及其制品、蛋及其制品、食用菌及其制品等为主要原料，配以辅料（含食品添加剂），经调味制作加工，经或不经熟制，采用速冻工艺（产品热中心温度 ≤-18℃），在低温状态下贮存、运输和销售的预包装食品。原辅料验收、配料、熟制、速冻、金属探测往往被确认为关键控制点，工序因产品原辅料特性不同而略有不同。

针对肉类及水产品，其他分册中会有专门讲述。本册重点介绍两个种类的产品，即速冻果蔬产品和速冻面米制品。

第二节　速冻食品出口情况介绍

一、速冻食品起源及发展概况

速冻食品起源于美国，起始于 1928 年。1920 年世界上第一台快速冷冻机在美国试制成功后，速冻加工品随即问世。第二次世界大战后，速冻食品迅速发展起来，1948—1953 年，美国系统地研究了速冻食品，提出了著名的 T、T、T 概念［T、T、T 概念是指食品在生产、储藏及流通各个环节中，经历的时间（Time）和经受的温度（Temperature）对其品质的容许限度（tolerance）的影响。早期质量优秀的速冻产品，由于还要经过各个流通环节才能到消费者手中，如果在储藏和流通过程中不按冷冻食品规定的温度和时间操作，如温度大幅度波动，也会失去其优秀的品质。也就是说冷冻食品最终质量还要取决于储运温度、冻结时间和冻藏期的长短］，并制定了《冷冻食品制造法规》，从此以后，速冻食品实现了工业化生产，并进入超级市场，深受消费者青睐。特别是果蔬单体快速冻结技术的开发，开创了速冻食品的新技术。此技术很快风靡世界。

中国速冻食品的生产始于 20 世纪 60 年代。当时主要是出口到日本等国家和地区的小包装速冻蔬菜，方法简单，数量较少。到 80 年代，我国引进了隧道、螺旋式、流化床等冷冻技术，大大缩短了冷冻时间，提高了速冻食品的生产能力。主要产品有包馅的面食（馅饼、饺子、烧麦等）和蔬菜类等。90 年代，随着人民生活水平的提高，家庭冰箱普及，大中城市超市连锁业蓬勃发展，零售终端各式冷藏设施的出现，速冻食品行业迅速发展。1994 年全国第一个冷冻食品协会在上海成立，标志着 20 世纪 90 年代冷冻食品在中国进入迅速发展的新阶段。

近年来，随着人们收入水平的提高和生活节奏的加快，我国速冻食品产业以年均 20% 的速度迅速增长，目前已成为食品制造业的重要组成部分，成为国际速冻食品行业中的新星。其产品种类丰富并具备一定生产规模，据不完全统计，全国获得食品生产许可的速冻食品生产企业 1434 家，年产量接近 1500 万 t，产值更高达 1000 亿元。在迅速发展中涌现出一大批知名品牌，如北方的三全、思念、科迪、云鹤，南方的湾仔码头、龙凤、海霸王、安井、祜康及五丰等。

二、我国速冻食品出口情况

速冻食品是食品业的重要组成部分，全球速冻食品主要分布在欧洲和亚太地区。全球速冻食品市场份额欧洲为 46.10%，亚太地区 25.40%，美国 22.10%，其他地区 6.40%。

美国是世界上速冻食品产量最大、花色品种最多、人均消费量最高的国家，速冻食品的年产量达 2000 万 t，品种近 3000 种，人均年占有量 60kg 以上。速冻食品从早餐、中餐、晚餐到各式点心、汤料、甜食，还有低盐、低糖、低脂肪速冻食品等，应有尽有。欧洲市场也是世界速冻食品消费的主要市场。目前速冻食品年消费量远远超过 1000 万 t，人均年占有量近 30kg。日本是亚洲速冻食品消费的第一大市场，也是世界速冻食品三大消费市场之一，年消费量在 300 万 t 左右，人均占有量接近 20kg，其中煎炸食品和调理食品发展迅速，占全日本速冻食品总量的 75%。日本速冻食品花色品种繁多，多达 3100 种。在日本热销的速冻食品中有"中国风味""意大利风味""旧金山风味"等多种口味，并且日本的速冻食品很多是从中国传统的食品加以工业化演变而成的。

近年来，国内速冻食品加大了技术资金投入，积极跟踪、研究国际速冻米面食品行业的最新产品和技术，从美国、日本等国家引入先进生产设备，引进和培养了大批专业技术人才。同时，国内机械设备生产企业已经开始研制国际先进水平的高端速冻食品生产设备，或与食品生产厂家联合攻关，研制非标专用设备，提升了国内速冻米面食品行业的技术装备水平和设备国产化程度。越来越多的国内企业将其目标市场转向海外。

目前，全国获得出口食品生产企业备案的出口速冻食品生产企业 1013 家，其中对美出口的速冻食品生产企业 233 家。

从海关总署网站统计得到 2014—2017 年中国出口农产品和对美出口农产品情况，见表 1-1、表 1-2。

表 1-1　2014—2017 年中国出口农产品总值

年份	2014	2015	2016	2017
出口额（亿美元）	687.2	675.0	705.2	727.6

表 1-2　2014—2017 年中国出口美国农产品总值

年份	2014	2015	2016	2017
出口额（亿美元）	71.9	71.3	71.6	74.3

从商务部国别报告网站统计得到 2014—2017 年美国进口农产品情况，见表 1-3。

表 1-3　2014—2017 年美国进口农产品总值

年份	2014	2015	2016	2017
进口额（亿美元）	1281.6	1290.3	1313.7	1387.5

表1-1、表1-2、表1-3中的农产品包括海关产品类别中的第一类活动物、动物产品，第二类植物产品，第四类食品、饮料、酒及醋、烟草及烟草代用品的制品。

近年来，中国速冻食品行业出口量逐年增加。2015年，中国速冻食品行业出口量为34.29万t，相比2009年，速冻食品行业出口额年平均增长率为3.75%。

随着出口量逐年增加，我国速冻食品出口额也逐年增长。2015年，中国速冻食品行业出口额为5.88亿美元，相比2009年，速冻食品行业出口额年平均增长率为7.55%。

从出口单价看，我国速冻食品行业出口单价呈现稳步缓慢增长的趋势。2015年，我国速冻食品出口单价为1714.79美元/t，相比2009年增长24.05%。

第三节 输美速冻食品预警通报情况

近年来，由于世界范围内的食品安全事件频频发生，如苏丹红、丙烯酰胺事件等，各国政府和国际组织对食品安全问题的重视程度超过以往任何时期，并纷纷开展食品安全信息收集、分析和预警体系研究与建立工作，以预防和控制食品安全事件的发生。美国食品安全管理体系一直以科学、全面和系统的特点而著称。其中预警体系作为美国食品安全管理体系的基石，在美国食品安全管理中起着重要的作用。

美国食品安全预警体系中有较强大的食品安全预警信息管理和发布机构的支持，能将食品安全预警信息快速及时地通报消费者和各相关机构，主要由食品药品监督管理局（FDA）、农业部食品安全检验局（FSIS）、美国疾病控制与预防中心（CDC）、环境保护署（EPA）、美国联邦公民信息中心（FCIC）几个部门组成。此外，还有国家、地方政府部门网站，如环境卫生部、卫生服务部等也同时发布食品安全预警和召回信息。

FDA负责除肉、家禽、蛋制品之外的食品掺假、不安全因素隐患、标签夸大宣传等食品安全管理工作，发布除FSIS管辖之外的食品召回、预警信息；FSIS主管肉、家禽、蛋制品的安全，主要管理和发布这些产品的预警信息和召回通报；CDC是负责传染病防治最主要的部门，在食品安全预警体系中主要负责食源性疾病的预警信息发布和管理；EPA负责农药和水的管理，主要管理和发布有关农药、水的食品安全预警信息；FCIC作为消费者保护机构，发布与消费者密切相关的食品安全预警信息，主要是联邦机构和生产厂家的召回信息。

一、速冻米面制品预警通报情况

2014—2017年，中国出口粮谷及其制品共被美国FDA通报191次，其中速冻米面制品共被通报12次（占比6.3%），通报情况统计见表1-4。

表1-4 2014—2017年速冻米面制品被通报情况

通报产品	通报原因	通报次数
意大利面	标签不合格：格式版面不合格	1
人造蟹肉	标签不合格：格式版面不合格	1

（续）

通报产品	通报原因	通报次数
蛋糕	检出非食用添加物：三聚氰胺	1
面包、花卷、包子	检出非食用添加物：三聚氰胺	2
甜食	检出非食用添加物：三聚氰胺	1
油炸零食	食品添加剂超标：含有甜蜜素	2
面包虾	农兽残不合格：检出新兽药	1
面包虾	农兽残不合格：含有硝基呋喃	3

速冻米面制品被美国通报的情况较少，被通报的原因是标签格式版面不符合美国对于标签的规定（通报 2 次，占比 16.7%）、食品添加剂超标（通报 2 次，占比 16.7%）、含有动物源性配料的产品被检出农兽残不合格（通报 4 次，占比 33.3%）、检出非食用添加物三聚氰胺（通报 4 次，占比 33.3%）。

二、速冻蔬菜制品预警通报情况

2014—2017 年，中国出口蔬菜及其制品共被美国 FDA 通报 478 次，其中速冻蔬菜制品共被通报 29 次（占比 6.0%），通报情况统计见表 1-5。

表 1-5　2014—2017 年速冻蔬菜制品被通报情况

通报产品	通报原因	通报次数
冷冻毛豆	检出杀虫剂：氟啶脲	3
速冻芹菜丁	检出毒死蜱、苯醚甲环唑	1
冷冻菠菜	检出杀虫剂：甲基硫菌灵	1
冷冻菠菜	检出杀虫剂：多效唑	1
冷冻菠菜	检出杀虫剂：霜霉威	5
冷冻菠菜	检出杀虫剂：灭草特	1
冷冻菠菜	检出杀虫剂：毒死蜱	1
冷冻菠菜	检出杀虫剂或疑似含有杀虫剂	4
冷冻菠菜	铅超标	4
冷冻红椒丁	检出杀虫剂：克螨特和哒螨灵超标	2
冷冻红椒丁	杀虫剂三唑醇超标	1
冷冻黄椒丝	杀虫剂多菌灵超标	1
速冻大耳毛	污秽或腐败，感官检验不合格	1
蒸煮的速冻黄瓜	检出杀虫剂异丙威，标签不合格	1
速冻西蓝花	杀虫剂氟氯氰菊酯、甲霜灵、吡虫啉、灭多威超标	1
冷冻青葱	杀虫剂超标	1

从品种看，速冻蔬菜制品中，被通报最多的品种是冷冻菠菜（被通报 17 次，占比 58.6%），其次是冷冻红椒丁（被通报 3 次，占比 10.3%），冷冻毛豆（被通报 3 次，占比

10.3%），速冻芹菜丁、冷冻黄椒丝、速冻大耳毛、速冻黄瓜、速冻西蓝花、冷冻青葱各被通报一次，占比 3.4%。

从通报原因看，通报的原因主要是检出杀虫剂超标（被通报 23 次，占比 79.3%），其次是重金属超标（被通报 4 次，占比 13.8%），因污秽或腐败，以及标签不合格，各通报 1 次，占比 3.4%。

三、预警通报中显现的突出问题

通过对上述通报的汇总整理结果看，输美速冻食品生产企业主要存在以下 7 个需要予以关注的问题。

（一）注册号被盗用的问题

在官方的通报核查工作中，发现存在一些违规企业盗用合规企业的注册号，逃避检验检疫非法出口产品的情况。国内很多企业在进行美国反恐注册时，是委托第三方公司进行操作的，存在注册号和信息被盗用的风险。建议企业按照 FDA "食品企业注册" 法规（Registration of Food Facilities）的要求进行注册，并实时关注 FDA 网站上相关的企业信息是否被修改，及时更正。

（二）农残超标问题

在官方的通报核查工作中，发现造成农残超标的原因主要有以下几方面：一是在农药使用过程中，确实存在剂量不均匀，未到停药期就收获原料等错误操作；二是出口食品原料种植基地周边种植作物喷洒杀虫剂时污染了基地原料；三是受美方技术性贸易壁垒所限，我国某些农残项目的检测低限不能满足美方对该项目的残留限量要求。

（三）重金属问题

关于重金属超标的预警，均是出现在速冻菠菜中，铅超标原因可能是土壤、灌溉水、大气环境存在铅污染等。

（四）标签问题

一些国内生产企业往往按照客户的要求打印包装，而忽视标签格式是否符合美国联邦法规第 21 篇（21CFR）PART101 食品标识（Food Labeling）和公平包装和标签法令（Fair Packaging and Labeling Act）等的要求。特别是 2016 年美国修改了预包装食品营养标签的格式，美国 FDA 要求食品企业 2018 年 7 月 26 日按照新的标签要求标示。但对于年销售量较小的企业还会进一步推迟。出口食品生产企业需对此予以关注。

（五）兽药残留

含有动物源性成分的速冻面米制品检出有兽药残留，原因是动物源性原料带入产品中的残留兽药成分。

（六）食品添加剂

主要是超范围超限量使用食品添加剂的问题，原因可能是企业对美国食品添加剂的使用规定不够了解，未能按照《联邦食品、药品和化妆品法》《食品添加剂补充法案》《着色剂补充法案》《联邦法典》第 21 篇第 70~82 部分食品色素类添加剂（21CFR Part172-178）和第 172~178 部分食品添加剂（21CFR Part172-178）等法案或技术法规要求使用食品添加剂。

（七）其他的通报问题

通报中，还有一些是因未在规定时间内按照美国 FDA 的要求送检，美国 FDA 认为生产企业拒绝接受检查进而通报预警，这也需要企业引起重视。

《FDA 食品安全现代化法案》（FSMA）第 306 款对《联邦食品、药品和化妆品法》第 807（b）款作出如下修订：除其他方面外，如果食品来自拒绝接受检查的海外工厂、仓库或其他企业，则 FDA 可拒绝允许该食品进入美国。当 FDA 被拒绝执行检查时，FDA 将考虑其所有监管选项，以判定相关产品是否符合被拒绝进入美国贸易市场的条件。FDA 可采取的措施包括：将该企业列入进口警告名单中；增加采样检测频率；拒绝入境；或其他监管、司法和行政措施。若企业未能对 FDA 计划检查的通知进行回应，FDA 即可将其视为该企业已经拒绝检查。因此，若某一食品企业未能回复 FDA 的检查通知可使其被列入进口警告名单，并且该企业的产品将被拒绝进入美国。

第二章

应合规的法规介绍

第一节 速冻食品适用的美国法规

美国有关食品安全的法律法规非常繁多，如《联邦食品、药品和化妆品法》（Federal Food，Drug，and Cosmetic Act，FD&C Act）、《包装和标签法》（Fair Packing and Labeling Act，FPLA）、《营养标签及教育法》（Nutrition Labeling and Education Act，NLEA）、《食品质量保护法》（Food Quality Protection Act，FQPA）和《公共卫生服务法》（Public Health Service Act，PHSA）等综合性法规。这些法律法规覆盖了所有食品和相关产品，为食品安全制定了非常具体的标准以及监管程序。

美国生产和进口的 80% 的食品（除商业加工的肉、禽、蛋、奶类外）及部分化妆品由卫生与人类部下属的食品药品监督管理局（FDA）管辖，肉、禽、蛋等食品安全危险性较高的产品由农业部下属的食品安全检验局（FSIS）管辖。本分册的速冻食品（主要是速冻果蔬和速冻米面制品），应当归属 FDA 管辖。为执行《联邦食品、药品和化妆品法》和《公平包装和标签法》，FDA 制定了大量技术法规，对其管辖范围内的食品的质量标准、标签、生产加工程序等进行详细的规定，所有的法规都刊登在《联邦法典》第 21 篇，其中有关食品的是第 70~98 章和第 100~199 章。

一、关于速冻食品的专项技术法规

在速冻食品的专项技术法规方面，美国仅对速冻蔬菜及其制品制定了相应的技术法规要求。即《联邦法典》第 21 篇中的第 158 部分冷冻蔬菜（Frozen Vegetables）。（以下编号均与法规中编号保持一致）下面对该项法规的基本要求进行介绍。

该部分的 A 分部是通用规定，定义了批次、批量（第一包装或单元的总数量）、样本量、样本单元、产品缺陷、可接受缺陷产品数量、可接受的质量水平（AQL）等。规定了不同批量大小的抽样量和可接受的最大缺陷产品数量。具体如表 1-6 所示。

表1-6　合格质量水平（AQL）

批量（基本容器）	容器量	
	$n^{(1)}$	$c^{(2)}$
净重小于或等于1kg		
4800 或以下	13	2
4801～24000	21	3
24001～48000	29	4
48001～84000	48	6
84001～144000	84	9
14001～24000	126	13
24000 以上	200	19
净重大于1kg		
磅数		
2000 或以下	13	2
2001～10000	21	3
10001～20000	29	4
20001～400000	48	6
400001～600000	84	9
600001～1000000	126	13
大于 1000000	200	19

注：（1）n＝抽样量。

（2）c＝合格判断数。

B 分部是特定产品的要求。此分部有一项内容，即 Sec.158.170 冷冻豌豆。该部分对冷冻豌豆的产品定义、规格分级、标签、标签声明进行了定义和规定，对冷冻豌豆的质量标准及其判定方法和检测方法以及质量不合格产品处理方法进行了详细规定。

（a）定义

（1）冷冻豌豆是由 *Pisum sativum* L.（豌豆拉丁学名）植物的种子制成的，符合本章1.20 定义为"包装"形式的食物。任何合适的豌豆品种都可以使用，经过漂烫、沥水和冷冻保存。冷冻方式是使产品迅速通过最大冰晶区。当产品热中心温度达到或低于−18℃（0℉）并保持稳定时，视为冷冻完成。这类食品可含有下列安全和适当的可选成分中的一种或两种以上的任何组合：

（i）天然及人工香料；

（ii）香料及薄荷叶等调味品；

（iii）干性碳水化合物营养甜味剂；

（iv）盐；

（v）味精及其他谷氨酸盐。

（2）规格尺寸：如果大小已分级，冷冻豌豆中所声明大小或更小的豌豆的重量应当不少于80%。样本单元中，可以包含尺寸比之大两个级别的豌豆的重量不多于20%。

应适用表1-7中的尺寸和标注：

表1-7　豌豆分级

尺寸	豌豆通过圆孔筛尺寸	
	毫米（mm）	英寸（in）
极小	大至7.5	0.295
非常小	大至8.2	0.32
小	大至8.75	0.34
中等	大至10.2	0.40
大	10.2以上	0.40

（3）关于产品标识：产品名称是"peas"，就光皮或实质上光皮豌豆。"早""六月""六月初"等术语应紧接在产品名称的前面或后面，比如"Alaska-type peas"。如果豌豆是甜的绿色有褶皱品种，名称可以包括"sweet""green""wrinkled"，或它们的任何组合。标签应标明"frozen""quick frozen"字样。各种配料必须按本章101部分和130部分中有关要求在标签上加以标注。在作出豌豆大小的声明时，该声明应指明本节（a）（2）中标注的尺寸或适用筛目。当80%或更多的甜绿有褶皱品种的豌豆的平均直径小于等于8.75mm（0.34in），或者光皮或实质上光皮豌豆的平均直径小于8.2mm（0.32in），如阿拉斯加型豌豆，此时可选的描述性词"petite"（娇小）或"tiny"（微小）可与产品名称一起使用。

（4）标签声明：食品中使用的每一种成分应按照本章第101和第130部分适用章节的要求在标签上声明。

（b）质量

（1）冷冻豌豆的品质标准如下：

（ⅰ）发黄或发白但可食用的豌豆不超过重量的4%；

（ⅱ）略带污点或斑点的豌豆，不超过重量的10%；

（ⅲ）严重损害的豌豆不超过重量的2%，如硬、皱缩、斑点、变色或其他瑕疵达到了外观或食用品质受到严重影响的程度的；

（ⅳ）豌豆碎片不超过重量的15%，如豌豆的一部分，分离或单个的子叶，压碎的，分裂或破裂的子叶和松落的皮，但是不包括完整未受损的无皮豌豆；

（ⅴ）多余的植物材料不超过重量的0.5%或者$12cm^2$（$2in^2$），如豌豆植物的茎、叶、荚或本节第（B）段所定义的每个样品单元的其他材料。

（ⅵ）本节第（b）（1）（ⅰ）、（ⅱ）、（ⅲ）、（ⅳ）中所述豌豆材料的总和不得超过15%。

（ⅶ）甜绿皱纹品种豌豆的感官和分析特性：

（a）根据本节（B）（3）段规定的程序，酒精不溶固形物不得超过19%。

（b）根据本节（B）（4）段所述的盐水浮选试验，可在含盐量为16%的溶液中下沉的豌豆计数不得超过15%。

（viii）对于光皮或实质上光皮豌豆，根据本节（B）（3）段规定的程序，酒精不溶性固形物不得超过23%。

（ix）当缺陷数量不超过158.3（F）所列抽样计划中的可接受数时，应认为一批质量可以接受。

（2）除本节第（b）（1）（vii）（a）和（b）（1）（viii）外，确定符合本章节（b）（1）要求样品单元应有500g（17.6oz）。

（3）酒精不溶固形物的测定。本段详述了酒精不溶固形物测定的试剂器械和测定方法。

（4）盐水浮选试验。本段详述了盐水浮选试验的原理和测定方法。

（5）如冻豌豆的品质低于本条（b）（1）段所规定的标准，则联邦法规所规定的有关次级品的陈述，但如冻豌豆只在某一方面低于标准，则可使用以下字眼代替矩形第二行所规定的文字："Below standard in quality_____"，空白中要填写的是质量不合格的具体原因，如标准所列。

二、关于速冻食品的通用法规

关于速冻食品的生产企业注册、管理体系、产品标准等，适用于通用法规。

《FDA食品安全现代化法案》，于2011年由美国总统奥巴马签署，该法案成为第111届国会第353号法律并付诸实施，这是70多年来美国对现行主要食品安全法律《联邦食品、药品和化妆品法》的重大修订，也是美国食品安全监管体系的重大变革，它扩大了FDA的执法授权，扩充了对国内食品和进口食品的安全监督管理权限，提出了更严格的食品安全要求。其中对进口食品安全的规定是FSMA法案最具突破性的变革，在出口商要求、进口商资格认定、进口食品证书要求、进口预申报、外国政府能力建设、国外企业检查、第三方审核机构认可、海外派驻机构以及走私食品等多个方面都做出了非常明确和严格的要求。

FSMA框架下的7个配套法规也已陆续出台及正式生效，适用于速冻食品的是《保护食品免受蓄意掺杂的针对性策略》（Mitigation Strategies To Protect Food Against Intentional Adul teration）（121法规）、《食品现行良好操作规范和危害分析及基于风险的预防性控制》（Current Good Manufacturing Practice, Hazard Analysis, And Risk-based Preventive Controls for Human food）（117法规）。

（一）生产企业注册

"9·11"恐怖袭击之后，美国以应对生化恐怖袭击为由，颁布了《公众健康安全与生物恐怖主义预防应对法》（简称《生物恐怖法案》）（Pub. L. 107-188），对《联邦食品、药品和化妆品法》进行修订。美国FDA于2003年10月10日正式发布《食品企业注册法规》（21CRF Part1 SubpartH Registration of Food Facilities）和《进口食品提前通报法规》（21CRF Part1 SubpartI—Prior Notice of Imported Food），并于2003年12月12日开始生效，以实施这一修订。

《食品企业注册法规》要求，美国本土和对美出口的外国食品及饲料的生产、加工、包装、仓储企业必须在 FDA 进行登记注册，未登记的外国食品及饲料将在入境港口遭到扣留。速冻食品生产企业在需注册的范围之内。法规中列明了注册的信息、要求以及更改、更新、注销等相关规定。《FDA 食品安全现代化法案》（FSMA）（Pub. L. 111-353）的颁布修订了《联邦食品、药品和化妆品法》中第 415 节食品企业注册的要求。此次修订需注意以下内容：①在 FDA 注册的食品企业应在每个偶数年的 10 月 1 日至 12 月 31 日期间提交再注册；②修订了注册者需提供的信息，包括美国代理人的邮箱地址和新增食品种类等；③FDA 有权按序停止在第 415 节下注册的企业。

按照"进口食品提前通报"法规的要求，进口食品、饲料到达之前 5 日之内由电子方式接收并确认申报相关的信息（Prior Notice，简称 PN）。根据抵港的运输方式不同，FDA 对最迟接受信息的时间有不同的规定：①通过陆路运输，抵达前 2 小时；②通过空运或铁路运输，抵达前 4 小时；③通过水路运输，抵达前 8 小时。货物到港时，承运人必须持有提前通报确认件，否则无法通关。规定了提交信息的方式、内容、提交后信息变更情况的处理方法以及未按规定提交信息的后果。

"记录的建立、维护和有效"法规要求生产、加工、包装、运输、分送、接收、储存或进口的各环节责任单位执行，以保证食品在整个供应链上是可追溯的。

按照 FSMA 对《联邦食品、药品和化妆品法》的修订，FDA 发布《人类和动物食品的行政扣留法规》（21CRF Part1 SubpartK），如果 FDA 的官员或有资格的人员获得可靠的证据或信息表明产品表现出对人或动物的健康造成严重的不良影响或致死的威胁时，将对产品实施行政扣留。这种情况包括食品被掺假或打上了错误的标签，其中掺假的含义应关注《联邦食品、药品和化妆品法》SEC. 401 掺假食品（Adulterated Food）的定义。

（二）食品安全管理体系

1. 现行良好操作规范（GMP）

《联邦法典》第 21 篇第 110 章对食品的制造、包装或存放过程中的现行良好生产操作规程（简称 GMP）进行了规定，确定了相应的准则以判断食品是否属于《联邦食品、药品和化妆品法》规定的掺杂食品范围。该章从人员、建筑设施、卫生操作、卫生设施和控制、设备和工器具、加工和控制、仓储与分销等方面如何执行良好操作规范做了详细规定。

2. 人类食品预防性控制措施法规

《联邦法典》第 21 篇第 117 章"适用于人类食品的现行良好操作规范、危害分析和基于风险的预防性控制"，又称"人类食品预防性控制措施法规"，即所熟知的 Part117 法规（简称 117 法规），是美国《FDA 食品安全现代化法案》（FSMA）的核心配套法规之一，适用于所有由 FDA 监管并在美国销售食品的生产、加工、包装及储存企业。117 法规整合了良好操作规范（GMP）、危害分析和预防控制措施的要求（HACCP）、卫生操作标准程序（SSOP），界定了供应链上下游的食品安全责任，全面提出了食品生产、加工、包装、储存的安全卫生要求。

117 法规包含以下几部分：A 总则；B 现行良好操作规范；C 危害分析和基于风险的预防控制措施；D 特殊要求；E 撤销对特殊企业的豁免；F 必须建立并保持记录的要求；

G 预留部分。117 法规的核心部分是预防性控制（Preventive Controls），在 C 部分（危害分析和基于风险的预防控制措施）的一些新概念和要求可作为评估的关注点。

第一，关于危害的定义：将人为的危害如"掺杂"等因素纳入危害的认定范围。在法规中对于危害的定义中新增了"为获得经济利益而故意引入的危害""放射性危害""环境致病菌危害"（针对即食食品）、"食品过敏原"等。

第二，以"需要预防控制的危害"代替"显著危害"的概念。是指已知的或合理预见的危害。该类危害由熟知食品安全生产、加工、包装或存储的人员，基于危害分析的结果确定（包括危害产生对疾病或伤害的严重性和缺乏预防性控制下危害发生的可能性的评估），需要建立一个或多个预防性控制以显著降低或预防食品中的这些危害，并且需要建立这些预防性控制的管理要素（如监控、纠正措施、验证和记录），使之与食品、工厂、预防性控制的性质及其在工厂食品安全体系中的作用相适宜。这样一来，不仅是显著危害，其他合理预见的需要预防控制的危害也需要制定关键控制点。

第三，新增"预防性控制"的概念。对 HACCP 体系中 CCP 控制进行扩大，包括过程控制、过敏原控制、卫生控制、供应链控制、召回计划和其他控制。其中，过程控制措施通常是直接作用于食品的工艺或过程（如蒸煮、冷藏），是为了在食品生产/加工过程中显著降低或避免危害，对于速冻食品来讲，这些过程可能包括蒸煮、速冻。

（1）过敏原控制措施。过敏原控制措施是指在适宜时，企业的预防性控制措施必须包括食品过敏原控制措施，速冻果蔬、速冻米面生产企业可能生产多种产品，应当关注如何采取措施避免过敏原交叉接触以及确保食品使用的包装和标签正确，食品标签应正确声明食品含有的所有过敏原（包括调味剂、色素和无意间掺入的添加剂）。

（2）卫生控制措施。卫生控制措施是指要求企业建立食品接触面的卫生控制措施，包括清洁和消毒的程序（包括频率）、清洁剂和消毒剂的浓度、应用的方法和接触时间。这些措施能预防因食品接触面清洁不充分而导致微生物污染食品，同时这些措施能预防由于食品接触面清洁不充分，或与向食品接触面传递物质的表面清洁不充分造成的过敏原交叉接触。卫生控制覆盖加工的整个环境，不限于生产过程的几个点，很难将其整合到 HACCP 体系中，因此卫生控制措施通常以前提性方案（如 SSOP）来实现。

（3）供应链控制措施。考虑到原辅料供应链的复杂性，FDA 在制定法规时给予了供应商验证活动较大的弹性，允许供应链中的其他实体（原辅料接收企业和供应商之外的实体）实施供应商验证活动。法规的 G 部分为"供应链计划"，分别对建立实施供应链计划、通用要求、接收企业责任、批准供应商、确定验证活动、实施验证活动、现场审核、记录作出了详细规定。

（4）召回计划。美国对食品召回实行分级管理，FSIS 和 FDA 对缺陷食品可能引起的损害进行分级并以此作为依据确定食品召回的级别。美国的食品召回有三级：第一级是最严重的，消费者食用了这类产品将肯定危害身体健康甚至导致死亡；第二级是危害较轻的，消费者食用后可能不利于身体健康；第三级是一般不会有危害的，消费者食用这类食品不会引起任何不利于健康的后果，比如贴错产品标签、产品标识有错误或未能充分反映产品内容等。食品召回级别不同，召回的规模、范围也不一样。召回可以在批发层、用户层（学校、医院、宾馆和饭店）、零售层，也可能在消费者层。117 法规中规定的召回计划是指食品企业必须针对该食品制订书面的召回计划。

（5）其他控制措施包括其他任何必要的，为满足要求的程序、规范和流程，例如，卫生培训和其他现行良好操作规范。

对于已经拥有一套成熟的 SSOP、GMP 和 HACCP 体系的速冻食品生产企业而言，可在其现有的体系的基础上，参照 117 法规的要求，主要是新增要求进行评估，适当修改完善体系，即可达到合规。同时应当注意，符合 117 法规最晚生效日期为 2016 年 9 月 19 日；小型食品企业符合 117 法规最晚期限为 2017 年 9 月 18 日；极小型食品企业符合 117 法规最晚期限为 2018 年 9 月 17 日；2019 年前输美企业全面实施新 117 法规。

3. 《保护食品免受蓄意掺杂的针对性策略》（简称 121 法规）

121 法规内容围绕食品防护、预防蓄意污染，因此俗称"食品防护法规"，是美国《FDA 食品安全现代化法案》（FSMA）的七部配套法规中最后一个出台的法规，此法规于 2016 年 7 月 26 日正式生效。考虑到企业规模，不同企业的过渡期限为：对普通企业、小型企业、极小型企业分别给出了 3 年、4 年、5 年的过渡期，此法规对所有我国输美食品生产企业均适用，但有些特殊情况可以豁免，包括农场及低风险生产活动、动物食品、酒及酒精饮料、食品储藏企业（但不含灌装液体储藏企业）、仅包装或贴标签而不直接接触食品本身的企业。

4. 食品标签

有关食品标签的法规，主要是美国《联邦法典》第 21 篇的第 101 部分（21CFR PART101），用于实施《联邦食品、药品和化妆品法》《包装和标签法》《营养标签及教育法》等法案关于标签的规定。101 法规包括 A 总则、B 特殊食品标注要求、C 特殊营养标注要求及导则、D 营养素含量声称的特殊要求、E 健康声明的特殊要求、F 非营养含量和健康声明的描述性声明的特殊要求、G 食品标签要求的豁免。速冻食品生产企业需要关注的一般是 A、D、E、F、G 部分。另外食品标签还应关注过敏原信息的标注。

2016 年 5 月 20 日，美国 FDA 发布公告，确定了最新的预包装食品营养标签格式。这是美国经过两年多的征求意见、反复讨论等对营养标签所做的一次较大程度的修订。主要包括以下几个方面：

（1）设计样式的改变。为保证消费者直观地看到营养信息，新的营养标签将会以更大、更醒目的字体显示能量的数值、一个食品容器包含多少分量、每份的大小等信息。

（2）增加了"添加糖"的标示要求，以反映食品中加入的非天然糖分，主要是为了提醒消费者过多地摄入添加糖容易导致肥胖等问题，这与美国新版的膳食指南一致。

（3）对强制标示成分的修改。钾和维生素 D 因为摄入量不足而由原先的自愿标示变为强制性标示，而维生素 A 和维生素 C 则因缺乏情况改善而由强制性标示变为自愿标示，钙和铁保持不变。

（4）"总脂肪""饱和脂肪""反式脂肪"继续保留，但是"来自脂肪的能量"不再要求，因为研究表明脂肪的类型比数量更重要。

（5）根据美国最新膳食指南以及其他科学证据，更新了一些营养素的每日摄入量

（DV），如钙、膳食纤维和维生素 D 等。

另外，美国标签对食物分量的要求更加严格，要求企业食物或饮料的"分量"必须真实反映消费者食用的量，而不是应该摄入的量。目前许多美国食物分量偏小但是人们实际摄入量较大，为了纠正这种现象，让消费者清楚了解自己实际摄入多少，本次严格规定了食物分量的确定方式，尤其是软饮料、冰激凌等。

5. 有关食品标准的规定

《联邦法典》第 21 篇第 130~169 章规定了各种标准食品的质量要求，包括配料含量、加工过程、食品添加剂含量、标签等方面。

（1）农药残留限量。美国农药残留（简称农残）限量归环保署管辖，负责制定标准；FDA 负责执行，美国农业部参与农畜产品前期的管理。农药残留的法规是《联邦法典》第 40 篇第 180 部分（40CRF PART180）食物中农药残留的允许及豁免，包括 A 定义和解释的规定、B 程序上的规定、C 具体残留限量、D 残留限量的豁免、E 不需制定限量或豁免的农药。A 分部（180.1~180.6）对法规中的化学农药在食品中的残留限量与残留限量豁免的定义、相关化学农药的残留限量、豁免事项、零容忍量等术语进行了解释和说明，B 分部（180.7~180.41）对加工食品中农药残留限量或豁免限量的申请、修改、撤销、审查、费用等的程序进行了规定，C 分部（180.101~180.699）列明了具体的残留限量要求，D 分部（180.900~180.1355）列明了残留限量的豁免情况。

同时，美国食品药品监督管理局对食品和饲料中的不可避免的农药残留制定了行动水平（Action Level），在 FDA 符合性政策指南（CPG Sec. 575.100）中公布。

此外，美国《联邦法典》第 21 篇第 9 部分（21CRF PART9）346a 还对农药残留限量以及残留限量豁免的原则性问题进行了规定。

美国 FDA 下属的食品安全和应用营养学中心、兽药中心和法规管理监管事务办公室实施农药残留监控计划，监督对象包括一些加工食品中的农药。对有违规农残先例的食品和国家一级进口数量大的食品重点抽检，避免对进口金额小于 5000 美元的进口食品抽样，抽取所有国家的某一类重点食品农产品。根据抽样检测情况，FDA 网站上会发布农食产品预警信息（Import Alerts）。

（2）兽药残留限量。美国兽药残留限量标准是由美国 FDA 下属机构兽用药品中心（Center for Veterinary Medicine，CVM）负责制定的。

在美国兽药管理法规中，与兽药相关的法律法规有《联邦食品、药品和化妆品法》《联邦肉类检验法》《禽产品检验法》《蛋产品检验法》《兽药可用法》等。《联邦食品、药品和化妆品法》对于畜禽产品的质量安全控制作出了细致的规定，涉及畜禽饲料、饲养、生产等各个方面，说明新药、化学杀虫剂及其残留物等依法禁止的情况，新兽药、动物饲料等的相关定义等。

FDA 依据以上法案制定的技术法规为美国《联邦法典》第 21 篇的第 556 部分（21CFR Part556）食物中新动物药物的残留限量（Tolerances for Residues of New Animal Drugs in Food），此法规由 A、B 两个分部组成，A 分部为一般条款，B 分部为监控兽药残留的具体残留限量标准。B 分部中，又分为 a、b 两个小部，a 为关于此药物的人体每日最大摄入量，b为关于此药物在不同动物的靶组织中的最大残留限量。对于含肉的速冻米面制品生产企业，可以参照此法规，作为原料验收的标准依据。

（3）添加剂限量。《联邦食品、药品和化妆品法》是规制美国食品添加剂最核心的法律之一，该法案于1958年进行了一次修改，修改的内容主要针对食品添加剂的管理。其要求生产商使用添加剂应在"相当程度上"保证对人体无害，即确保"零风险"。该法案对食品添加剂作出了定义："食品添加剂是指被直接或间接用于食物成为其成分或影响其特性的任何物质。"美国规制食品添加剂的法律还有《食品添加剂补充法案》和《着色剂补充法案》。《食品添加剂补充法案》是于1958年通过的，由美国食品药品监督管理局和美国农业部（USDA）贯彻实施。该法案规定了食品添加剂的允许使用范围、最大允许用量和标签表示方法。《着色剂补充法案》于1960年议会通过，将色素从食品添加剂中划分出来单独管理，并将色素分为有证及无证两种，前者是人工合成色素，后者是天然色素，两者的生产者均要向FDA证实其纯度及安全性。

FDA依据以上法案制定的技术法规是《联邦法典》第21篇第70~82部分食品色素类添加剂（21CFR Part70~82）和第172~178部分食品添加剂（21CFR Part172-178），包括一般性条款（包括通则、包装和标识、安全性评估等）、申请、品种名单、认证等内容。与其他国家不同的是，FDA以每个添加剂品种为一小节，包括对其规格标准、使用规定以及标签标识的要求等。FDA列出已公认为安全的添加剂，除此之外的食品添加剂必须获得FDA的批准，方可用于食品中，否则视为掺杂食品。

该法典定义：食品添加剂是指包括所有未被《联邦食品、药品和化妆品法》第201节豁免的，具有明确的或有理由认为合理的预期用途，直接或间接地，或者成为食品的一种成分，或者会影响食品特征的所有物质。用于生产食品容器和包装物的材料如果直接或间接地成为被包装在容器中食品的成分，或影响其特征的所有物质也符合食品添加剂的定义。因此，在美国的立法中食品添加剂的范围是较为广泛的。它可以是直接或者间接进入食品并成为食品一部分的任何一种物质，既包括直接食品添加剂又包括间接食品添加剂。所谓直接食品添加剂，是指直接加入到食品中的物质。间接食品添加剂，是指包装材料或其他与食品接触的物质，在合理的预期下，转移到食品中的物质，即经与食品充分接触之后融入食品的物质也被认为是食品添加剂。

直接食品添加剂指有意添加到食品中、在最终产品中起特定功能的食品添加剂，如防腐剂、乳化剂和甜味剂等。这类食品添加剂的使用规定在第172部分，分为总体规定、食品防腐剂、食品被膜剂及相关物质、特殊膳食和营养添加剂、抗结剂、风味物质及相关物质、胶基及相关物质、其他特定用途添加剂、多功能添加剂9节，详细规定了每种食品添加剂需要达到的质量规格标准、允许使用的食品范围及使用限量、为了保证食品添加剂的安全使用应注意的事项等内容。

次级食品添加剂指在食品的生产加工过程中加入，但不在终产品中发挥功能作用的食品添加剂，如酶制剂、离子交换树脂等。这些食品添加剂的使用规定在第173部分，分为食品处理用聚合体和聚合体主机、酶制剂和微生物、溶剂、润滑剂、释放剂和相关物质、特定用途添加剂4节，详细介绍了这些食品添加剂的使用规定。

间接食品添加剂是指不通过直接添加，而是通过迁移进入食品的食品添加剂，如食品包装材料物质。这类食品添加剂的使用规定在第 174~178 部分，分别介绍了间接食品添加剂使用的总体规定、黏连剂和敷料成分、纸和纸板成分、聚合物、助剂和消毒杀菌剂等的使用规定。

第二节　我国对速冻食品的法律法规及技术规范要求

我国对速冻食品的要求分为法律法规及技术规范两个层面。涉及的法律法规主要有《中华人民共和国食品安全法》《中华人民共和国产品质量法》《中华人民共和国农产品质量安全法》《中华人民共和国进出口食品安全管理办法》等，技术规范主要有针对速冻食品生产的技术规范、标签通用标准、食品中有害物质的限量标准等。下面对这两个层面的要求进行介绍。

一、速冻食品的法律法规

（一）《中华人民共和国食品安全法》

作为食品安全领域的上位法，《中华人民共和国食品安全法》（以下简称《食品安全法》）全局性统领食品监管法律体系。对于该领域的各个主体，包括监管机构、中介机构、市场主体（包括食品生产者、销售方、运输方和其他食品相关方）都带来重大的影响。《食品安全法》突出预防为主、风险防范，食品安全工作实行预防为主、风险管理、全程控制、社会共治，建立科学、严格的监督管理制度。完善食品安全风险监测和评估制度，对食源性疾病、食品污染以及食品中的有害因素进行风险监测，根据食品安全风险监测信息、科学数据以及有关信息，运用科学方法对食品、食品添加剂、食品相关产品中生物性、化学性和物理性危害因素进行风险评估。

1. 大幅加重法律责任，健全责任机制

提高违法成本、严厉法律责任、重罚治乱是《食品安全法》的一个重要思路，也是一个重要特征。加重法律责任突出表现在三个方面：完善民事赔偿机制、加大行政处罚力度、与刑事责任的衔接。除此之外，在严厉执法的同时还新增食品经营者豁免条款。

2. 整合食品安全监管体制

《食品安全法》将质监、工商、食药监等部门分别承担的食品生产、流通、餐饮分段监管职能，调整为由市场监督管理局统一监管；将食用农产品的销售活动纳入《食品安全法》调整范围，由市场监督管理局统一监管；县级人民政府市场监督管理部门可以在乡镇或者特定区域设立市场监督派出机构，将监管服务延伸到乡镇街道等基层，有效提升监管效能。多部门分段监管的模式成为历史，食药监"一揽子"主导监管，其他部门如卫生部门、农业部门等则发挥辅助监管作用。

3. 实施全过程和全方位监管

全过程监管强调从食品原料阶段至消费者购入之间各个环节的无缝管理，新法突出改动表现为：源头阶段首次延伸至食用农产品、新增食品贮存和运输管理、渠道上增加网上销售的管理规则、生产和流通提出更多监管要求以及将食品添加剂全面纳入《食品安全法》管辖范畴。

（二）《进出口食品安全管理办法》

按照《食品安全法》《中华人民共和国进出口商品检验法》等相关法律要求，原质检总局颁布了《进出口食品安全管理办法》（144 号令）。

《进出口食品安全管理办法》根据《中华人民共和国食品安全法》及其实施条例、《中华人民共和国进出境动植物检疫法》及其实施条例、《中华人民共和国进出口商品检验法》及其实施条例，对进出口食品生产经营者和检验检疫机构的行为作出的规定，是上述法律法规有关进出口食品安全管理规定的集成和细化。

《进出口食品安全管理办法》共六十条，分为六章，即总则、食品进口、食品出口、风险预警、法律责任和附则。为保持与《中华人民共和国食品安全法》一致，将原进、出口食品检验检疫监督管理分别改为食品进口、食品出口。

第一，对进口食品，建立包括"食品安全管理体系和食品安全状况评估、明确标准、进口食品国外生产企业注册、出口商或者代理商备案、检疫审批、口岸检验检疫、收货人备案、安全监控、违法企业名单、食品召回"为主要内容的全方位管理体系。按照办法第七条规定，对向中国出口食品的国家或者地区的食品安全管理体系和食品安全状况进行评估，并可以对其进行回顾审查，以确定相应的检验检疫要求；按照第九条的规定，对进口食品国外生产企业实施注册管理，对向中国境内出口食品的出口商或者代理商实施备案管理；按照第八条、第十到第十八条规定，对进口食品实施检验检疫；按照第十九条、第二十条规定，对进口食品收货人实施管理；按照第二十一条规定，对进口食品实施风险监测制度，采取不同的检验监管方式。

第二，对出口食品，建立包括"监测计划、种植养殖场备案、生产企业备案、抽检、违法企业名单"为主要内容的管理体系。按照第二十五条到第二十七条规定，对出口食品生产企业实施管理；按照办法第二十八条到第三十条的规定，对种植养殖场实施管理；按照第三十一条规定，实施出口食品风险监测制度；按照第三十三到第三十八条规定，对出口食品实施抽检。

第三，对进出口食品，实施风险预警管理。按照第四十二条，规定收集、整理食品安全信息；按照第四十三条规定，进行食品安全信息通报；按照第四十四条规定，进行风险分析；按照第四十五条到第四十七条规定，实施风险预警和控制措施。

（三）《出口食品生产企业备案管理规定》

按照《食品安全法》《中华人民共和国进出口商品检验法》等相关法律要求，原质检总局颁布了《出口食品生产企业备案管理规定》（192 号令）。

《出口食品生产企业备案管理规定》突出了很多新的管理理念。在生产管理理念、监管要求、内容上等做了相应调整，更加适应了新形势下出口食品的现状要求。

1. 简政放权，使备案回归立法本意

要求在备案过程中积极采信第三方认证结果，大大缩短了备案时间。改变以往由检验检疫部门文件审核+现场评审的单一模式，在确保安全底线的基础上，强调对第三方认证结果的采信，大大简化了备案程序，平均办理备案时间由原来的 40 天缩短为 17.3 天。取消仅由直属检验检疫局办理备案的限制性规定，进一步方便了申请出口备案的企业。基于近年来直属检验检疫部门已经将大部分备案监管工作委托分支机构实施的现状，本次修改明确了出口备案监管工作的主体是包括直属检验检疫部门和其分支机构在内的各级检验检疫部门。延长《出口食品生产企业备案证明》（以下简称《备案证明》）有效期，进一步释放改革红利。将《备案证明》的有效期由原来的 4 年延长为 5 年。缩短备案各环节中规定时限，进一步减轻企业负担。将专家评审所需时间由 30 天缩短为 20 天，将企业换证所需时间由 3 个月缩短为 30 天。

2. 放管结合，加强事中事后监管

要求在风险分析的基础上，结合企业信用记录，对出口食品生产企业进行分类管理，确定不同的监督检查方式，并根据监督检查结果进行动态调整。可以将对出口食品生产企业的监督检查和对相关认证活动的监督检查结合进行监管联动。进一步明确了备案企业信息公布渠道，以及食品安全风险信息的通报要求，完善了对企业进行信用管理的具体要求，丰富和细化了监管手段，以满足监管实际需求。在"监督管理"一章规定了约谈、责令整改、撤销备案等行政监管手段，并新增"法律责任"一章，设立了警告等行政处罚措施。

《出口食品生产企业备案管理规定》从管理更加科学高效、责任更加明确完善、监管更加依法规范、信息更加公开透明等诸多方面，创新了对出口食品生产企业备案管理的模式和方法，目的就是要在守住食品安全底线的前提下，最大限度地促进我国食品出口贸易健康顺利发展，提升我国出口产品国际竞争力。

二、速冻食品的专项标准

目前，我国针对速冻食品的现行有效的标准可以分为两大类，一类是强制性的国家标准，另一类是非强制性标准，如推荐性国家标准、进出口行业标准、地方标准、团体标准等。

（一）强制性的国家标准

针对强制性的国家标准，我国目前仅对速冻面米制品制定了强制性的国家标准，即《食品安全国家标准 速冻面米与调制食品》（GB 19295—2021），该标准对预包装类的速冻面米制品的原料、感官、理化、微生物、污染物、添加剂、标签等食品安全项目进行了规定。

（二）非强制性标准

针对速冻食品的非强制性标准较多，主要可以分为三类。第一类是针对速冻食品的生产加工的规范性标准，第二类是针对速冻食品的产品技术标准，第三类是针对进出口速冻食品的检验检疫规程。

1. 针对速冻食品的生产加工的规范性标准

（1）推荐性的国家标准。如《速冻食品生产 HACCP 应用准则》（GB/T 25007—

2010)、《食品安全管理体系　速冻方便食品生产企业要求》（GB/T 27302—2008）、《速冻水果和速冻蔬菜生产管理规范》（GB/T 31273—2014）、《食品安全管理体系　速冻果蔬生产企业要求》（GB/T 27307—2008）等，主要是针对速冻食品生产加工过程的质量安全控制进行了规定。

（2）推荐性的地方标准。如《速冻食品制造、肉制品及副产品加工行业企业安全生产风险分级管控体系实施指南》（DB37/T 3341—2018）、《出口荠菜速冻加工技术规程》（DB 3205/T 138—2018）、《无公害农产品　马兰头速冻加工技术操作规范》（DB3205/T 183—2009）、《速冻食品制造、肉制品及副产品加工行业企业生产安全故隐患排查治理体系实施指南》（DB37/T 3342—2018）等，主要是针对速冻食品的加工技术规范进行了规定。

（3）团体标准。如《盱眙龙虾速冻产品加工技术操作规程》（T/XYLX 009—2018）、《鲜食糯玉米速冻加工技术规程》（T/NTJGXH 021—2018）等，对某些特殊的地域特色明显的速冻产品加工技术、操作规程进行了规定。

（4）商业标准。如《速冻食品物流规范》（SB/T 10827—2012）、《加工食品销售服务要求　速冻食品》（SB/T 10825—2012）、《速冻食品二维条码识别追溯技术规范》（SB/T 10824—2012），对生产管理、销售物流等环节的管理规范进行了规定。

2. 针对速冻食品的产品技术标准

（1）推荐性的国家标准。如 GB/T 23786—2009《速冻饺子》，对速冻产品的定义范围、检验判定规则、加工卫生要求、包装标识、储运销售等提出了规范性的要求。

（2）农业标准。如《绿色食品　速冻水果》（NY/T 2983—2016）、《速冻菠菜》（NY/T 952—2006）、《绿色食品　冷藏、速冻调制水产品》（NY/T 2976—2016）、《速冻马蹄片》（NY/T 1069—2006）、《绿色食品　速冻蔬菜》（NY/T 1406—2018）、《绿色食品　速冻预包装面米食品》（NY/T 1407—2018）、《速冻调制食品》（SB/T 10379—2012）等，对速冻产品的定义范围、检验判定规则、加工卫生要求、包装标识、储运销售等提出了规范性的要求。

（3）商业标准。如《速冻面米食品》（SB/T 10412—2007）、《速冻汤圆》（SB/T 10423—2017）、《速冻春卷》（SB/T 10635—2011）、《速冻龙虾》（SB/T 10878—2012）等，对速冻产品的定义范围、检验判定规则、加工卫生要求、包装标识、储运销售等提出了规范性的要求。

3. 针对进出口速冻食品的检验检疫规程

《出口速冻方便食品检验规程》（SN/T 0795—1999）、《进出口速冻蔬菜检验规程》（SN/T 0626—2011）、《出口速冻食品质量安全控制规范》（SN/T 2907—2011）、《进出口速冻方便食品检验规程》（SN/T 3037—2011）、《出境速冻豆类检疫规程》（SN/T 1804—2006）等，规定了进出口速冻产品的定义范围、抽样规则、样品制备、包装标识、查验判定等提出了规范性的要求。

三、速冻食品的通用标准

根据《出口食品生产企业备案管理规定》（192 号令）的要求，出口食品生产企业应当建立和实施以危害分析和预防控制措施为核心的食品安全卫生控制体系，该体系还应当包括食品防护计划。出口食品生产企业应当保证食品安全卫生控制体系有效运行，确保出口食品生产、加工、储存过程持续符合我国相关法律法规和出口食品生产企业安全卫生要求，以及进口国（地区）相关法律法规要求。需要办理国外（境外）卫生注册的，应当按照规定取得《备案证明》，依据我国和进口国（地区）有关要求，向其所在地检验检疫部门提出申请，并由国家认证认可监督管理委员会统一对外推荐。这就要求企业必须要建立对应的食品安全管理体系来满足 192 号令的要求。其中涉及的通用标准主要是食品安全管理体系、食品标签、食品污染物限量、微生物限量等。

（一）食品安全管理体系

根据国家认监委的公告，其对出口食品生产企业进行注册备案的认证依据有《危害分析与关键控制点（HACCP）体系　食品生产企业通用要求》（GB/T 27341—2009）和《食品生产通用卫生规范》（GB 14881—2013）。

《食品防护计划及其应用指南　食品生产企业》（GB/T 27320—2010），标准中将食品防护涵盖了故意污染和蓄意破坏，提出了食品防护八项原则，规定了食品防护计划的内容以及检查和验证程序等，并提供了食品防护评估的参考指南等。

（二）食品标签

1. 《食品安全国家标准　预包装食品标签通则》（GB 7718—2011）

食品标签是向消费者传递产品信息的载体。做好预包装食品标签管理，既是维护消费者权益，保障行业健康发展的有效手段，也是实现食品安全科学管理的需求。根据《中华人民共和国食品安全法》及其实施条例规定，我国制定并实施了《食品安全国家标准　预包装食品标签通则》（GB 7718—2011）。该标准规定了预包装食品标签的通用性要求，对直接提供给消费者的预包装食品标签和非直接提供给消费者的预包装食品标签提出了规范化的要求。

2. 《食品安全国家标准　预包装食品营养标签通则》（GB 28050—2011）

食品营养标签是向消费者提供食品营养信息和特性的说明，也是消费者直观了解食品营养组分、特征的有效方式。根据《中华人民共和国食品安全法》有关规定，为指导和规范我国食品营养标签标示，引导消费者合理选择预包装食品，促进公众膳食营养平衡和身体健康，保护消费者知情权、选择权和监督权，我国制定实施了《食品安全国家标准　预包装食品营养标签通则》（GB 28050—2011），通过实施营养标签标准，要求预包装食品必须标示营养标签内容，有利于宣传普及食品营养知识，指导公众科学选择膳食，促进消费者合理平衡膳食和身体健康，促进食品产业健康发展。

3. 有毒有害物质限量标准

速冻食品的有毒有害物质限量标准包括农药残留、兽药残留、添加剂、污染物、微生物指标、真菌毒素等。我国发布的一系列食品安全国家标准，建立了较为全面的标准体系，包含了产品标准、检测标准、规范标准等。

对于农药残留限量的要求详见标准《食品安全国家标准　食品中农药最大残留限量》（GB 2763—2021），对于添加剂的使用和限量的要求详见标准《食品安全国家标准　食品添加剂使用标准》（GB 2760—2014），对于污染物限量的要求详见标准《食品安全国家标准　食品中污染物限量》（GB 2762—2022），对于卫生和微生物的规定详见《食品安全国家标准　预包装食品中致病菌限量》（GB 29921—2021）、对于真菌毒素的限量要求详见《食品安全国家标准　预包装食品中致病菌限量》（GB 2761—2017），对于兽药残留的限量要求详见《动物性食品中兽药最高残留限量》（中华人民共和国农业部 2002 年 235 号公告）。

第三章 ▶▶▶
FDA检查速冻食品企业的关注点

随着美国食品药品监督管理局（FDA）对美国《FDA食品现代化法》（FSMA）实施的进一步深入，全球销美的食品企业受到来自美国FDA现场检查的频率也越来越高。这些检查既符合FSMA下的新法规要求，同时又兼顾了食品生产《良好操作规范》（CGMP）。美国117法规作为美国《FDA食品安全现代化法案》（FSMA）的核心配套法规之一，适用于所有由FDA监管并在美国销售食品的生产、加工、包装及储存企业。它整合了良好操作规范、危害分析和预防控制措施的要求，显著提升了食品生产企业安全卫生的基准要求。

尽管绝大多数现场检查发生在美国境内，但近年来FDA也增加了对国际供应商的检查。相较于美国国内的食品企业，FDA对国际食品供应商有着更多的执法权限和方式，例如针对食品进口商的进口警示'Import Alert'等。因此，对中国食品企业来说，除了需要理解并执行FSMA下的新法规要求外，了解如何准备FDA的现场检查和应对不良检查记录也尤为重要。

第一节　美国FDA对食品企业的现场检查要点

自2011年《FDA食品安全现代化法案》实施以来，美国FDA对我国输美食品企业的现场检查逐年增加，2017年现场检查已达300余家。FDA现场检查的目的一般是以下三个方面：检查企业在生产及质量控制过程中是否存在违反117法规的现象；查明所有的申报文件和现场的文件记录中的数据是否相符、准确、完整和可靠；查明企业是否遵循申请文件中的所有承诺。

一、见面会要点

（一）告知企业此次检查的基本内容

介绍FDA注册、海外检查计划、本次检查目的、依据等基本情况，并向企业递交一些企业应知晓的材料。主要包括FSMA及其配套法规简介，海外检查计划介绍，海外检查以及重新检查的费用问题等。

随后FDA官方人员会向企业声明本次检查是随机抽查，主要依据产品风险，检查依据美国《联邦法典》第21篇第110、第117部分，声明检查目的是评估企业是否遵守了相关美国法规规定，并非对该国主管部门监管体系的审查。

（二）逐一询问、记录参会人员姓名、工作岗位

如：

您叫什么名字？

您的职务是什么？

您的工作职责是什么？

您对所在岗位的食品安全工作的理解是什么？

（三）核实企业基本信息

通过询问，核实证件资料，现场查看等方式确认企业在 FDA 网站注册的信息，记录信息变更情况，包括名称、地址、联系方式等。

如：

公司名称是×××吗？怎么拼写？

地址怎么和名片上地址不一样？

所有人是叫×××吗？

公司通过了什么体系的认证？

有没有通过 HACCP 认证？

在这里需要注意的是，FDA 注册是一个开放的系统，任何人都可以在上面创建账号注册企业信息，因此经常存在同一企业多条注册信息的情况，有时是因为多个客户重复注册，这也可能造成一些注册信息不准确的情况，检察官对此也很头疼，FDA 官员海外检查时会把这些注册信息都带上，现场检查时核对并更正注册信息。

（四）询问产品、工艺等信息

产量、出口额及占总量的比例、有无行政处罚记录、平均工作时长、员工数、产品品名、规格、包装、食品安全防护培训、投诉处理、召回处理等有关情况。查看厂区平面图、提出了拟查看的记录清单。

如：

公司出口什么产品？

产品主要原料是什么？

加工工艺是什么样的？

产品规格是多少？

包装是什么材质？

年出口美国金额多少万美元？

出口美国金额占总销售额百分比？

出口很少，所以你们以内销为主？

算上出口其他国家的金额，出口占总销售额百分比？

出口量是多少吨？

其他出口国的官方机构来现场检查你们吗？

本国官方机构检查你们吗？

有没有受过行政处罚？

工厂有多少员工？

每天工作几小时？

一周工作几天？

每年工作多少天？

你们一年培训几次员工食品安全防护？

谁负责产品召回？

召回是由谁决定？

食品安全小组成员都有哪些人？

谁负责客户投诉处理？

客户有哪些投诉渠道？

收到客户投诉后怎么处理？

在这里需要注意的是，美国 FDA 要求工厂卫生监督人员要有相关教育背景或工作经验，与食品接触的工人应该接受适当的关于食品防护和操作技巧的培训并且熟知不卫生操作的危害。

随后，FDA 检查人员会让企业准备一些资料的复印件，如生产资质、出口资质、出口订单发票、货运单据、主要原料合格供方清单、美国客户清单，要包括公司名称、地址、联系方式等，这些文件中资料会在现场检查结束后进行查看。

二、生产加工现场检查要点

（一）现场检查水和冰的管理措施

如：

污水处理设施有哪些？

工厂水源是什么水？

水源在哪里？

制冰机如何清理？

对水和冰的检测频率以及项目有哪些？

（二）现场生产加工过程的检查

按照生产工艺流程，对每一个加工工序进行现场查看，询问现场操作人员或主管人员。

如：

加工是从哪里开始的？

那里是清洁区？

对车间入口处的更衣室是如何管理的？

人员进入车间的洗手消毒程序是什么？

车间内的加工设备是如何维护保养的？

车间排水道的方向？

车间内是如何控制蚊蝇虫害的？

打开手电仔细查看设备表面和内部的食品接触面、设备。

你们怎么控制虫害？请第三方专业公司还是自己来做？

加工后是怎么清洗设备的？

清洗设备用清洁剂了吗？

热水不足以清除污物，否则这些残留的原料残渣怎么解释？

设备设计有问题，很多空隙有卫生死角。

查看并询问漂烫持续多长时间？

冷却需要多长时间？

车间墙面和天花板怎么清洁？

速冻机如何清洁？

速冻库如何控制温度？

是否有温度自动记录补偿设施？

（三）　查看包装车间的卫生操作情况

如：

待包装的产品从哪里进来？

储存在哪里？

怎么进到包装线？

包装车间如何消毒？

观察包装线以及瓶盖上的喷码内容，询问内容的字母代码含义。

内包装材料在哪里存放？

包装材料何时从何处进入包装车间？

金属探测工序如何监控？

（四）　查看库房的虫害防护、分区以及存放情况

如：

冷库的温度是怎么控制的？

制冷机如何维护保养？

库房的防鼠是怎样做的？

过敏原的防护是怎样做的？

出口美国的包装及标签是如何管理的？

库房的货物存放区域以及存放环境如何？

三、记录检查要点

主要查看合格供方清单、美国客户清单、水质检测报告、原料验收报告、产品委托检

测报告、出口美国发票、箱单、厂检报告、虫害控制记录等。并要求企业提供扫描件供带走。

详细询问了检测项目名称，产品有无 pH 控制要求，虫害控制记录上记录的问题。

然后填写检查记录表格（Form483）。

四、末次总结会要点

向企业传达检查中发现的问题，向企业递交检查记录表格（Form483），逐条告知企业不符合项，询问企业拟如何整改，何时整改完毕，边询问边记录。告知企业需在 15 个工作日（3 周）内把整改报告发到指定邮箱，也可以把整改资料邮寄到指定地址，但不推荐邮寄（通常需要一个月才能收到）。

FDA 检查人员往往建议把整改图片和文字做成 PDF 格式以附件形式发送，不要用 163 邮箱，因为垃圾邮件较多，FDA 网站会自动屏蔽。就带走资料中可能涉及企业商业秘密的合格供方信息进行说明，按照美国《信息公开法》，如 FDA 收到公开企业信息的要求，FDA 需要依法提供，但会隐去其中涉及企业商业秘密的信息。

FDA 总部收到检察官的报告和企业整改报告后将评估并可能采取以下 4 种措施：①认为检查中发现的问题根本不是问题，因此不采取任何措施；②认为检查中发现有问题，但企业已进行了整改，也不采取措施；③认为企业有较严重的问题，发布警示通告，把检查的问题公布在 FDA 网站上；④认为企业存在严重问题，列入进口预警（Import Alert），产品到口岸后，不需要通过检验检测就会被直接扣留。评估结束后，企业可以通过 FDA 网站向 FDA 要求取得本次检查的报告。

五、FDA 对输美食品企业现场检查的特点

（一）现场检查提前通知的时间短

对于已经列入年度检查计划的企业，FDA 对企业的通知一般为 2 次。第 1 次，告知企业将接受现场检查，并询问企业的产季特点，以及交通事项。第 2 次，告知企业具体的现场检查时间，并对需准备的资料等作了一定的说明。一般从第 1 次通知到第 2 次通知的时间不足 1 个月，从第 2 次通知时间到具体现场检查时间，不超过 10 天。

（二）"公司及产品介绍"很重要

FDA 检查员进入工厂，会与公司管理层召开见面会，企业准备一个 PPT 介绍公司的基本情况。FDA 检查员会重点了解他们所关注的一些信息，诸如：

（1）企业的产量，这不是单纯指公司输美产品的产量，而是总产量。

（2）输美的产品类型、产品数量以及客户分布等。

（3）最近的输美产品情况，以及最近的生产情况。

FDA 通过见面会对企业的基本情况有了初步的了解后，会对检查的重点有所侧重。

（三）如何满足 117 法规的条款要求是关注重点

FDA 检查员对于在非 117 豁免的产品的生产管控中，如何执行 117 法规非常关注，在

"供应链预防控制措施"以及"过敏原预防控制措施"等方面都花费了一定时间去了解企业的具体执行情况，就具体哪些原辅料构成过敏原同企业进行了探讨，并要求企业应建立相应产品的食品安全计划。

（四）安全性和生产工艺的关联

FDA检查员对于产品的生产工艺和产品安全性十分重视，尤其是具有中国传统特色的产品，因为对他们来说这些产品的工艺并不熟悉。

FDA检查员首先关注的是如何证明这个产品的食品安全性，是否有足够的依据证明产品的各项品质参数能保障其食品安全性；其次关注产品的生产加工工艺过程，是否能保证这一产品安全性的形成，并稳定保持。

当然，对于整个产品中最为重要的安全性控制措施，FDA检查员更会花许多的时间进行生产现场的观察，以全面了解各项具体措施的实施细节。

FDA检查员不会过多纠结于某个过程/步骤是不是关键控制点（CCP）点，而是关注于这个过程/步骤对各种危害的有效预防/控制。

（五）以点带面，深度挖掘

通常FDA需要看到全部生产过程，现场卫生管控是现场检查的重点。FDA检查员不仅关注生产过程中的现场卫生操作情况，同样也注意企业的班后卫生具体是如何开展的，并有侧重点地现场观察卫生隐患较大的生产工段的班后卫生执行情况。

一旦在现场巡查中发现某一工段的清洗难度较大或卫生难以保障，那么在后续检查中，就会对其班后卫生进行重点关注。

（六）体系管理也是检查内容

产品召回、员工培训这些和产品实现过程不直接相关的活动，在FDA的工厂检查中也会被关注到。虽然企业往往没有真实地发生过产品回收的情况，但是需要对产品召回的所有步骤都足够熟悉，具体每个环节的负责人和记录要求都应知晓。

第二节　FDA对输美食品企业的现场检查程序介绍

一、检查前的准备工作

FDA检查员对企业展开检查前会制订一个指导性计划，确定在检查期间要检查哪些因素，首先要考虑的是查阅企业的历史档案，历史档案中保存有企业的诸多信息，可以为最新一次的现场检查提供翔实的第一手资料。查阅企业的历史档案时，FDA检查员会综合评估多种类型的信息，重点包括以下的内容。

（一）工艺类型及加工工艺

FDA检查员在对某食品企业开展检查前，首先需检查所生产的有关食品的信息以及工艺的规模和复杂性，会提前熟悉企业相关产品制造工艺中较为复杂或需要经过特殊处理

（如专门的工艺或技术）的工序。

（二）检查食品安全体系文件及记录

检查记录可以反映该公司既往食品问题记录的详情。回顾以往的检查记录可以揭示出企业在某个方面的违规方式（如个人卫生或虫害防治）。FDA 检查员会记录之前的违规事件或违规方式，以确保在检查中审查出的问题是否已经整改。

（三）"危害分析与关键控制点"计划与工艺参数设计是否合理

1. 如果企业按照"危害分析与关键控制点"计划运行，FDA 检查员可能需要将计划的相关部分（如监控程序）复制下来，以便检查期间随身携带，确认当前运作流程是否符合计划要求。

2. 危害分析是否全面，控制措施是否有效：不同食品品种（食品安全风险不同）的产品品种应分开做 HACCP 计划；生制速冻面米制品的 HACCP 计划中应分析到寄生虫的危害，需要在后续的冷冻和储存环节明确措施进行控制并在记录中体现；如果产品包装上出现"boneless"（去骨），需要将摸骨作为关键控制点；新鲜食材如蔬菜，从前处理到成品共需要多长时间。

3. 关键控制点的控制措施、关键限制、纠偏措施和验证措施都需有具体参数，有可操作性；纠偏措施除了应对受影响产品进行处置，还应包括对根本原因进行分析。

（四）产品被拒收、通报、投诉的处置程序及记录

产品被中、美官方通报，被美国进口商拒收，被投诉情况，应对通报和投诉的管理程序文件，通报和投诉处理记录。

公司历史档案中往往会包含客户投诉调查记录。FDA 检查员会查看这些记录，观察对于某个产品或流程是否存在反复投诉的记录。仔细研究报告可帮助 FDA 检查员发现具体的设备或流程问题。

（五）计划审查文件

如果之前已执行计划审查，企业档案中应提供相关副本。此文件档案中通常会提供厂房平面图、流程图以及所用加工设备的详细信息。

（六）产品召回程序及记录

该企业有无预警通报情况，有无召回情况、召回程序文件、实际召回及模拟召回记录。对于采用"危害分析与关键控制点"计划的企业，应将召回或追溯程序纳入此计划。历史档案中，该企业是否执行了召回演练以评估该程序的有效性。

（七）员工培训情况及记录

企业管理层是否认识到对食品企业管理人员及食品工人开展食品安全培训的重要性。

对于高危害性的加工程序（如对海鲜食品进行真空包装和冷熏），可能需要提供专门的培训。

是否有参加相关机构认可的食品安全培训计划的员工，并在通过课程培训后获得结业证书。

是否有参加过 117 法规（FSPCA）标准课程的员工，在公司担任何种职务。

（八） 过敏原的控制程序及记录、产品标签过敏原信息

该企业的输美食品是否含有过敏原，对过敏原的交叉接触、标识标签是否有控制要求。

（九） 合格供方评价程序及相关记录

原辅料使用情况、供应商资质、合格供方名录。重点关注：①食品添加剂如色素、改性淀粉、香精香料等的来源使用情况，以及是否符合美国法规要求；②消毒剂等化学品使用情况及供方资质。

（十） 记录的保存

要求原始记录一定要保留好，即便有规范化记录，原始记录也要保存好。记录表里缺少法规要求的信息，每张记录表必须有工厂的名称和地址。

（十一） 企业组织机构图及分工职责

企业的组织机构是否齐全、分工是否明确，是否符合管理基本要素。

（十二） 产品追溯制度及记录

产品追溯记录，原料、半成品、成品的批号建立规则，能否追溯到加工日期和班次。

（十三） 防虫害措施及记录

防虫、防鼠公司的资质、合同、用药记录及服务结果验证记录。公司内部虫鼠害监控程序及记录。

（十四） 实际生产中使用工艺参数与体系文件的符合性

检查生产记录，核查是否按照体系文件中规定的工艺参数进行生产。

（十五） 卫生标准操作规程之食品接触面、防止外来污染物污染等措施及记录

是否按照体系文件的规定，落实各工序的班前、班后清洗消毒程序，有时要求现场查看班前、班后清洗消毒程序。废弃物处理信息记录、废弃物处理合同。

（十六） 计量器具校准及自校记录

计量器具必须处于校准有效期内。标准温度计等校准时需要一段时间，这段时间工厂是否有其他处于校准有效期的标准温度计可以使用。

（十七） 食品防护计划及记录

见第 3 章。

二、开展检查工作

（一） 首次会议

在企业召开见面会时，FDA 检查员首先会向企业管理人员介绍自己，FDA 检查员清

晰地陈述自己的姓名、监管机构名称以及来访目的。对企业和员工表现出诚恳的关注。询问检查期间可接受采访的人员。FDA 检查员请求将自己介绍给可能要对检查和最终报告负责的人员。与管理人员间保持良好的关系有助于传达监管机构提升公众健康的目标。

期间企业需要向 FDA 检查员介绍本企业食品安全小组成员及质量安全管理体系运行情况。

自我介绍后，FDA 检查员会向负责人介绍检查过程的要点。具体可能包括：介绍这次检查任务的性质和期望达到的检查效果，询问企业自上次检查以来所采取的纠正措施；通过检查记录或索取可见证据来检验纠正措施。如果涉及消费者投诉，提供有关投诉性质的详细信息。提供相关产品或条件的详细信息。

注意，FDA 关注产品信息对美国官方的注册情况：

（1）输美产品是否按照美国官方要求进行注册，其中速冻食品需要在美国 FDA 网站进行每 2 年 1 次的反恐注册。

（2）注册信息应真实准确。

（3）食品原料和食品添加剂的使用应符合美国相关法规的要求。在不确定某些原料在美国是否可作为食品原料时，或者不确定某些食品添加剂的使用要求时，应当事先向美国 FDA 写信询问。

（二）初步观察

接下来 FDA 检查员会在企业有关人员陪同下进行现场初步观察。FDA 检查员首先会对厂区内外及加工车间周围的环境进行初步观察。室外初步观察可能包括：潜在的虫害问题及废物控制等。例如，厂房外部墙壁是否破损渗漏、地面是否破损，建筑物间的夹道处有无虫鼠活动痕迹。室外观察完毕后进入室内观察。

1. 室内初步观察

（1）对照厂区和车间平面图布局，对车间布局初步观察，关注是否通过物理分隔或时间交错来避免不同清洁区域的交叉污染。加工场所环境卫生及各物流口流程：物料进入车间的通道能否防止人流、物流的交叉污染。

（2）可能导致产品污染的潜在建筑物结构缺陷。具体缺陷包括：屋顶漏水迹象，或者由于排水系统不良或堵塞造成的废水/污水危害；产品上方设备滴落冷凝水，污染产品；废弃物容器标识与分区摆放、废弃物是否及时清理出厂以免滋生潜在的污染；生产线上方的设备如冷却线上的风扇，应加以防护，防止污染产品；跨越生产线的人员过梯两侧无防护，人员通过时易污染产品；注意灯的清洁，有的灯表面内部有虫尸出现。

2. 初步观察员工

（1）个人卫生控制

如果在初步观察中就发现食品工人操作不规范，那么可以大致反映出管理层对食品安全的总体要求。员工是保持食品安全的关键角色，因此，在检查初期 FDA 检查员务必会观察生产加工人员的实际操作。

FDA 检查员特别注意以下几点：洗手消毒程序执行情况、衣服整洁程度、内包工序工人指甲过长、车间内有烟蒂、带入的食品包装及残渣等，说明存在员工在车间吸烟或吃食物的情况。

（2）车间现场加工人员操作规范

不同区域、不同用途的设备设施、工器具、清洗消毒用具是否分开放置、分开使用，防止交叉污染。例如，将直接接触产品的工具放在不直接接触产品的容器盖子上。

（三）审查"危害分析与关键控制点"计划运行情况

现场检查期间 FDA 检查员会重点审查"危害分析与关键控制点"计划运行状况，主要包括以下 5 个方面的要素，即食品加工周期；时间和温度控制；潜在危害食品；纠正措施；召回或追溯程序。下面对这 5 个要素分别进行介绍。

1. 食品加工周期

任何时候，检查都会从讨论企业的食品种类和食品加工流程开始。FDA 检查员会根据"危害分析与关键控制点"计划（如果存在正式计划）审查整个食品加工周期。这样可以发现应重点关注的产品或生产工艺中重要的安全控制措施。此外，还可以帮助那些必须实施"危害分析与关键控制点"计划的公司找出食品生产或关键监控步骤的漏洞。

检查过程中，FDA 检查员会与班长、加工人员或部门主管探讨实际加工程序。这些人通常可以提供更准确、更符合经验规律的操作知识。

对于必须贯彻"危害分析与关键控制点"计划的公司，FDA 检查员根据检查中的初步观察结果和食品工人的陈述确定此计划的落实情况。

2. 时间和温度控制等关键工序的工艺参数和控制情况

食品加工过程中，要破坏或抑制微生物病原体的生长，必须采取时间和温度控制措施。

检查期间，FDA 检查员会观察是否存在未烹熟的迹象或者是否存在由于时间和温度控制程序不到位而导致未达到所需食品安全级别的问题。对于采用"危害分析与关键控制点"计划的企业，计划中应对这些时间和温度控制程序专门加以阐述。务必验证加工流程是否符合此计划。

FDA 检查员会特别注意那些最有可能受到细菌污染或对消费者危险最大的食品种类及关键工艺步骤。

企业需要对食品生产加工过程中有温度控制要求的工序如验收、贮存、制备、预煮、保温、冷却和重新加热期间所适用的时间和温度进行风险评估及采取相应的控制措施。

具体到速冻食品：FDA 检查员会现场检查热加工工序、干燥、解冻、速冻工序的温度和时间控制、冷库温度控制及记录等；速冻后内包车间温度控制；对产品和加工场所的温度监测是否能实现持续性监控如自动温度记录仪；速冻工序还关注速冻物料的大小、厚度控制情况；计量设备，尤其是温度计量器具的检定情况，查看校准检验标识，查看校准单位名称、校准频率、使用频率，温度计等量表是否分批计量已确保生产期间一直有处于计量有效期内的量表可供使用。

3. 潜在危害食品

FDA 检查员通过审查所提供的食品类型、这些食品所需的加工步骤、所使用的包装方法、储藏说明（包括保质期）等来发现可能导致感染食源性疾病的问题。

为找出潜在危害食品，FDA 检查员通常会询问以下问题：

该食品在加工、储藏或消费者拥有期间，是否存在适合于病原体生存或繁殖形成的因素？在加工后包装前的这段时间内，食品是否可能受到二次污染？包装过程对食品的安全性有何影响？食品中是否可能含有存活的芽孢病原体或非产芽孢病原体？食品储藏温度不正确是否会导致食品滋生微生物而不安全？

检查期间，FDA 检查员会特别重视那些在加工后、包装前这段时间暴露在外或未经保护处理的食品，如果在经过旨在减少或消除危害的加工步骤之后，食品仍有机会暴露在外面，将会导致加工期间的关键控制措施前功尽弃。FDA 检查员会全面检查生产加工环境（例如包装车间），核查洁净区车间的空间及空气等生产环境的卫生控制措施（例如臭氧消毒程序）和控制标准，会仔细记录潜在污染迹象，并立即提请管理人员注意。

检查期间，FDA 检查员会评估潜在的化学污染、物理危害和生物危害。有害化学品在很大程度上是引起急性食源性疾病的罪魁祸首，同时还可能导致慢性病。化学污染物可能是自然生成的，也可能是食品加工过程中添加的。例如，有些 FDA 检查员提出，使用的锅炉提供的蒸汽直接接触产品进行加热时，目前有些用一些除垢剂，会导致蒸汽可能含有一些影响食品安全的物质，提醒有可能产生污染，现有一些蒸汽过滤系统，建议以后有能力改善的时候，可以把这个考虑进去，尽量减少蒸汽污染。物理危害贯穿于从农作物收获到食品加工乃至食品消费整个食品链的众多环节中，任何环节出现污染或程序不合格都可能引起这些物理危害。生物危害可能是原料中带入、加工过程不卫生或者时间、温度等参数控制不当而造成的。

FDA 检查员会评估每种危害的潜在严重性或危险性，以判断其发生的可能性和严重性。检查期间，FDA 检查员如果观察发现存在可能导致严重伤害的重大风险，会对此作出详细记录。如果"危害分析与关键控制点"计划中未能解决之前观察到的风险问题，也会记录在案。FDA 检查员会立即将这些风险告知企业管理人员，并敦促他们迅速采取纠正措施。

4. 纠正措施

检查期间，FDA 检查员会查看生产线上或已归档的现场检验记录、不合格品记录、了解原因分析过程及纠偏措施，会仔细审查纠正措施记录，确保已采取的纠正措施满足所有关键控制点的要求。如有大量处理记录未列出任何纠正措施，会严肃质疑处理记录的完整性。

纠正措施部分的必要性体现在以下三点：

（1）处置：确定出现偏差时如何处置已生产的食品。

（2）偏差：纠正偏差原因，确保切实掌控关键控制点。

（3）记录：提供所有纠正措施的书面记录。

5. 召回或追溯程序

在检查过程中，FDA 检查员会对召回或追溯程序加以评估。对于采用"危害分析与关键控制点"计划的企业，应编制书面文档，阐述企业的召回或追溯程序。对于这些企业，FDA 检查员会审查足够多的记录，以确定程序的有效性。FDA 检查员鼓励企业每年执行一次召回演练，以评估该程序的有效性。这些测试结果以及由此引起的程序变更情况，都会被记录下来。

（四）审查企业良好操作规范（GMP）、卫生标准操作程序（SSOP）运行情况

现场检查期间，FDA检查员会重点审查企业良好操作规范、卫生标准操作程序运行情况，这也是经常发现存在问题的地方。主要包括卫生习惯、员工健康、培训效果、交叉污染、加工设备等方面的内容。

1. 卫生习惯

员工卫生是企业卫生控制方案的重要组成部分，检查期间，FDA检查员会寻找可能对食品安全有负面影响的不良个人卫生习惯的证据。

FDA检查员通过远距离观察食品工人，发现问题时会私下里就个人卫生问题与管理层沟通。常见的不良卫生习惯包括：在裸露的食品周围打喷嚏和咳嗽；触摸脸部、鼻子或头发后接触裸露的食品；在食品制备区吸烟或饮食；食品工人的指甲很脏或者很长；佩戴可能藏有污物或细菌或者可能掉入裸露食品的首饰；脏污的围裙或衣服等。

2. 手部带来的污染

FDA检查员将不正确的洗手方式及缺乏合适的洗手设施视为食品安全的严重威胁。由于手是最容易传播细菌的途径之一。因此，企业员工应遵守严格的洗手和徒手接触规则，以降低造成污染的风险。

FDA检查员会观察食品工人在裸露食品区域的活动，以确认是否存在洗手程序不完善或缺失的问题。企业员工形成良好的洗手习惯是最重要的预防措施之一。FDA检查员会观察食品工人在有下列行为之后是否有执行洗手消毒程序：使用卫生间；打喷嚏时用手遮掩或者使用纸巾或手帕；接触到身体部位（如口、鼻、头发或耳朵）；接触或处理脏污的原料、设备或工作台面；处理垃圾；去休息或午餐后返回等。FDA检查员会将不正确的洗手方式及缺乏合适的洗手设施视为食品安全的严重威胁之一。

FDA检查员会观察洗手消毒卫生检查和测试情况：洗手消毒程序、消毒液浓度、是否供应员工洗手用的热水、洗手消毒设施设备是否完备可使用。企业员工应遵循的基本规则涉及以下几个方面：需要对企业内部的所有洗手台进行评估，以确保洗手台位置方便员工使用，配备冷热水混合阀、皂液及一次性毛巾或烘干机，洗手台不会被其他物品挡住而无法正常使用或妨碍正常使用。洗手水槽仅供洗手使用。绝不允许在用于加工食品的水槽中洗手。

3. 员工健康状况

由于患病的食品工人有可能会将疾病传染给其他人或者污染食品，食品工人传播疾病的主要途径包括：通过咳嗽或打喷嚏传播呼吸道疾病，开放性溃疡、伤口和脓创，以及通过受粪便污染的双手传播肠道疾病，因此FDA检查员会非常关注员工的健康状况。

FDA检查员会监测员工的健康状况，监测员工健康状况的主要目标是监控可能导致食品、食品包装材料和食品接触表面出现微生物污染的身体状况。如有员工疑似患有疾病、创伤或其他不适，FDA检查员会简短记录，以便继续跟踪调查。跟踪调查包括向员工和管理人员询问身体状况的详细情况以及所采取的任何医学治疗和诊断。

4. 食品安全培训计划

国际上，各国/地区的食品安全监管机构认识到对食品企业管理人员及食品工人开展食品安全培训的重要性。

对于高危害性的加工程序（如对海鲜食品进行真空包装和冷熏），可能需要提供专门的培训。FDA 检查员会对照员工的资格条件检查企业的生产运营状况及员工参加相关机构进行食品安全培训以及获得相关结业证书的情况。食品企业应按照企业制订的长期、短期培训计划进行食品安全相关知识的培训。

5. 加工设备

（1）食品接触表面的维护措施：检查期间 FDA 检查员会仔细检查所有食品加工设备的清洁情况，特别注意设备的食品接触表面。无论是看上去还是摸上去，这些表面都应显得清洁干净。常见的食品接触表面包括：器皿、刀具、切片机、准备台、砧板、传送带、制冰机、托盘、手套等。作为检查的一部分，FDA 检查员会向食品工人询问保持所有设备和器皿接触表面清洁卫生所使用的方法、化学消毒剂及设备。

对于用来加工有潜在危害的食品的食品接触表面，企业应至少每 4h 清洁和消毒一次，使用清洁剂和消毒剂时浓度要适当，应通过温度控制来实现可抑制微生物生长的冷藏环境。FDA 检查员还会查看所有化学清洁剂的标签说明并与实际清洁程序中使用的浓度进行比较，消毒剂浓度应与标签说明一致。企业应配备可准确测量消毒液浓度的测试套件或其他装置。对于任何清洁操作，FDA 检查员会要求测试所用消毒剂的浓度。

下列情况下，企业应对设备进行正确的清洁和消毒：每次加工不同类型的生鲜动物性食品（如牛肉、鱼、羊肉、猪肉或家禽）之前；每次从处理生鲜食品转为处理即食品（如沙拉与三明治）时；从处理新鲜果蔬转为处理有潜在危害的食品（如家禽）时，反之亦然。

检查过程中，FDA 检查员会从以下几个方面评估食品接触面的使用情况：设备状况、是否正确使用、是否足以达到预期用途、认证情况等。FDA 检查员会检查所有食品加工设备的状况，特别注意可增加食品污染风险的过度磨损或损坏问题。还会留意那些无法清洁干净、嵌有污物或食品残留物的破损或不平整表面。下列情况不可接受，企业应该避免：食品接触面不应是刷油漆的，应用不锈钢加以防护；镀锌表面已生锈并磨损；油漆和密封胶剥落或脱落；接头或维修部位焊接松动；案台有严重磨损、切痕或开裂；输送带严重磨损乃至磨破；塑料或玻璃防护罩破裂；设备连接处、筛子、磁选棒处有前期的物料堆积。

（2）设备和器皿的使用和维护情况：检查过程中，FDA 检查员还会查看设备和器皿是否有使用不当的迹象。设备或器皿使用不当，可能会造成污染或损坏，进而影响到食品安全。下列情况不可接受，企业应该避免：将食品器皿用于可能受到有毒物质污染的用途；使用食品测量容器来配制非食品化合物（如洗涤剂、机油等）。此外，冷库地面破损结冰；速冻机门胶条密封不严，速冻机门漏冷，外部有结霜的现象等也应尽可能避免。

检查过程中，FDA 检查员会查看食品生产中使用的设备是否会超负荷达到预期的用途，会特别注意检查用于维持必要温度的设备，包括在预煮、保温、冷却或再加热过程中所使用的温度控制装置。如果冷藏装置或保温装置的运作负荷超出其设计能力，可能会导致食品温度失控。

检查过程中，FDA检查员会查看各类专业机构对食品加工设备的适用性进行审查并提供的相关认证证书，如计量器具的检定证书等。

（3）设备、设施、器具的设计缺陷：FDA检查员还会评估人工洗涤和消毒设施是否存在缺陷。可能的缺陷包括水槽隔间不足而无法完成三步处理，或水槽容量过小而无法正确浸泡食品接触设备的大型部件。如果现场没有合适的清洗或消毒设施，会视为设备不洁净。

FDA检查员还会评估设备设施、工器具是否存在设计缺陷，影响卫生情况的观察、易积存污物、无法彻底清洗消毒或者达不到工艺要求；食品接触面的焊接处、连接处表面应光滑，否则易藏污，不利于清洁。

（4）金属探测设备及监控措施：查看裸露食品正上方表面的支架、螺栓和螺钉松动；设备设施上的螺丝、金属网带边缘等细小部件的丢失。是否有必要的金属探测（简称金探）设备，查看金属检测（简称金检）样块，关注金检的频率和记录，并询问现场的操作员工。

（5）未在使用状态的设备、设施和器具的防护措施，尤其是物料入口的卫生防护。

6. 交叉污染

交叉感染是食源性疾病的常见起因。交叉污染是指生物或化学污染物通过食品员工或食品处理环境等途径转移至食品。如果致病菌或病毒转移到食品，即会发生交叉感染。FDA检查员会对食品企业的食品加工和储藏等环节发生交叉污染的潜在风险进行评估。

食品加工和储藏等环节中可导致交叉污染的常见缺陷包括：处理或加工期间，生食与熟食或即食食品未充分隔离；产品在储藏期间未得到充分隔离或保护；食品加工区、设备或器皿清洁和消毒不充分；员工有不良的卫生习惯和洗手习惯；食品处理程序不正确或食品器皿受到污染；员工在食品企业的生食区和成品区之间来回走动；输入液体物料的管道插入液面以下，要求输送物料的管道口高出液面，或者安装止回阀，防止回流污染；工具器消毒设施和产品距离太近，易引起污染；盛放食品的容器（包括空容器）直接接触地面，无垫衬等。以上都是食品企业应该注意并避免的情况。

7. 虫害控制

FDA检查员会留意是否有害虫出没的迹象，观察在食品生产区域是否出现昆虫和啮齿动物痕迹，包括有无死的啮齿动物或昆虫；食品储藏区和食品制备区出现啮齿动物粪便或昆虫；食品容器上有洞等；询问虫鼠害的控制工作由谁负责；是否因下水道无反水弯造成车间内部有小飞虫；查看库房和厂区粘鼠板放置位置。

企业应雇用专业的害虫防治公司来实施害虫综合治理。害虫综合治理方案应包括以下五个步骤：一是检查是否存在害虫；二是识别虫害特征；三是针对整个经营场所制定卫生方案；四是采用两套或多套害虫治理程序并使用杀虫剂；五是通过跟踪检查评估方案的有效性。

8. 供水

FDA检查员在每次检查时会查看供水系统的位置、建筑结构和维护情况。食品企业的供水应满足以下条件：产品中加入的水、冰来自经认可的水源（例如，市政供水或独立的现场供水系统），查看水源水的检测报告；可安全饮用（饮用水）并且微生物、化学物质及其他有害物质不超标；供水管道是否完好未被污染，企业应定期执行微生物和化学物质检测，并制定水质出现偏差的纠偏措施；重复使用的水应当定期进行余氯检测，控制余氯含量。企业应将检测报告存档维护，FDA 检查员会在检查过程中查看这些报告。

检查过程中，FDA 检查员会查看生产加工用水是否有异味，颜色是否透明，是否有沉淀物等，查看用于给工器具消毒使用的热水是否在 82℃ 及以上，查看企业废水是否排入经认可的污水处理系统，或企业内部的现场废物处理系统，查看在饮用水与非饮用水供水装置之间不存在交叉连接等。

9. 食品添加剂的使用控制

FDA 检查员关注在添加剂库中记录添加剂种类，询问使用情况。同时，关注如何保证添加剂均匀分布，例如食品添加剂配料用的搅拌机搅拌杆清洁是否彻底；混匀食品添加剂的工序如打浆的操作过程。

10. 有毒化合物的控制

查看化学品库房，存放的化学品的种类以及大致的数量、用途。关心化学品库房的管理监控制度。车间临时使用的有毒有害物品是否专柜存放、加贴标识。

11. 各类仓库仓储条件、标签标识及卫生情况

冷藏库、冷冻库、原辅料库、过敏原库卫生状况、存贮原料的种类及标识、验收记录。不合格品储存、评价及处置记录。仓库中的物料是否分区存放，是否离墙、离地、离柱体存放，过道是否预留足够的空间。冷藏库、冷冻库在扫霜时要对产品给予必要的遮盖防护，避免霜花落在产品或产品包装上。库存待用的外购调料包有无成分标识，应当弄清楚实际成分以便标识和必要时召回。包装材料库墙壁是否损坏，是否与外界连通。原料库门缝隙是否较大，缺少防护。

12. 原料、半成品、成品批号的建立及追溯

注意成品包装上的打号与半成品包装上打号、使用原料信息的对应，如何实现追溯。

13. 实验室自检、外检情况

查看实验室环境，主要检测项目，对产品、原辅料、水质、生产车间的环境卫生等分别的微生物检测项目、检测频率和控制标准，外检项目和外检报告。

14. 检查期间的纠正措施

FDA 检查员会在检查表中记录所有违规情况，即便这些违规情况在检查期间已得到纠正也不例外。对于所有严重的违规情况，除在检查表中予以记录之外，还会在检查之时立即予以纠正。如果企业即将出现某种健康危害，会要求企业暂时停业，直至违规情况得到纠正。对于不严重的违规情况，会要求制定一个合规时间表。

（五）末次会议

企业所有者、经营者或负责人应出席末次会议，查看并讨论检查报告。那些有权同意合规时间表并做出违规整改承诺的人员也需要参加结束会议。

FDA 检查员既会认真聆听，也会适时发表意见。询问与会人员是否有任何问题或是否

需要其他信息。在结束讨论后，FDA检查员会审查口头提出和书面记录的每项违规情况。然后，FDA检查员会提供一份填写完整的检查报告及列明纠正时间的合规时间表，要求负责人在报告上签字。即使拒绝签署，企业所有者或操作员仍有义务在指定期限内纠正违规情况。

第三节　输美速冻食品企业在迎检中发现的问题

尽管近年来我国输美速冻食品企业的安全卫生控制体系取得了长足进步。但由于硬件设施基础薄弱、管理人员缺乏且流动性大、技术管理人员理解执行法规不到位、迎检经验不足等种种原因，暴露出一些质量管理体系运行中存在的问题。

一、良好操作规范（GMP）、卫生标准操作程序（SSOP）执行不到位

如：

加工车间墙壁、天花板有渗水、漏水现象；

车间内发现苍蝇；

生产设备食品接触面磨损、裂缝、焊点粗糙；

车间班后清洗不净；

仓库或车间门缝较大，有透光且存在虫蝇进入的可能；

仓库内发现老鼠昆虫活动痕迹；

仓库或车间废弃物容器、地面、墙角或地面破损处发现烟蒂、非生产用食品或饮料包装，提示存在员工在车间内吸烟、吃东西的情况；

车间未设置洗手消毒设施、日常生产设备，如暂时不用的设备无适当的防尘处理；

食品接触面不应是油漆的，应用不锈钢加以防护；

由于设计不合理或者维护措施不足造成了设备连接处、筛子、磁选棒处有前期的物料堆积等。

二、食品安全计划建立及实施不到位

如：

HACCP计划制订不完善，金属探测未列为CCP；

关键限值设置不合理不全面；危害分析出现较多的遗漏；

HACCP文件未签名确认；

CCP实际监控与HACCP文件规定不一致；

企业名称、地址改变未及时向FDA进行备案更改；

关键参数的检测结果不是具体数值，只是一个数值范围；

某工序应当控制的加工时间，例如热加工时间，产品通过链条式单冻机的时间，某些企业并未监测并记录流水线上产品经历的热加工或速冻时间，而是认为流水线的速度设定不变则该工序的加工时间就不变；

过敏原标识不全；

无法提供纠偏程序或干脆回答从来未发生过偏差；

纠偏记录不完整、不规范、不充分；

原料验收作为 CCP 点时，当某项指标（农药残留）超标时，FDA 建议原料拒收同时应增加纠偏措施。

三、个别企业诚信缺失问题

如：

记录存在事后补录、提前填写、代签人名的不规范行为。

关键工序加工记录存在时间与产量不一致，人员与工作量不一致的情况；

向 FDA 注册的信息与企业实际信息不一致；

企业提供的记录无法证明是本企业所使用的有效记录。

四、2017 年度美国 FDA 检查审核中国食品企业开具的 483 项不符合项（表3-1）

表 3-1　2017 年度美国 FDA 检查审核中国食品企业开具不符合项目总结

引用号	参考法规名称	简要分类	描述	频率
1560	21CFR 110.35（c）	缺乏有效虫害控制	目前并没有采取有效措施把害虫排除在加工区内/防止害虫污染厂房内的食物	330
1306	21CFR 110.20（b）（7）	虫害监控	未能提供足够的监控或其他措施以控制虫害	211
1524	21CFR 123.11（b）	卫生监测	你没有以充分的频率进行卫生检测以确保符合 CGMP，包括"接触食品或食品接触表面的水的安全，包括用于生产用冰的水""食品接触表面的情况和卫生""预防不卫生物品的交叉污染""洗手、手消毒和厕所设施的维护""预防食物，食品包材和食品接触表面的掺假""控制员工身体健康""标签，储存和使用有毒化学品规范""虫害控制"	203
1422	21CFR 110.20（b）（4）	天花板，地板，墙面	工厂的建造不利于地板、墙壁、天花板的充分清洁和卫生保持，不利于维修	192
1552	21CFR 110.35（a）	建筑/卫生	未能维护建筑物、装置或其他物理设施等的卫生	176
905	21CFR 123.6（b）	HACCP 计划实施	没有实现 HACCP 计划中列出的"监视""记录""保存""验证"过程	162
1554	21CFR 110.35（a）	清洁和消毒操作	未能对设备设施进行清洁和消毒操作，以防止"食品""食品接触表面""食品包装材料"受到污染	157
1695	21CFR 110.80（b）（2）	生产条件	"制造""包装""储存"食物未能在必要的条件和控制下，以尽量减少"潜在的微生物污染"	156
1689	21CFR 110.80	合理的预防措施	未能采取充分的预防措施，以确保生产程序不造成任何来源的污染	146

（续）

引用号	参考法规名称	简要分类	描述	频率
1287	21CFR 110.20（a）（1）	停泊区	未能"适当的储存设备""清除垃圾和废物""清除杂草或草地"，可能在工厂建筑或建筑附近，构成害虫的引诱物、滋生地或繁殖区域	137
990	21CFR 110.10（b）（3）	未在适当时间清洗/消毒	员工在上班前（每次下班后）（任何时候他们的手可能已经被弄脏或污染）都没有在适当的洗手设施中彻底洗手	130
1701	21CFR 110.80（b）（7）	设备、容器、用具	未按防止污染的方式"建造""处理""维护"，以"运输""持有""储存"食物的设备、容器和器具	127
1405	21CFR 110.10（b）（8）	穿戴不合格	在特定的地方，未戴"发网""发带""帽子""胡子套""发卡"	124
1553	21CFR 110.35（a）	建筑/良好的维修	未能维修建筑物/装置/物理设施以防止食物掺假	118
1562	21CFR 110.35（d）	一般清洁不合格	未能尽可能充分频率地清洁"食物接触表面""用具"，以防止食物污染	118
960	21CFR 123.6（c）（2）	关键控制点	HACCP 计划没有列出一个或多个关键控制点，这对每个确定的食品安全危害都是必要的	117
18254	21CFR 1.502（a）	制定国外供应商验证计划（FSVP）	未制定 FSVP	108
961	21CFR 123.6（c）（3）	关键限制	HACCP 计划"没有列出确保控制一个或多个危险的临界极限""列出不保证控制一个或多个危险的临界极限"	106
945	21CFR 123.12（a）（2）	进口验证	没有或没有执行"书面验证程序""产品规格""肯定步骤"，以确保你进口的"鱼类""渔业产品"按照海产品 HACCP 规则进行加工	104
1427	21CFR 110.20（b）（5）	照明和玻璃安全	对于悬挂在暴露的食物上方，未能提供安全型"灯泡""照明装置""天窗""玻璃"	102
959	21CFR 123.6（c）（1）	食物安全危害	HACCP 计划没有列出合理可能发生的食品安全危害	99
1292	21CFR 110.20（b）（1）	充足空间	未能提供足够的空间"放置设备""储存材料"，以维持卫生作业和生产安全食品	93
1125	21CFR 110.40（a）	材料和工艺	设备、器皿的设计、材料、工艺不允许适当的清洁、维修	92
1004	21CFR 123.6（c）（4）	充分监控	HACCP 计划列出了监控程序、频率，但不保证符合临界限度	92
15839	21CFR 111.70（e）	规格—特性、纯度、强度、成分	没有为成品膳食补充剂的特性、纯度、强度、成分建立产品规格	92
2386	21CFR 110.80（a）（1）	储存	未能以防止污染/尽量减少变质的方式储存原材料	88

（续）

引用号	参考法规名称	简要分类	描述	频率
2392	21CFR 110.80（b）（1）	设备的维护，用具和成品食品包装	未能通过适当的清洁和消毒，将设备/餐具/成品食品容器保持在可接受的状态	87
1581	21CFR 110.37（e）	合适温度的流动水	洗手设备缺少合适温度的自来水	86
1424	21CFR 110.20（b）（4）	冷凝水	车间的建造方式并不能防止水滴、冷凝物污染食品、食品接触表面、食品包装材料	84
1597	21CFR 110.37（b）（3）	污染源	水管系统构成了食物/供水/设备/器具的污染源	84
904	21CFR 123.6（b）	无 HACCP 计划	没有一份书面的 HACCP 计划，它概述了对合理可能发生的食品安全危险的控制	82
963	21CFR 123.6（c）（5）	纠偏计划	HACCP 计划包括一个纠正行动计划，该计划不符合21CFR 123.7（b），以确保受影响的产品没有进入商业/偏差的原因已被纠正	81
1005	21CFR 110.10（b）（7）	个人物品储存	个人衣物/物品存放在食物暴露或清洗设备或餐具的地方	76
1556	21CFR 110.35（b）（2）	储藏要求	未能正确地识别/储存有毒清洁化合物/消毒药剂/杀虫剂化学品，以防止"食物""食物接触表面""食品包装材料"的污染	76
1066	21CFR 110.40（b）	食物接触面的接缝	食物接触面上的接缝没有很好地黏合或维护，以减少食物颗粒/污垢/有机质/有机物质的积累和微生物生长的机会	75
908	21CFR 123.6（d）	签字和日期	HACCP 计划没有最初接受、修改、至少每年的签署和日期	74
15927	21CFR 111.103	书面程序—质量控制操作	没有建立并遵循质量控制操作的书面程序	73
1007	21CFR 110.10（b）（9）	防止微生物、异物污染的措施	未能采取必要的预防措施，以防止"食品""食品接触面""食品包装系统"受到微生物/异物的污染	66
1005	21CFR 123.6（c）（6）	验证过程充分	HACCP 计划未遵照21CFR 123.8（a）规定，未制定验证程序/频率，以确保 HACCP 计划足够控制食品安全危害，并有效实施	63
6008	21CFR 123.8（a）（3）	验证—记录评审—频率	在记录完成后的一个合理时间内，没有检查一些/关键控制点监控/纠正措施/校准/过程中测试/最终产品测试，在合理时间内记录。	63
15797	21CFR 111.553	书面程序—产品投诉	没有建立/遵循审查和调查产品投诉的要求的书面程序	63
15869	21CFR 111.75（c）	成品批次验证规范	没有验证您的成品膳食补充剂是否符合产品规格，是否符合特性、纯度、强度、成分、可能掺假或可能导致膳食补充剂掺假的污染限制	61

（续）

引用号	参考法规名称	简要分类	描述	频率
4470	21CFR 108.25（c）（2）	过程文件	在包装任何新产品之前，未能向食品及药品管理局提供关于每个容器大小的酸化食品的计划过程的信息	60
3658	21CFR 110.37（e）（2）	手部清洗和消毒准备工作	缺乏有效的手部清洁/消毒准备	59
1006	21CFR 110.10（b）（8）	个人食物/饮料/烟草	据观察，员工们在食品暴露、清洗设备或餐具的地方吃东西、嚼口香糖、喝饮料、抽烟	58
1406	21CFR 110.10（b）（6）	有效使用发卡	以一种有效的方式戴上发夹/帽子/胡须夹/适当的毛发限制	58
3643	21CFR 110.10（b）（3）	手套情况	在食品处理中使用的手套不能保持完好、清洁和卫生状况	58
1525	21CFR 123.11（c）	卫生记录	未保持卫生控制记录文档，包括（卫生缺陷的修正）（安全的水接触食品或食品接触表面，包括用于生产冰的水）食品接触表面的清洁和条件/预防交叉污染的有害健康的对象/维护洗手、手消毒和厕所设施/保护食品、食品包装材料和食品接触表面的掺假适当的标签，储存和使用有毒化学品/控制员工的健康状况/排除害虫	57
1702	21CFR 110.80（b）（8）	金属/异物	没有采取有效措施防止食品中含有金属/外来物质	56
3652	21CFR 110.37（e）（1）	适宜的地点	未在车间的每个有需要的地方提供洗手设施	56
1402	21CFR 110.10（b）（4）	不安全的珠宝	员工未能将可能落入食物/设备/容器中的不安全珠宝或其他物品移走	55
18149	21CFR 117.40	设备和器具—设计和维护	设备和器具没有经过充分的清洁和维护，以防止（过敏原交叉接触）污染	54
18161	21CFR 117.80（c）	制造、加工、包装、控制	没有在必要的条件和控制下进行操作，以减少微生物生长的可能性、微生物过敏原交叉接触、食品污染、食品恶化	53
15762	21CFR 111.205（a）	每批主生产记录	没有为所生产的每批膳食补充剂准备、遵循一个书面的主生产记录	50
15861	21CFR111.75（a）（2）（ii）（A）	组件—合格供应商	通过确认供应商的测试或检查结果，建立供应商的分析证明的可靠性，没有鉴定认证一个部件的供应商	50
1615	21CFR 110.93	成品的贮存/运输（污染）	未在有效条件下储存/运输成品，以防止物理/化学/微生物污染	49
1698	21CFR 110.80（b）（5）	工作过程	不能以防止污染的方式处理正在进行的工作	48
18141	21CFR 117.35（a）	卫生操作—工厂保持	没有把工厂保持在清洁卫生的状态	48

（续）

引用号	参考法规名称	简要分类	描述	频率
985	21CFR 110.10（b）（1）	合适的外衣	未穿适合的外衣，以避免食物/食物接触面/食物包装材料的污染	47
1173	21CFR 110.40（f）	仪器的准确性，维护	用于测量/调节/记录的仪器，这些仪器控制或防止不良微生物生长，不准确，未充分维护	47
15532	21CFR 111.255（b）	完整的批记录	批生产记录中没有包含与每批生产和控制有关的完整信息	47
15641	21CFR 111.453	书面记录的保持	没有建立/遵循书面程序来保存和分发操作	46
18138	21CFR 117.10	人员	没有采取与人事工作有关的合理措施和预防措施	46
3659	21CFR 110.37（e）（3）	手干燥	缺乏卫生毛巾服务或合适的手干燥设备	45
3661	21CFR 110.37（e）（5）	标志	没有张贴的易于理解的指示员工洗手和手消毒的标识	45
15858	21CFR 111.75（a）（1）（i）	成分—验证身份，膳食成分	在使用之前，没有进行至少一次适当的测试或检查来验证一种膳食成分的资质	45
15830	21CFR 111.70（b）（2）	组分—纯度、强度、构成	没有为纯度/强度/成分建立部件规格	44
6021	21CFR 123.10	HACCP 培训或资格	没有公司相关人员已经完成了要求的 HACCP 培训，或是通过工作经验获得 HACCP 资格	43
1429	21CFR 110.20（b）（6）	风扇/通气设备	未能定位/操作风扇和其他通气设备，以减少污染食物/食物接触表面/食品包装材料的可能性	41
9931	21CFR 120.6（b）	卫生监控	没有以充分频率监测卫生条件和实践，以确保符合现行良好生产规范，包括安全的水接触食品或食品接触表面，包括用于生产冰的水）条件和食品接触表面的清洁（预防交叉污染从有害健康的对象），维护洗手、手消毒和厕所设施/保护食物，食品包装材料、食品接触表面的掺假，适当标示，储存和使用有毒化学品/对员工健康状况的控制/排除害虫	41
6018	21CFR 123.7（a）	根据预定计划采取纠正措施	没有采取纠正措施，以确保受影响的产品没有进入商业领域/偏差的原因被纠正	40
16042	21CFR 111.503	书面程序—返回膳食补充	没有建立（遵循）书面程序，当收到返回的膳食补充剂时	40
3071	21CFR 114.80（a）（1）	预定工艺	酸化食品不是按照预定的工艺生产的	39
6020	21CFR 123.9（a）	记录内容	记录未包括中间商或进口商的名称和地点/记录反映的活动日期和时间/执行操作的人的签名或姓名首字母/产品标识和生产代码，如果有的话	39
15825	21CFR 111.65	质量控制—质量，膳食补充剂	没有实施质量控制操作来保证膳食补充剂的质量	38

（续）

引用号	参考法规名称	简要分类	描述	频率
15897	21CFR 111.83（a）	储备样品—收集保存	没有收集和保存您分发的包装和标记的膳食补充剂的储备样本	38
3086	21CFR 114.100（b）	加工和生产记录的维护	未能维护加工/生产记录，显示遵守计划的过程，包括 pH 测量/关键因素记录，以确保产品安全	36
15659	21CFR 111.475（b）（1）	书面程序—持有；分发	没有制定和保持书面程序的持有和分发操作	36
933	21CFR 123.8（a）（2）（ii）	充分校准	过程监控设备没有进行校准，以确保读取准确	34
3078	21CFR 114.80（b）	代码—所需的元素	每一个集装箱没有在产品包装标明年/日期/包装周期的标识码	34
1126	21CFR 110.40（a）	排除污染物	设备和器具的设计/建筑/使用，不能排除食物掺假，包括润滑油/燃料/金属碎片/污染水/污染物	33
15829	21CFR 111.70（b）（1）	组件标识规范	没有为每个组件建立标识规范	33
18140	21CFR 117.20（b）	工厂建设和设计	工厂不是为了便于维修和卫生操作而建的	32
1565	21CFR 110.35（d）（3）	非食品接触面	未能经常清洗设备的非食物接触表面，以防止污染	31
1571	21CFR 110.35（d）（5）	证明是有效的	用于清洁消毒的设施、程序、设备未被证明是提供足够的清洁/消毒处理	31
1763	21CFR 110.35（b）（1）	安全且足够使用	使用的清洗剂和消毒剂，并不是排除有害微生物和在安全条件下使用	31
1293	21CFR 110.20（b）（2）	微生物、化学品、污物污染	由于车间尺寸/建筑/设计方面的缺陷，不能采取适当的预防措施以保护"食品""食品接触表面""食品包装材料"不受微生物/化学品/不洁物质/外生物质的污染。	30

第四节　我国食品企业接待检查工作应对策略

一、FDA 现场检查不良记录的可能法律后果

FDA 现场检查的不良记录可能直接导致企业的产品在边境被扣押，使其无法继续向美国出口。除了在极罕见的情况下，FDA 很少会在现场检查后直接注销企业的 FDA 食品生产注册资格。FDA 对国际食品企业不良检查所采取的法律手段总结如下：

在现场检查中，如果 FDA 发现食品企业可能存在食品安全违规或食品标识不符等问题，将会给企业下发一份"检查报告"（又称"483 表"）。483 表中会详细记录 FDA 在

检查中发现的企业可能存在的违规问题并给企业提供书面解释回复的机会，一般不会公开发表在 FDA 网站上，而企业的回复中一般应包括计划采取的整改措施。

警告信（Warning Letter）：如果 FDA 判定企业对表 3-1 的回复不能达到其标准，或者 FDA 在现场检查中发现了严重的必须要求企业立刻整改的问题，就会给企业下发警告信。警告信中会详细列举企业所生产产品违反相关法规的具体依据。与表 3-1 不同的是，警告信会发布在 FDA 网站上。正因警告信具有公开性，一旦发布可能会给企业带来严重的商业损失，除了会损害企业与美国客户的关系和产品的品牌外，还可能导致潜在的产品索赔诉讼风险。

进口警示（Import Alert）：在美国《联邦食品、药品和化妆品法》框架下，FDA 有权禁止进口任何"可能存在违规"情况的产品。在此法律授权的基础上，FDA 对国外生产的食品有着相对更多的执法权限和方式。若现场检查后 FDA 对在美国境外生产的食品有任何质量或标识方面的质疑，其有权发布"进口警示"并告知边境检查人员自动扣押来自于被检查企业的所有产品。进口警示将直接导致企业的产品无法销美，一旦被列入进口警示，企业可能需要几个月甚至几年的时间才能成功申请让 FDA 将其从进口警示中移除。

二、如何准备迎接 FDA 的现场检查

为避免导致以上法律后果，食品企业应尽量避免收到现场检查的不良记录。因此，企业需要在 FDA 现场检查前认真进行准备。FDA 在美国境内的检查往往没有预先通知，而对于在境外的检查，FDA 一般会提前通知企业以便其进行合理安排。因此，对比美国境内的企业，中国的食品企业在准备 FDA 现场检查方面有先天优势。此外，值得强调的是，FDA 的现场检查不只针对企业现行的生产运行，也会涵盖企业过往的生产合规情况。当收到 FDA 的检查通知后，企业可以从人员、厂区、记录等要点着手准备。

（一）关于人员

要确保在 FDA 进行现场检查时有厂区质量部门（QA）的主管或经理负责协调和掌控，并及时与 FDA 检查员沟通，收集汇总及回答 FDA 检查员在现场检查过程中提出的问题。企业也应提醒工厂的一线员工在检查期间要正常生产，并遵守相应的岗位安全生产规范。在回答 FDA 的现场提问时，相关人员应首先确保完全理解问题，并做出真实、具体和完整的回复，不要答非所问或主动提供与 FDA 所提问题没有直接关联的信息。如果厂区存在较为复杂的与食品安全生产相关的工艺流程，技术人员要时刻准好接受 FDA 的提问。

（二）关于厂区

要确保卫生清洁。FDA 要求，食品生产设施只有在清洁的环境中才能运行。如果有任何需要修理的设备或需要清洁的区域，一般来讲，企业应主动发现并采取相应的整改措施，而非等到 FDA 检查员指出这些纰漏才进行整改。此外，工厂记录也应该翔实记载过往和计划中应进行的清洁与维护。

（三）关于记录

企业应确保在现场检查中可以提供食品安全的相关记录。在准备接受现场检查阶段，

可以对记录进行简单的自我回溯及审核，如果发现问题，一定不要随便更改相关事实。但如果发现记录中存在空白或记录不全的情况，企业可以向 FDA 检查员指出并附上对应的整改计划。

（四）关于生产

FDA 可能会在检查过程中提取产品样品或在食品接触表面取样来进行微生物病原菌的检测。如果 FDA 对产品取样，推荐的做法是将被取样的批次产品暂时留存，以避免产品在美国海关被扣押或被强制性市场召回。

三、FDA 现场检查不良记录的应对策略

对 FDA 检查中发现的问题进行及时有效的回复与 FDA 现场检查前认真进行准备同样重要，实际上，一份翔实完整的回复可使企业避免 FDA 对其采取进一步的执法措施。如果企业在现场检查结束后收到 483 表，FDA 通常会给企业 15 个工作日的时间让其准备书面回复。在回复中，企业应确保对 483 表中提到的每一项检查发现都进行完整的回复。

为避免遗漏，企业可以对 483 表中列出的问题逐项列出，且在回复中将提到的整改计划具体化。若整改可以在回复准备过程的 15 个工作日内完成，应该立即进行；若不能，企业应列出预计完成的时间表。如果整改计划涉及长期的资本投入（例如新设备的采购和安装），在整改完成前应向 FDA 提供周期性进展报告，并对已完成的整改内容提供相关记录，其中应包括新设备采购单、完成整改区域或设备的照片、升级的 SOP 和其他可以证明整改的文件或记录等。通常情况下，FDA 会选择在企业的整改全部完成后对企业再次进行检查以确认企业的合规性。

随着 FDA 对国际供应商现场检查频率的增加，销美的中国企业也注定将面临更多的挑战。在了解 FSMA 新的法规要求和准备应对 FDA 现场检查的同时，企业也可考虑向有丰富 FDA 合规经验的律师或顾问进行咨询，针对 FDA 检查过程中发现的问题进行及时整改，更好地进行不良检查记录的回复。

四、输美速冻食品企业在迎检中应该注意的事项

（一）准备英文版资料

FDA 在邮件中已明确需要提供英文版的 HACCP 计划/食品安全计划书。此外，FDA 检查员在现场也会要求提供这些文件的英文版。而对于 SSOP 和程序文件，则要求至少能提供其目录。

（二）英文翻译

企业需要至少有一位精通外语、熟悉食品安全管控要求，且对生产工艺有一定的了解的人，对 FDA 官员的检查给予合理的解释。翻译如果能站在 FDA 检查员的视角，解释企业现场发生的情况，就更有利于 FDA 接受。

（三）梳理批次记录

FDA 检查员除了看现场，同样也要看记录。企业在接受检查前，应把产品批次性记录

重新梳理确认一遍，以便检查时，能第一时间提供指定批次的记录，展现公司的追溯能力。

（四） 整理支持性材料

除了梳理批次记录，各种工艺的验证和确认材料也应给予充分准备，比如产品安全性验证报告，关键设备稳定性的检测报告等。这些资料可能平时分布在企业的不同人员手上，几经流转。在迎接 FDA 检查前，企业应组织人手把这些支持性资料进行归整，以防检查时无法及时提供。FDA 检查员对检查企业的卫生管理状况和设施都会比较关注，如生产加工区域与外部环境的隔离、人流、物流、气流、水流和废弃物流向、鼠虫的防治等都会要求企业进行解答。当然，美国 FDA 检查员在检查中会比较关注企业安全卫生监控体系，对企业"软件"重视的程度较高，其中 HACCP 计划的建立与运行是关注的焦点。

第四章

速冻食品的食品安全计划编写规则

根据美国 117 法规要求，所有食品企业需要由有资质的人员制订和实施食品安全计划，该计划包括 7 个方面：危害分析、预防控制措施、供给链、召回计划、监控程序、纠偏程序和验证程序。相比 21CFR PART120 和 PART123 以及 FSIS、Codex 和 NACMCF 的 HACCP 计划，增加了许多内容。对于出口多个国家和地区的企业来说，建立两套不同的计划，增加了人力和物力成本，同时也不利于在企业实施两套目标相同而书面不同的计划。

第一节　建立食品安全计划的准备工作

输美速冻食品生产企业建立食品安全计划要重点把握住 6 个方面。一是实施时间。2016 年 9 月 18 日将正式实施该法规，企业必须制订食品安全计划，对小微企业有 1~2 年过渡期。法规正式实施后，FDA 检查员将依照该法规对企业进行现场检查并核查食品安全计划。二是资质人员。21CFR PART117.126（a）（2）要求具备预防性控制措施资质人员或在其监督下制定和实施，目前虽有机构培训有关教程，但难以满足众多输美企业需求。企业对于人员资质是自己通过外部培训获取或是外聘，需要综合考量。三是食品安全计划内容包括危害分析、预防控制措施、供给链、召回计划、监控程序、纠偏程序和验证程序。该计划不是 SSOP 和 HACCP 计划的结合体，对于一个已经建立 HACCP 计划和前提计划的企业，涵盖了大部分内容，但有较大区别。四是重点关注预防控制措施中的过程控制和卫生控制。过程控制措施相当于 HACCP 计划的 CCPs，通常指用于食品的加工过程，不包括那些不应用于食品本身的程序、操作和流程，目的是为了在食品生产加工过程中显著降低或避免危害，但是在怎么监控方面，区别于 HACCP 计划；SCP 包括 8 个方面，作为 HACCP 前提计划实现。该法规将其中 2 个方面列入预防控制措施，说明 FDA 特别关注。由于工厂存在差异性，对食品接触面和交叉污染控制不尽相同，要求企业建立书面计划，保持企业执行的一致性。五是突出过敏原，对食品过敏原的控制不再仅仅是在产品标签中标注过敏原，而是要求全程控制。六是食品企业在制订和实施食品安全计划后，必须定期评估其食品安全计划，每 3 年至少一次更新活动。

一、公司概况及组织机构介绍

作为食品安全计划的一部分，要在开头对公司概况和组织结构情况进行简要描述。目的是对公司根据生产需要所配置的设备设施、人力资源、企业文化价值观等有明确的认识。可以说，这也是对公司食品安全管理体系运行所需要的内外部要素进行的纲领性梳理（表4-1）。

表4-1　食品生产企业的内外部要素表

内部要素	外部要素
公司的生产能力、销售总量、品牌影响力以及在行业中的发展地位	宏观经济因素，如经济形势、行业发展趋势、公司发展前景预测
公司的资源因素，包括基础设施、运行环境、技术能力、法规合规能力	社会因素，如安全理念、教育水平、工作时间、公共假日等
公司的人力因素，包括人员能力、公司文化理念、社会责任等	政治因素，如本地基础设施、国际贸易协定、政策执行的持续性和稳定性
公司的运行因素，例如生产、加工或交付能力、食品安全管理体系运行效果、顾客评价等	技术因素，如新科技、材料和设备、企业专利、职业道德准则
公司保持正常运转及治理相关因素，如决策规则、组织框架、岗位职责等	竞争力，包括市场占有率、相似或可替代产品、市场领先趋势、市场稳定性等
	影响企业环境的因素，如满足国内外法律法规及技术标准要求的程度

二、食品安全小组

组建食品安全小组是制订食品安全计划的重要步骤，这对确保资源的正确使用至关重要。有效的食品安全管理不仅为食品提供保障，同样使企业有效避免发生食品安全事故，避免发生违反食品安全法规的情况。制订并执行有效的食品安全计划，可能需要对于管理变化、潜在的设备变化新程序等提供预算、资源和支持。如果没有全方位、稳固的企业管理团队，食品安全计划可能难以有效地执行，高级管理层对食品安全的关注，能够向所有人员传递强有力的信息，即食品安全体系对公司的生存和发展至关重要。

虽然一个人能够成功进行危害分析并制订食品安全计划，但是许多公司发现，组建食品安全小组有诸多益处。当只有一个人制订食品安全计划时，在流程中可能遗漏或误解一些关键点。组队工作降低了遗漏关键点或误解运作方面的风险。组队工作鼓励食品安全计划的自主权，建立整个公司的参与机制，并且汇集不同领域的专业知识。在食品安全小组中，至少有一个人应为有资格的预防控制人员，其必须已经顺利完成了经FDA认可的食品安全培训课程，或者因为在制订和应用食品安全系统的方面，有丰富的工作经验而以其他方式获得资格。有预防控制资格的人员并不一定是该企业的员工，但是对企业而言，在其团队中拥有一个具有预防控制资格的个人有诸多益处。

在工厂的操作流程和程序方面，该小组成员应拥有不同的专长和经验。食品安全小组必须包括直接参与工厂日常操作的成员，并且（如果适用的话）可能包括来自维护、生产（包括设备专家）、卫生、质量保证、工程、采购和实验室的人员。这些成员在具有预防控制资格人员的监督下制订食品安全计划，并且验证食品安全体系的持续执行情况。该小组成员必须对食品安全危害和食品安全原则方面有深入了解。当产生的问题无法在内部得以解决时，则可能有必要征募外部专家。在一些小公司中，编写食品安全计划的责任可能落在一个人身上。如果有可能在小公司中建立食品安全小组时，广泛知晓各种职能的员工，以及公司所有者，应该成为该食品安全小组的成员。大学、合作推广组织、咨询团队和贸易协会可以通过计划模板、出版指南以及在某些情况下提供个人协助的方式，提供额外的协助。

除了编写和制订食品安全计划之外，食品安全小组还在设施的日常操作中监督该计划的执行情况。这包括确保相关人员接受培训，以便其达到相应的职责要求。

三、终产品描述、销售贮存方法和预期用途

（一）描述产品和销售方式

终产品描述应包括：产品名称、涉及产品安全的重要特性（如 pH，水活度，防腐剂等）、主要成分、包装方式、保质期、储存方式和销售方式。

1. 产品名称

可能包括一种以上具备相似加工和危害特性的产品。

2. 产品描述

包括重要的食品安全特性。对产品和加工方法、装配以及属于该类别的产品系列的一般描述。

如果与产品安全有关，应将产品的固有特性列出，例如防腐性、水活度和 pH。

3. 配料情况

列出产品中涉及的配料清单。可以采取分类描述的方式进行描述，或者直接调用配料上的标签信息，提供更详细的信息。

4. 包装方式

对包装的方式、材质、包装前的处理等进行具体描述，如充氮包装、真空包装。这些包装方式可能对所关注的危害有潜在的影响，因此需要进行具体描述。

5. 预期用途

要描述出食品的常规预期用途（例如，即食、即烹、原材料）。

若有必要，还要描述产品可能的销售地点（例如，零售、餐饮服务、学校、医院等）。如果可能发生计划外的用途时，则应该指出相关可能性。

6. 保存期限

如果与潜在微生物生长有关，则应列出保存期限。

7. 标签说明

包括与食品安全相关的标签说明。这可能包括冷藏、烹饪说明等。

8. 储存和配送

列出储存和配送方法，例如在冷藏、冰冻、室温环境下。

在确定是否有必要进行具体的控制时，需要理解产品的基本信息及其分销方式，从而确保在整个配送周期内产品的安全。食品安全小组应该描述产品信息、包装方式、保质期以及存储方式和分销的方式。对于自身可控制潜在细菌生长的产品，提供产品史影响病原体生长因素的信息很有用处（如 pH，水活度，防腐剂等）。有必要了解这些因素，从而识别需要通过预防控制措施处理的潜在食品安全危害。

（二）描述食品的预期用途和消费群体

可以结合产品信息来描述预期用途和消费群体。具体可以包括：预期用途、可能实现的未预期用途、预期消费群体（如成人，婴儿，老人等）、有关食品安全的标签说明等。其中，产品的预期用途指的是终端用户（例如，其他食品加工商、消费者等）的预期用途。当然，大多数食品可能针对的消费群体是公众。

在描述食品的预期用途和消费群体时，食品安全小组应该考虑以下几个问题：

（1）产品的预期用途是什么？（零售、餐饮服务、进一步加工）

（2）处理不当和非预期用途可能的情况是什么？

（3）终端用户需要采取哪些处理措施和准备步骤？例如，该产品是否是即食的，或者需要重新加热、烹饪等进一步准备工作？

（4）产品的预期消费群体是什么？

（5）该产品是否明确针对免疫缺陷个人或其他易感人群？

通过回答这些问题，在食品安全小组进行危害分析时，能够为其提供有价值的信息。

（三）关注易感人群

易感人群是指对食源性疾病敏感的人群，如婴儿、老年人、孕妇、免疫障碍人士等。如果企业的食品是为上述人群特别设计的，那么就有必要进行额外的控制。比如我们经常见到的一些诸如婴儿配方奶粉、医疗特餐、特殊护理专用配餐、幼儿食品等。

作为产品的目标消费群体，可能是普通公众，也有可能是对某些危害更敏感的特殊"高危人群"。这些高危人群包括：

（1）婴幼儿。婴幼儿的免疫系统尚未充分发育，并且更可能感染某些类型的食源性疾病，例如受到致病菌的感染。食品本身或包装材料导致的窒息危害也可能是针对这一群体需要关注的问题。

（2）老年人。随着年龄的增长，免疫系统自然而然地衰老。老年人比一般人群更易于感染食源性致病菌，而且病症可能更为严重。

（3）孕妇。一些病原体对于形成中的胎儿尤其有害，例如单核细胞增多性李斯特菌和刚地弓形虫。专门面向孕妇的食品应控制这些病原体的潜在来源。

（4）免疫障碍人士。其他因素可能使免疫系统变弱。例如，艾滋病患者、接受器官移植、接受癌症化疗或者进行其他免疫抑制药物治疗的人，尤其容易因食源性致病菌患病。随着现代医疗的进步，必须考虑到人口中有相当大的比例属于这一类别。虽然这些易感群体可能消费面向公众的食品，但是针对销售到易感人群的食品就需要更严格的控制措施，因为大部分这些食品将会由这些高危人群进行消费。

四、原辅料特性描述及与产品接触材料描述

企业应对生产所涉及的所有原料、辅料和与产品接触的材料进行描述，目的是能够提供充分的信息以开展危害分析。描述的内容包括以下几个方面：

（1）原辅料的化学、生物和物理特性；

（2）配制辅料的组成，包括添加剂和加工助剂；

（3）产地；

（4）生产方法；

（5）包装和交付方式；

（6）贮存条件和保质期；

（7）使用或者生产前的预处理；

（8）采购验收的准则；

（9）相关的国内外法律法规和技术标准要求。

五、产品生产工艺流程图及工艺描述

工艺流程图是描述工艺的重要工具，流程图提供了重要的视觉工具，方便食品安全小组描述相关流程。当制订流程图时，必须考虑在设施控制之内的所有流程步骤，从接收到最终产品存放，包括返工和转移副产品。食品安全小组应详细考虑每个流程步骤，并且将信息扩大到包含所有相关流程信息。

书面的工艺过程描述有助于阐述每个流程步骤，并且可以包含比流程图更多的细节。这一描述可以用作制订食品安全计划时的工作参考。如有其他文件包含类似信息，例如产品说明书、配方或工作指导，可用在书面描述工艺流程时的恰当位置。必须了解每个流程步骤。比如，产品可以置于在非冷藏温度下的最长时限、最高室温或者加工后的产品内部温度等信息均可能影响到食品安全。因此流程图及工艺描述对实施准确的危害分析至关重要。

因为流程图的准确性对进行危害分析至关重要，因此必须在工厂内核实流程图中的步骤。如果遗漏了某一步骤，则可能遗漏食品安全中需要实施预防控制措施的关键点。包括产品以及配料和包装的每次处理加工和保存步骤。食品安全小组应实地考察并深入了解工厂的生产工艺，并且在流程图上进行对应性的修改。同时，食品安全小组应注意观察卫生状况、交叉污染或过敏原交叉接触的可能性，以及环境病原体的潜在栖身之所或引入点。实地考察并深入了解使得每名小组成员能够从整体上了解产品的制作过程。在实地走访期间，邀请其他工厂工作人员一同审查流程图很有益处。很多时候，操作员能够发现管理层或食品安全小组疏漏的问题。作为食品安全记录以及食品安全计划的一部分，应保留并定期评估完整的、经验证的流程图。通常使用签名表示该流程图已经验证过。食品安全计划是动态的计划，并且必须及时更新，以便反映在工艺流程或食品安全注意事项中发生的任何变更。因此，对工艺流程的任何重大变更均必须反映在产品流程图上，并且食品安全小

组必须评估这些变更是否会对现有的危害分析和预防性控制措施产生影响。

第二节　危害分析

危害是指有可能导致患病或受伤害的生物、化学或物理因子。危害分析过程中识别了已知的或可预见的危害，已知它们有可能与企业或其生产的食品有关。危害分析后还要评估这些潜在危害，评估的目的是根据风险评估需要预防控制措施的那些危害的可能性与严重程度。通过这个过程，有效的危害分析可以做到降低风险并将实施力度集中在食品安全中最重要的预防控制措施及相关的控制程序上。危害分析实施不良可能忽略掉需要预防控制措施的危害，或者可能识别出对于安全性而言较不重要的过多的控制措施，从而导致食品安全计划难以管理。依据117法规的要求，食品生产企业必须要有一份书面危害分析。企业根据自身能力的考量，可以外聘技术专家来开展危害分析工作，这样可以确保能够准确完整地识别出需要采取适当预防控制措施的危害。

危害分析是指对危害及导致产生危害的相关信息的收集和评估过程，通过分析来决定哪些危害对食品安全是显著性的，这些显著性的危害就必须通过食品安全或食品安全计划予以控制，即需要采取"预防控制措施"进行控制。预防控制措施，是指具有安全生产、加工、包装或保存食品方面经验的人员采用的基于风险的、合理适当的程序操作和过程，从而可显著减少或防止危害分析下确定的危害。

需要采取预防控制措施的危害，是指针对已知或合理可预见的危害，由具有安全生产、加工、包装或保存食品方面经验的人员将根据危害分析的结果，或在没有采取预防控制措施的情况下评估发生危害的概率，建立一个或多个预防控制措施，以显著减少或防止食品和成分中的危害，以及相应的管理要素（如监控、纠正或纠正措施、验证和记录），适用于该食品、企业和预防控制的性质及在该企业食品安全体系中的作用。

进行一次全面的危害分析，对整个食品安全计划的成功实施非常重要。识别需要采取预防控制措施的食品安全危害取决于食品、配料、设备、设施布局与企业食品安全体系的其他要素。一次恰当的危害分析可以识别出需要预防控制措施的危害，并将资源集中在必要的预防性控制措施上，有助于识别出需要改进的方向，利于企业采取针对性的改进措施。

有时候，全面的危害分析还可以确定一种新识别的危害，这种危害在以前可能并没有得到适当的控制。例如，科学家多年前证实大肠杆菌0157：H7比其他病原体耐较高浓度的酸。对一些发酵产品的危害分析的审核中建议调整配方或过程以确保杀灭大肠杆菌0157：H7。适当的危害分析也可将有限的资源聚焦在最重要的控制上。若忽视了必须进行控制的危害，不适当的危害分析会导致无效的食品安全计划。相反地，不适当的危害分析可能识别太多的危害控制，这些危害不可能引起疾病或伤害，导致系统无法用可用的资源进行有效管理。

危害分析的一个很重要的目的就是编制潜在食品安全危害清单，然后决定需要采取预防控制措施的危害。因为这些危害在缺乏控制的情况下，可能引起伤害或疾病。一旦识别出这些危害，必须确定预防控制措施以预防疾病或伤害。只有对消费者健康构成风险的危害才能纳入食品安全计划。不是所有的潜在危害都需要单独的预防控制措施的操作。

那么，如何进行危害分析呢？应该采取哪些方式来进行分析呢？下面列出了进行识别危害和控制措施的基本流程以及 FSPCA 推荐的危害分析表单格式（表 4-2）。

（1）列出加工过程和成分表；

（2）识别已知或合理可预见的（即：潜在的）食品安全危害；

（3）确定危害是否需要预防性控制措施；若不加控制，危害的严重性和可能性；

（4）提出结论的理由；

（5）针对显著危害，确定预防性控制措施。

表 4-2　FSPCA 推荐使用的危害分析表单

1. 原辅料/加工步骤	2. 识别在本步骤引入、控制或增加的潜在危害（列明具体种类：B 生物的；C 化学的；P 物理的）	3. 是否有潜在的食品安全危害需要预防性控制措施（是/否）	4. 作出第 3 栏结论的理由（包括危害引入的途径、潜在危害发生的可能性、严重性的评价）	5. 应用何种预防性控制措施来显著降低或预防食品安全危害？［过程控制（包括CCPs）、过敏原控制、卫生控制、供应链控制、其他控制］	6. 是否在本步骤应用预防性控制措施？（是/否）

第 1 栏用以列出流程图的各个过程步骤。包含接收该过程内所使用的各个配料或原材料，可以为危害分析的制订提供指导。

第 2 栏（危害识别）可用以列出各个步骤内所识别的所有配料、原材料、过程与环境相关危害。

危害识别的过程中，需要考虑以下几个方面：

（1）编制产品说明时所收集的预备信息。

（2）企业中成品发生危害的可能性，是基于产品试验结果、消费者投诉或其他手段，企业也可依据自身的知识，包括布局、接收环节以及用以确定产品是否易受污染的其他过程。

（3）外部信息，包括类似产品的科技论文流行病学研究与其他历史数据。

（4）可能与成品、中间产品与消费食品相关的食品安全危害的食品供应链信息。

（5）适用的政府或行业食品安全指南文件信息。

危害识别中，要充分考虑出现在食品中自然发生的那些潜在危害，或无意带入的危害或罕见情况下因获取经济利益的目的有意加入的危害。这些危害可以分为生物危害、化学危害和物理危害三类，其中生物危害（B），包含细菌、病毒、寄生虫与环境病原体。化学危害（C），包含放射性危害、食品过敏原、农药与药物残留物质、天然毒素、腐败与未经批准的食品或色素添加剂。物理危害（P），包含可能引起窒息、伤害或其他健康不利影响的潜在有害异物。对于食品安全小组，在确定上述三类危害时，应考虑以下几个主要因素。

（1）食品配方可以导致酸碱值、水活度或有利于某些病原体的繁殖抑某些病原体生长的其他条件。

（2）设施与设备的条件、功能与设计可提高带入污染物的潜在可能性。在生产中，有些设备清洁起来比较困难，更容易磨损或损害从而导致混入金属碎片，存在物理危害的潜在风险。

（3）原辅料供应商带来的危害。例如，原料中可能存在的过敏原或致病微生物。作为配料的水和冰，以及食品内所使用的压缩空气也要在此处进行考虑。

（4）运输过程可能存在的致病微生物。比起包装产品运输，散装产品的运输更容易受到潜在污染。冷冻运输的配料会因为温度失控而受到影响，导致发生化学性危害或者生物性危害。

（5）加工程序的影响。蒸煮之类的高温加工工序会抑制或杀灭致病微生物，从而减少一些危害发生的可能性。但是，有些诸如搅拌、混合等加工则有可能会导致金属异物混入，从而增加一些危害发生的潜在性。

（6）包装与贴标签会影响所关注的危害。过敏原贴标签或特殊存储条件的需求会帮助减少对消费者带来风险。此外，真空包装会延长保存期限，但也会为一些食品的肉毒杆菌或者李斯特菌的繁殖创造有利条件。因此，必须对这些危害的潜在性进行分析考虑后再决定采取何种包装形式最为合理。对于某种食品来说，如果病原体生长是一个存在的问题，那么就要考虑在存储与销售环节采取预防性控制措施。如果产品保存比较稳定，则不存在食品安全问题。在装运中应考虑食品遭受潜在污染的情况，例如散装货。

（7）一些产品需要进行蒸煮或其他进一步的处理后才能食用，这样的处理可以为消费者有效地降低风险。然而，企业还要全面考虑消费者是否会采取其他方式食用该产品。例如，方便面需要热水浸泡后食用，但也可以直接食用。那么方便面的配方与流程就必须认真考虑这些食用方式，以避免潜在食品安全问题。

（8）设备、环境与员工的卫生条件也是要考虑的方面。同一员工是否既处理生的未加工产品又处理熟食？即食产品生产线是否接近生的未加工产品线？食品接触表面的清洗消毒的频率如何？所有这些问题的存在都会为产品带来危害的风险。

（9）其他相关因素。例如，出于经济利益而故意掺假的食品安全问题等等。

第3栏和第4栏属于危害评估的过程。第3栏是简单的"是或否"，其表明危害是否需要采取预防性控制措施。第4栏（危害评估）为第3栏中的回答提出符合性的证据。

在对某种特定危害发生的可能性进行评估时，需要考虑的因素包括以往发生食源性疾病的数据、相似产品的召回情况、科学文献资料、企业自检自控信息、官方的监管信息、贸易协会的信息等诸多方面。

食品安全小组必须评估这些因素导致发生食品安全危害的可能性。了解发生潜在危害的频率，以此来确定是否需要采取预防控制措施。除了食品安全的科学文献资料以外，还要考虑过去疫情暴发、召回的情况。法律法规、协会信息等都可以提供关于特定食品中危害发生可能性的最新信息。

需要特别注意的是，以往发生的食源性疫情的爆发情况是食品安全危害评估中极为重要的信息。食品安全小组必须考虑产品发生类似食源性疫情的可能性。

各种因素会影响食品安全危害的可能性。例如，工厂操作计划的有效性、成品与潜在危害相关联的程度、产品加工处理方法、运输条件、存储条件、食用前的处理步骤等等。在一个操作工序或企业内是需要采取预防控制措施的危害，但在另一个其他生产相同或类似产品的操作或企业就不是需要采取预防控制措施的危害。例如，在一个企业内金属污染的可能性较高，但因设备的差异性，在另一家企业就不是。预防性维护计划的有效性也与确定金属危害可能存在的可能性相关。

例如，A 企业制订实施了综合预防性维护计划，日常检验与旋紧设备螺母与螺栓，从而防止其落入产品内。其可将该计划与设备设计的审核流程相结合，以避免安装设备中有粗糙的金属对金属接触。他们能够制订其首要的预防维护计划有效管理产品内的金属危害。相反地，B 企业未制订实施综合预防性维护计划。针对可能会掉入产品中的螺母以及金属残渣，该企业在制订的食品安全计划里加入了金属探测工序。因此，这两种方法都满足要求。

第 5 栏和第 6 栏属于预防控制的内容。当第 5 栏内的回答是"是"，则仅适用第 5 栏以识别显著降低或预防危害的预防控制；例如，过程、过敏原、环境卫生、供应链或其他预防控制。第 6 栏用以记录预防性控制是否在该步骤中得以管理。

根据 117 法规中定义，预防性控制措施是指熟知食品安全生产、加工、包装或储存的人员会采用的那些基于风险的、合理适当的程序、方法和流程，从而显著降低或预防危害分析所识别的危害，并且危害分析与实施分析时现有的安全食品生产、加工、包装、储藏的科学认知是一致的。基于危害分析的、需要采取预防控制措施的危害必须记录在食品安全计划内。一个预防控制的确定应"基于风险"，必须"合理适当"并与当前的科学理解相一致。具体的预防控制管理要素（例如，监控、纠偏行动与验证）必须要考虑企业食品安全管理体系内的预防控制性质及其作用。

对于第 3 栏中所示的每个"是"答案，必须描述显著减少或防止了危害的预防控制措施。若没有识别出已知的或合理可预见的危害（第 2 栏针对物理危害）或若第 3 栏的答案为"否"，则第 5 栏和第 6 栏保留为空。

预防性控制措施包括过程预防性控措施、食品过敏原预防性控制措施、卫生预防性控措施、供应链预防性控制措施、召回计划以及其他预防性控制措施。根据所识别的危害，预防性控措施可能包含上述一些或所有的预防性控制措施。特定加工过程识别的预防性控制措施属于过程预防性控制措施，如关键控制点（CCP）。过敏原预防性控制措施包含危害分析中识别的关键过敏原管理程序。卫生预防性控制措施是指，为控制危害分析中识别的需要卫生预防性控制措施的危害而采用的那些特定卫生程序，目的是控制即食食品的污染以及防止过敏原交叉接触。当由于接收环节没有危害控制措施，使得生产商要依赖供应商来控制配料中那些需要预防性控制措施的危害时，就需要供应计划预防性控制措施。召回计划不是用于管理需要预防性控制措的危害，如果被污染的产品能够实现快速完整的召回，那么就能有效降低食源性疾病的患病率。

预防性控制措施有很多，食品安全小组可以针对三类危害分别制定预防性控制措施。

对于生物危害，常见控制措施有很多。比较常见的有两种，一种是通过热加工、辐照、高压等处理方式直接杀灭病原体，另一种是通过采取酸化、发酵、干燥以及各种时间与温度控制等方式抑制微生物生长繁殖。当配料被直接用于即食食品中时，供应链控制措施就会与此危害有关联。同样的，卫生预防性控制措施也可能会与直接暴露在环境中的即食食品有关联。

化学危害的预防性控制措施包含供应链预防性控制措施，比如检测、验收或者拒收含有过高浓度的天然或人工化学危害物的原辅料。对过敏原进行标识管理则属于过敏原预防性控制措施。通过环境卫生控制来防止过敏原交叉接触可以看作是一种过敏原预防性控制措施，当然也可以看作是一种卫生预防性控制措施。

物理危害可以通过一些方法加以控制，例如使用设备来滤除或除尘、机械分离、金属检测或 X 射线或其他检测方法。这些措施都属于过程预防性控制措施。

对于因经济因素促发掺杂而引发的危害，它的预防性控制措施可能需要采取供应链控制措施。当然，这还要取决于特定危害类型的分析结果来确定。

在识别需要控制的食品安全危害的预防性控制措施时，食品安全小组必须考虑到许多因素。选择预防性控制措施必须包含对以下 7 个方面的评估：

（1）该预防性控制措施对已识别的食品安全危害的影响；

（2）该预防性控制措施的监督可行性；

（3）该预防性控制措施在系统中与其他控制措施的区别与联系；

（4）重要的过程变异性或控制措施失效的可能性；

（5）该预防性控制措施失效时所产生的后果及其严重程度；

（6）该预防性控制措施是否是被专门用于消除或显著降低某种特定的食品安全危害；

（7）不同的预防性控制措施之间的协同效应。

需要预防性控制措施的危害必须通过实施适当的过程预防性控制措施、过敏原预防性控制措施、卫生预防性控制措施、供应链预防性控制措施或其他预防性控制措施加以控制。企业的加工操作步骤或生产设备必须要根据全面危害分析的结果来进行适应性的修改。如果危害分析结果显示，需要制定并实施预防性控制措施来消除或降低某种可预见的危害时，那么就必须对产品配方、加工步骤、其他工厂操作或供应链计划进行修改以确保能够有效控制危害。当然，也可以选择在后续的产品配送中实施预防性控制措施，将此危害交由下游企业进行控制。

危害分析过程识别了需要预防性控制措施的危害，因为在缺少预防性控制措施情况下，这些危害已知或极有可能会导致患病或受伤害。管理这些危害所需的预防性控制措施可能是过程特定的控制措施，并且通常作为 CCP 被加以管理。它们可能是特定的卫生预防性控制措施，用于管理环境病原体或过敏原交叉接触。需要预防性控制措施的某些危害需要供应链计划，以便验证供应商的危害控制。最后，通过危害分析可能会识别出需要其他预防性控制措施，例如运输期间的温度控制。

第三节　需要采取的预防性控制措施

117 法规对预防性控制措施的要求和美国之前的 HACCP 导则及果汁、水产品、肉类、禽肉的 HACCP 法规是类似的。这些法规要求企业对可能发生的危害设定关键控制点（CCP）和关键限值（CL）。但是，预防性控制措施和 HACCP 体系也存在着些许不同。企业可能需要在不是关键控制点的环节采取预防性控制措施。同时，并非所有的预防性控制措施都需要关键限值。加工者可以在关键控制点采取预防性控制措施来应对可能发生的危害，但这并不是工厂唯一的选择。在某些情况下，工厂可以采取其他的程序或操作来实施预防性控制措施，达到消除和预防危害的目的。比如：食品过敏原控制计划，并没有特定的关键控制点。

无论工厂采取何种预防性控制措施，都应该是基于风险的。确立基于风险的预防性控制措施应考虑已有的科学数据和与食品安全风险相关的信息。其中有代表性的是企业之前实施的危害评估，可以帮助企业从危害的严重性和可能性出发，来选择适宜的预防性控制措施。

一、过程预防性控制措施

过程控制措施包括用以确保食品加工操作过程中参数受控的程序、规范和流程，这些过程控制措施包括了所有与危害控制必要相关的生物参数、化学参数和物理参数以及这些参数的数值组合。加工过程预防性控制措施构成食品企业食品安全计划的一部分，该食品安全计划侧重于对于食品安全而言关键加工步骤所要求的控制。过程预防性控制措施要求与控制、监控程序、纠偏措施程序和过程控制危害验证有关的参数和最小值或最大值（例如关键限值）有关的文件。过程预防性控制措施的要求取决于在食品安全系统中的过程控制。过程预防性控制措施包括与危害控制有关的参数。这种基于科学的数值是十分具体的，并且通常被称为关键限值。关键控制点（CCP）"是指可采取措施将食品安全危害予以预防或消除，或者降低至可接受水平的加工过程中必要的一个点、步骤或过程。"一旦过程预防性控制措施例如临界控制点（CCP）被确定为需要进行控制的具体危害，就必须确定能够被用于控制危害的参数和数值。

过程控制措施通常是直接作用于食品的工艺或过程，不包括那些不应用于食品本身的程序、操作和流程，比如：加强员工和环境卫生可以显著降低或避免危害，但它们不是直接应用于食品本身的措施。117 法规要求的过程控制措施是为了在食品生产/加工过程中显著降低或避免危害，这些过程包括蒸煮、冷却、辐照、冷藏、降低水活度等，这与为控制食品大小或形状的过程有明显的不同。

企业对过程控制措施设置危害相关的参数，这些参数的数值和 HACCP 体系中的关键限值（CL）是一样的。过程控制措施的书面材料中应包含需要符合的参数及参数值，类似于 HACCP 体系中的关键控制点（CCP）必须符合 CL。但是，过程控制措施不一定在 CCP 上应用。

例如，企业可能会识别花生中霉菌产生黄曲霉素的危害。针对这一危害，企业可能会选择在储存前，对花生实施干燥（脱水）的过程，使其达到某个特定的水分含量（如：低于5%）。那么，该企业采取的"干燥"这一过程控制措施的相关参数就是水分，参数的最大值，或限值是5%。

其他需要确定参数来作为预防性控制措施的过程包括：盐浸、冷却、高压处理、紫外灯照射、使用抗菌剂清洗等，为显著降低和预防危害，参数是必须控制的因素。参数值应设为多少，以及如何控制参数取决于工厂和其生产的产品。例如：热处理过程的时间和温度必须加以控制。温度的控制可能是通过控制产品的温度，也可能是通过控制烤炉的温度。加热的时间可能是通过对泵的设定，来自动控制液体经过热交换设备及保温管的时间，也可能是通过手动记录产品出入烤炉的时间。加热时间也可能通过传送带经过隧道炉的速度来控制。工厂可根据实际情况灵活采取控制的方式。

某些预防性控制措施可能没有特定的参数。例如：对金属危害的预防性控制措施可能包括对设备的维护计划，以及在包装线上放置金属探测器。这些措施并没有特定的控制参数。又如：一些企业的卫生预防性控制措施包括对设备特定部件的手工擦洗，这一措施没有特定的参数。与此相似的，对食品过敏原的标签控制也不涉及特定的参数。

企业对过程控制措施的参数设置指定的数值可能来自科学研究或其他可证明措施有效的信息，例如：热处理中特定的时间/温度组合可充分减少某病原体。制定参数数值使工厂在实施过程控制措施时保持一致性，有助于预防性控制措施的确认，也有助于开展审核和检查。

117法规没有使用"关键限值"（CL）这一术语，而是使用了更宽泛的"参数"一词，因为预防性控制措施和HACCP体系存在着一定的差别，并非所有的预防性控制措施都需要关键限值。对于不在CCP环节上应用的控制措施，CL可能并不适用。控制参数将在CCP和非CCP上应用的预防性控制措施都包括其中，设置参数最大值、最小值或数值组合的要求对CCP和非CCP环节都适用。表4-3对过程控制措施的控制列出了一个空白表，企业可以参照该表实施过程控制措施的执行工作。

表4-3　过程控制措施控制表

产品名称： 工厂名称及地址：			发布时间： 更新时间：						
			监控						
过程控制措施	危害	关键限值	监控 什么	如何 监控	监控 频率	谁来 监控	纠偏措施	验证	记录

下面重点对关键控制点（CCP）的含义及如何确定关键控制点来进行集中阐述。食品安全小组需要在基于风险分析结果的基础上来确定关键控制点（CCP）。需要在食品安全计划中进行控制的潜在危害，是指那些危害分析过程被识别出来的可能导致伤害或疾病的

潜在危害。

关键控制点是指可将某一项食品安全危害防止、消除或降低至可接受水平的控制点。关键控制点可从两层面理解：一是这个点在某个食品生产过程中，能对生物、化学或物理的危害起到控制作用；二是这个点失控将导致不可接受的健康危险，或者说是这个显著危害只有在这一个点才能控制，以后无法控制。这样的一个点或环节或步骤或工序就是关键控制点。

在食品加工过程中，可以有多个步骤、在各种程度上来实现对产品中生物、化学或物理危害的控制。虽然只有很少的几个步骤，然而其一旦失控将会导致潜在不安全食品的产生。这些步骤就是食品安全计划中的关键控制点（CCP）。

关键控制点（CCP）是一个能够实施控制措施的步骤，该步骤对于预防和消除一个食品安全危害或将其减少到可接受水平非常关键。关键控制点（CCP）将控制因素或控制变量称为可实施的控制措施。控制措施即是指能够预防或消除一个食品安全危害，或将其降低到可接受水平的任何措施和行动。每一个显著危害必须采取控制措施减少其发生的可能性。控制措施依赖食品安全控制系统的可靠性。作为食品生产工艺中的"一个点、步骤或过程"，一个关键控制点（CCP）并不关注基础构架，如卫生状况、设备维护、虫害控制、员工程序、运输和贮存要求、基础维护、追踪和回收要求等。以上的这些基础构架和相关领域必须通过必要基础程序进行控制，这些部分已在前面部分进行了详细探讨。必要基础程序构架了产品安全的基础并简化了关键控制点（CCP）的确认，使关键控制点（CCP）关注于加工步骤而不是工厂的基础设施。

关键控制点与控制点（CP）是不同的。一般控制点是指"能控制生物、化学或物理因素的任何点、步骤或过程"。一般控制点一般与产品质量或生产有关，而通常与产品安全无关（除非该控制点支持一个关键控制点）。例如，一个干粉混合加工厂在食品加工线上可能为防止终产品的金属污染而放置了筛子、磁铁和金属探测器。其中，筛子和磁铁是控制点（CP），而仅最后的控制点——金属探测器是关键控制点（CCP）。关键控制点（CCP）一般存在于原料、成分接收和处理、加工步骤、包装和销售阶段。

第一，原料产品的生物性、化学性和物理性污染，如病原体、杀虫剂、除草剂、抗生素、自然产生的毒素、金属屑异物等大多来自原料。如果加工者有适当的控制措施避免污染的原料进入工厂，这些原料和原料的接收可能是CCPs，如果加工步骤中没有进一步的措施可消除或减少该危害（例如，没有加热步骤以消除一个微生物危害），那么应该确认为是CCP。如果原料涉及一个显著危害，那么该原料的供应商应尽可能运用其质量保证程序来控制该危害。

第二，原辅料接收和处理。如果进厂的原料含有生物性、化学性、物理性危害，那么接收、处理或贮存方式则可能是一个关键控制点（CCP）。例如，某些干性原料的不正确贮存可能会导致黄曲霉毒素的产生或昆虫滋生。如果必要基础程序中没有设置控制措施以减少这些危害，那么接收、处理或贮存步骤可以考虑设置为关键控制点（CCP）。这类关键控制点（CCP）的控制措施包括使用筛子、磁铁，温度和湿度控制，以及定期地使用除虫的化学品。

第三，加工步骤普遍被认为是设置关键控制点（CCP）的地方。设置关键控制点（CCP）的加工步骤包括重新加工、烹饪、冷却和配料控制。首先，重新加工可能是关键控制点（CCP），尤其是如果有原料含有过敏原，而且可能会与其他原料交叉污染。控制措施包括产品行程安排、产品处理、消毒和将同一产品进行重新加工。其次，由于加热能降低病原菌的活性，消除或减少生物性危害，因此加热步骤可能是关键控制点（CCP）。一个加热步骤的有效性应有多个变量。这些变量包括时间、温度、压力、容器搅拌量、固体成分的大小、液态物和固态物的化学性和物理性。所有 CCP 相关变量必须能够设置关键控制限值，且这些关键控制限值必须是建立在充足的科学依据上的。最后，冷冻或冷藏可能是关键控制点（CCP）。细菌孢子能在冷冻或冷藏的工艺过程中生长，并能严重危害人体健康。因此，如果细菌孢子没有在加热过程或预防毒素产生过程中破坏，那么冷却的时间和温度则可能是关键控制点（CCP）。

第四，产品的配料可能是一个关键控制点（CCP）。在配料过程中，产品成分可能会影响产品的性能而导致支持微生物增长、产生过敏反应，如果超过最大容许量，还可能影响消费者健康。配料变量包括：成分组成如质量和体积，pH，水活度，成分浓度，在混合前后的万分总量监测（以确保敏感成分的正确使用量），充分的搅拌或混合时间（以确保均匀混合），和最终混合物的查证测试（以确保某关键成分的正确使用）。因此，产品混合可能是一个关键控制点（CCP）。

第五，包装是产品生产中的一个步骤，应纳入到关键控制点（CCP）的决定过程中。在包装步骤中许多因素可被认为是关键控制点（CCP）。例如，包装封口的完整性可被认为是一个关键控制点（CCP）。包装过程中的金属和外来物质检测，或包装产品的的真空状态或充气状态也可认为是关键控制点（CCP）。确保包装上成分的描述正确也可能是一个关键控制点（CCP），这样明确何种成分导致过敏反应或超过法规规定的健康允许限。编码追踪步骤一般被认为属于回收和追踪必要基础程序。最后，时间、温度和湿度在产品的贮存和运输阶段需要加以控制。一个全面的运输和贮存必要基础程序应足够控制产品的安全。然而，在一些情况下，这些变量对于产品安全而言是关键的。在这些情况下，在贮存和（或）运输步骤中应设置一个关键控制点（CCP）。如果有疑问，可问以下问题：如果对此步骤失去控制，那么产品会导致严重的疾病或伤害吗？如果回答是"是"，那么这步很可能是一个关键控制点（CCP）。

二、过敏原预防性控制措施

食品过敏原控制措施包括用在保存、处理、标识、使用过程中以控制食品过敏原的程序、规范和流程。在适宜时，企业的预防性控制措施必须包括食品过敏原控制措施，明确了食品过敏原控制措施必须包含的内容，避免发生过敏原交叉接触，或造成标签的错误标识。

企业的过敏原控制措施中包含避免过敏原交叉接触的程序。例如，将含有过敏原与不含有过敏原的物料隔离存放，含有不同过敏原的物料也必须隔离存放。某些情况下，食品自身配料以外的过敏原也有可能无意间被掺入食品，隔离存放的控制措施可预防这种情况的发生。

控制过敏原交叉接触可采取的措施有很多,例如,物理屏障进行有效隔离;消除或减少灰尘、空气颗粒物和泼溅的形成;分区域加工;加强生产时的时间间隔,例如排班间隔,或在班次间进行设备清洁;在储存和处理时尽可能避免过敏原交叉接触;生产含有不同过敏原产品时控制可能携带过敏原的人流和物流。

控制过敏原标识标签可采取的措施也有很多,例如,确保食品标签正确声明食品含有的所有过敏原;确保食品使用的标签正确;确保食品使用的包装正确,以及对照食品的配方对标签进行复核。表4-4对过敏原控制措施的控制列出了一个空白表,企业可以参照该表实施过敏原控制措施的执行工作。

表4-4 过敏原控制措施控制表

产品名称:　　　　　　　　　　　发布时间:

工厂名称及地址:　　　　　　　　更新时间:

过敏原控制措施	危害	标准	监控				纠偏措施	验证	记录
			内容	方式	频率	主体			

三、卫生预防性控制措施

卫生预防控制措施包括确保企业维持充分的卫生条件以显著降低或预防危害的程序、规范和流程。卫生预防控制措施通过对食品接触面进行清洁卫生,防止过敏原交叉接触,防止交叉污染等措施来有效控制环境病原体、员工操作不当导致的生物危害,以及食品过敏原危害。

其中,与食品接触面有关的卫生预防控制措施包括清洁和消毒的程序、清洁剂和消毒剂的浓度、应用的方法和接触时间。这些措施能预防因食品接触面清洁不充分而导致微生物污染食品的可能。同时这些措施能预防由于食品接触面清洁不充分,或与向食品接触面传递物质的表面清洁不充分造成的过敏原交叉接触。

另外,企业还要建立预防过敏原交叉接触和交叉污染的卫生预防控制措施。为避免过敏原交叉接触的卫生预防控制措施包括:确保生产工器具和维护工具不会在产品之间传递过敏原的程序,例如,某企业各条生产线没有专用的工器具和维护工具,那么这些工具在某条生产线使用之后,应进行适当的清洗,方可在其他生产线继续使用。为避免过敏原交叉接触的卫生预防控制措施还包括:确保员工的操作不会在各生产线之间传递过敏原的程序,例如,确保员工在处理完某类含过敏原的产品后,应洗手并更换工衣,方可进行不含过敏原产品的加工。为避免过敏原交叉接触的卫生预防控制措施还包括:减少含过敏原的尘埃的程序,例如,如果在倾倒粉状产品时有粉末漏出,应及时清理。

预防交叉污染的卫生预防控制措施有很多。例如,确保员工不会在接触不洁物品后,未进行洗手消毒便接触食品、食品接触面、食品包装材料的程序;避免食品包装材料受到环境污染的程序,避免裸露食品受到环境污染的程序;不同洁净度区域间的流向控制程序。

在何种情况下需要建立卫生预防控制措施呢？我们可以从三个方面进行考量和判断。首先是即食食品在包装前暴露于外部环境的情况，可能被环境病原体污染。近年来食源性疾病的爆发，以及以往的科学文献都证明：用卫生预防控制措施来减少环境病原体（如：沙门氏菌、单增李斯特菌）对食品，尤其对即食食品的污染可能非常必要。在食品生产、加工、包装和储存的任何环节，只要食品裸露于环境中，就有被污染的可能性。恰当的卫生预防控制措施可以减少污染发生和传递。加强员工卫生的必要性一直被广泛认可。进一步重视卫生预防控制措施以预防环境病原体污染的呼声一直很高，FDA 也在考虑是否需要针对最常见的两种环境致病菌——沙门氏菌、单增李斯特菌提出更明确的要求。

其次是由于员工操作导致即食食品中可能出现对公众健康具有显著影响的微生物。食品行业长久以来都使用卫生预防控制措施来预防病原体的交叉污染。这些病原体可能由人员带入。如金黄色葡萄球菌，任何情况下都有 50% 的人是其携带者。人类通常也是肠道病原体的来源，且携带者包括有症状和无症状。如果食品的储存条件适合这些病原体的生产，那么员工在加工即食食品时带入的病原体就有可能引发食源性疾病。适宜的卫生预防控制措施能减少这些对公众健康具有显著影响的病原体从员工传递到食品的可能。

最后是食品过敏原危害。企业在加工过程中，可能发生过敏原食品和非过敏原的食品之间的交叉接触。适宜的卫生预防控制措施可以减少因为交叉接触引发的过敏原传递。

卫生控制覆盖了加工的整个环境，通常以前提性方案（如 SSOP）来实现，而不是在产品的 HACCP 计划中体现。FDA 的果蔬汁和水产品 HACCP 法规要求企业监控 8 个特定的卫生条件和操作（SSOP），即：加工用水和冰的安全；食品接触面的状况和清洁；防止不洁物品对食品、食品包材、食品接触面造成交叉污染；手部清洗、手部消毒和洗手间设施的维护；避免食品、食品包材和食品接触面受到外来危害的污染；有毒化学品的管理；控制员工卫生状况；控制虫害。

FDA 之前的 HACCP 法规要求相关企业建立上述 8 个方面的 SSOP，但不一定需要形成书面材料。117 法规要求企业的卫生预防控制措施必须形成书面材料，而且除了监控和纠偏措施之外，还要进行监控程序和验证活动。FDA 认为，上述的 8 个方面中的食品接触面清洁和控制交叉污染这 2 个方面有必要作为预防性控制措施进行管理，其余的 6 个方面可以通过 GMP 实现。防止过敏原交叉接触和交叉污染的程序也比较复杂，需要考虑每个工厂的实际情况而定。

四、供应链预防控制措施

接收企业必须对原辅料进行危害分析，若识别到需供应链措施控制的危害，则必须针对这些原辅料建立、实施基于风险的供应链计划。

供应链计划必须包括：使用获批准的供应商；确定适宜的供应商验证活动；开展供应商验证活动；记录供应商验证活动；对接收企业供应商之外的实体实施的供应链控制措施进行验证，对验证进行记录。对原辅料供应商验证活动包括现场审核、对原辅料的取样和检测、复核供应商的食品安全相关记录等其他活动。

"批准供应商"一词明确了接收企业对供应商必须有一个准入评估的过程，并且，批准供应商和确定验证活动时考虑的因素是相同的。作为一个食品加工企业，对其供应原辅料的供应商管理方面，在批准供应商、确定验证活动和频率时需要考虑以下4个要素。

首先是要考虑食品的危害分析，特别要考虑原辅料在接受前已经受控的风险的特性。

其次是要考虑应用供应链控制措施的企业的方式和过程。在供应链中，原辅料中的危害由谁来控制，是接收企业确定选择何种验证活动时需要考虑的。例如，接收花生酱的企业来确定验证活动时，考虑到花生酱中的沙门氏菌危害是由其供应商控制的，那么适宜的验证活动可以包括对花生酱生产企业食品安全记录的复核。但同时，花生酱中的黄曲霉毒素危害是由供应商的供应商（花生的供应商）控制的，那么接收企业对黄曲霉毒素危害的验证活动可以包括抽样检测，以及对供应商审核花生供应商的文件资料进行复核和评估。

再次是要考虑供应商的表现情况。例如，供应商对原辅料安全性的程序、过程或操作，供应商相关的程序越薄弱，接收企业越有必要采取积极验证活动；供应商对 FDA 相关食品安全法规的符合性；将供应商对国外法律法规的符合性是否良好；供应商的食品安全历史记录情况是否真实齐全有效。对于存在不合格记录且纠正能力较低的供应商，接收企业无疑应采取更为积极的验证活动。

最后是要考虑其他可能存在的因素。例如，即使接收企业对供应商采取了现场审核验证，但由于贮藏或运输等因素，原辅料在接收前仍有可能受到污染或发生掺杂，接收企业需要增加抽样检测或复核食品安全记录等验证活动。

五、召回计划

召回和其他预防性控制措施不同，召回针对的是已经进入销售环节的产品。但是，召回和其他预防性控制措施的目的是一致的，即通过限制受影响食品的消费，以显著降低或预防可能发生的危害。对于召回，时间是最关键的因素。一份书面的召回计划对于缩短召回时间十分重要。召回所需的时间越长，消费者暴露在问题食品中的风险越大。执行一份现成的、充分考虑各种因素的召回计划，可以避免因不确定因素造成的延误，确保企业采取正确的行动，并能防止忽略一些关键的行动。

在召回计划中明确采取步骤的程序，可以帮助企业在决定实施召回时快速地执行召回计划，而不是在发现需要实施召回后才制订行动计划。指定各步骤职责分工的程序则可以在召回时节省做决定的时间，帮助企业的所有者、经营者或负责人向参与召回的部门和人员阐明各自的职责，使相关部门和人员可以在作出召回决定时及时采取行动。

117 法规要求必须告知直接收货人进行召回，这是确保直接收货人知晓相关食品正在被召回的最有效的方法。指导直接收货人如何退还和处置受影响的食品，可减少受影响食品未被恰当处理的可能性，也有助于直接收货人快速采取行动。FDA 在其相关指南中提供了一封召回通知的模板。告知程序应包括多种通讯方式，包括 e-mail、电话、传真、短信以及紧急邮件。如果一个企业的告知程序里只有对公众的公告，并且没有直接通知直接收货人去获取公告的信息，这样的告知程序是不符合要求的，因为直接收货人很可能没有注意到企业的公告，这种方式是无效的。

在召回时通知公众食品中存在危害是一种常见的做法。FDA 也经常在网站上公布食品的召回信息。在召回信息已经通知直接收货人的情况下，通知公众可能不是必要的。例如，召回的食品全部销售给了批发商，没有零售的情况，而批发商作为直接收货人已经接到了召回通知。如果企业制定了通知公众的程序，则程序应包括新闻发布稿的模板，以及以各种方式发布信息的程序，如新闻发布会、网站、社交媒体等。FDA 在相关的指南里为企业提供了新闻发布稿的模板，其中包括食品过敏原、沙门氏菌、李斯特菌等。

有效性检查的目的是确保所有收货人均收到了召回通知，并采取了适宜的行动。有效性检查的程序可以在收货人告知程序的基础上扩展而来，例如，增加一张表格统计收货人手上召回的产品数量，或通过电话或 e-mail 进行跟踪联络，或通过销售代表回访。FDA 在召回指南里提供了有效性检查的一系列参考资料，如有效性检查反馈表的模板、有效性检查信函，以及人员回访或电话回访时需要用到的问卷模板。

企业在收到召回食品后必须恰当地处置，例如，重新加工、返工、转变用途或销毁。这些处理行动和企业在预防性控制措施偏离后采取的纠偏措施很相似，区别在于纠偏时产品仍在工厂。产品处置程序的作用是帮助企业确保对召回产品的处置是恰当的，不会对消费者造成风险。实施产品处置程序是判定一次召回行动是否完成的考虑因素。因此，建立产品处置程序能帮助企业更有效率地完成召回。

第四节　监控、验证、纠偏和确认

一、监控

监控是按计划的顺序实施观察和测量，来评估过程、节点或流程是否处于受控状态，并生成用于验证的精确的记录。这一定义与 HACCP 体系一致，视觉观察、测量温度、时间、pH、水分等均是监控的内容。

监控的目的有 3 个：一是监控对食品安全管理至关重要，因为监控可以提供持续不断的信息帮助企业追踪操作并能帮助企业提前发现失控的趋势，在偏离发生之前采取行动。例如，烤制食品需要达到 143℃ 来保证安全，企业通常将烘烤炉的温度设定为 177℃，如果企业监控到烤炉的温度下降，可以在温度降至 143℃ 之前修复问题。二是监控可用以判定偏离是否发生。如果企业监控到烤炉温度已降至 142℃，即偏离了关键限值，则应该采取纠偏行动，如停止烘烤直至烤炉温度回升至 143℃ 以上，同时对偏离状态下生产的坚果进行重新烘烤。三是监控可以提供用以验证的书面材料。例如，企业在烤炉上安装了连续温度记录装置，那么其输出的记录便可以用于后续的验证活动。在这种策略下，监控用于评价预防性控制措施的实施，而监控生成的书面材料则用于后续的验证活动。

二、验证

验证是指除监控之外的，企业用以确认食品安全计划，确认企业体系依照食品安全计划运转的活动。这一定义和 HACCP 体系相似。NACMCF 的 HACCP 导则提出了企业需要验证的两个方面。第一个方面是对 HACCP 计划的初次确认，确认其建立在科学和技术的基础上，所有危害都得到了识别，并且该 HACCP 的正确实施可以有效地控制这些危害。第二个方面是评价企业的 HACCP 体系是否严格按照 HACCP 计划运作。这两个方面针对的都是预防性控制措施的有效性，确保企业的预防性控制措施对控制危害科学有效，并达到既定的目标。Codex HACCP 将验证作为判定 HACCP 符合性，确立 HACCP 系统运作的手段。验证的方式包括：审核监控记录、审核偏离及纠偏行动的记录等。

监控和验证是密切联系的。两者针对的都是预防性控制措施的实施。一部分验证需要监控的记录来支持。验证是为了确保危害被显著降低或预防。为了验证有效性开展的活动，和为了监控有效性开展的活动是一样的。如果要求企业"监控"，而不是"验证"预防性控制措施的有效性，会导致预防性控制措施体系出现一道明显的"空隙"，缺少了控制危害的关键因子。反之，如果"监控"的是预防性控制措施的"实施"，那么关键因子将提供证据，证明预防性控制措施得到了恰当的实施，因而显著有效地降低或预防危害。因此，在 117 法规中，FDA 将监控对象定为预防性控制措施的"实施"。

三、纠偏

当企业的预防性控制措施实施出现问题的时候，例如，对即食食品实施产品检测发现存在致病菌或适宜的指示微生物，或者在实施环境监控中发现存在致病菌或相应指示微生物，那么就必须采取纠偏措施，建立书面程序并加以实施。

书面的纠偏程序对企业食品安全小组、审核人员和监管人员都非常重要。企业的食品安全小组一般负责预防性控制措施的实施。有一份现成的纠偏程序，可以让他们在控制措施实施不当时，免于临时开会来决定应采取何种恰当的行动，能立刻采取正确、完整的措施。书面的纠偏程序也有助于审核人员、监管人员对企业食品安全体系的有效性进行评估。书面的纠偏程序还可以用于培训，具体负责纠偏的员工可以通过培训掌握纠偏时应如何操作。

企业的食品安全计划要对纠偏措施进行说明，采取适宜的行动来识别和纠正因预防性控制措施实施不当而发生的问题，采取适宜的行动减少问题再次发生的可能性，对所有受到影响的食品进行安全评估，防止所有受影响的产品进入流通环节。

避免问题再次发生的最好方法是确定导致偏离的根源，并采取行动解决。如果问题的根本原因没有得到纠正，问题很可能再度发生。例如，热处理的温度没有达到要求，可以通过设备操作在短期内把温度升高。但根本原因可能是锅炉的容量不足以支持多个加工单元同时工作，因此解决根本问题的纠偏措施应该是重置锅炉提升加热能力。又例如，如果一个企业无法按照食品安全计划将产品迅速冷却至一定的温度，企业首先采取的纠偏措施可能是将产品移入冻柜降温。但如果经过判断，导致偏离的原因是冷却托盘中的产品装得太满了，纠偏措施可能包括建立一个程序，来测量托盘中产品的深度。若根本原因是冷却能力不足，纠偏措施可能包括使用更大冷却能力的设备，或改变冷却的方法，例如，使用对流风冷装置。

若预防性控制措施实施不当，且企业没有对此建立专门的纠偏措施时，或者预防性控制措施无效时，企业必须依照纠偏措施程序采取行动，确定和纠正问题，评估所有受影响食品的安全性，必要时，防止问题食品流入市场。企业不可能预测到所有可能发生的问题。对于某些预防性控制措施失败的情况，企业之前可能并没有建立针对性的纠偏措施程序。无论问题是否被提前预测，还是否提前建立了针对性的纠偏措施程序，一旦问题发生，必须按照已有程序的步骤开展纠偏行动。

在出现"偏离发生但未建立对应的纠偏措施"，以及"预防性控制措施无效"这两种情况时，企业就需要重新分析其食品安全计划，从而决定是否需要修订。如果企业已经对产品加工中涉及程序、操作和过程进行了评估，且未识别到有特定的偏离情况可能发生，那么企业必须评估，发生的问题是否是单纯的实施不当，可以预测到其在生产、加工、包装和储存过程中的发生，还是因系统性问题导致的结果，无法由食品安全计划解决。如果问题是单纯的实施不当，那么此后该类问题已经可被预见，企业应重新分析食品安全计划，来决定是否应对该问题建立专门的纠偏措施程序。相反，如果发生的问题是一个原有食品安全计划不能解决的系统性问题，那么必须通过重新分析食品安全计划，来确定有效的预防性控制措施。无论哪种方式，重新分析和修订食品安全计划必须能够减少问题重新发生的风险。

四、确认

预防性控制措施必须能够充分控制危害，因此在判断预防性控制措施是否充分时，负责确认的人员应该具备相关的知识，了解产品及工艺相关的危害，了解针对这些危害的预防性控制措施。这样的人员应该接受过培训或具有从业经验。

在食品安全计划实施之前实施确认，或在必要时，在生产开始后的 90 个自然日内实施。预防性控制措施的确认包括收集和评估科学和技术数据。收集到的数据和信息，以及开展的研究，可以为预防性控制措施建立一个科学的基础。这些科学基础大部分应在产品生产之前建立，从而确保采用这些预防性控制措施的产品的安全。但是，在一些特别情况下，预防性控制措施某些方面的技术资料需在生产状态下获取。例如，控制参数的限值能否在生产过程中满足要求，需要在生产状态下才能确认。FDA 认为，在生产过程中获取确认预防性控制措施所需的数据、信息是确认的一部分。

NACMCF HACCP 导则推荐在首次实施 HACCP 计划前进行确认。Codex 的《食品安全控制措施的确认指南》建议在控制措施实施前进行确认。Codex 同时也将收集数据，如产品及环境取样，纳入确认措施，这些收集数据的工作是在生产状态下，在特定时段内完成的。果蔬汁 HACCP 法规要求在 HACCP 计划实施的一年内进行确认，之后每年至少确认一次。FSIS 的肉类 HACCP 法规要求在完成 HACCP 计划制定后实施初次确认，判定其是否有效，并且在确认 HACCP 计划的过程中，企业应反复对 CCP、CL、监控和记录程序、纠偏行动的充分有效性进行测试。

企业在发生可能影响预防性控制措施有效性的变化时进行确认。企业的一些变动确有可能影响预防性控制措施的有效性。例如，新增加了一台不同类型的热处理设备，企业必须确认其能否持续达到所需的加热时间和温度。不过，某些变动可能不需要重新确认，比如，企业上调加热温度或延长加热时间，而原先的加热参数已被确认为安全有效。

有需要进行预防性控制措施的确认时，企业应实施确认。企业在识别到危害后，若需要重新评估和实施额外的预防性控制措施来应对危害，应在变化生效前或生产开始后的90天内完成。所有用来应对危害的预防性控制措施都需要科学基础，无论该预防性控制措施是企业原有食品安全计划中包含的，还是对食品安全计划重新分析后增加的。

企业的确认应基于科学和技术信息，并提出"确认"的目的是判断预防性控制措施能否有效控制危害，这和HACCP导则的要求是一致的。

一项过程的确认研究可以将参数和其他因素与病原体减少率联系起来。而一项摸底研究可以确定原辅料或成品中可能存在的病原体水平，继而确定应将病原体累计减少多少数量，以消除食品导致疾病的风险。此类有代表性的论文一般都已公开发表，或在学科界广泛传播，并得到相关专家的认可。但是，如果企业无法获取科学技术信息，或科学技术信息不充分，不足以支持预防性控制措施的有效性。企业就需要实施科学研究来确定预防性控制措施能否充分控制危害。例如，某企业欲采用环氧丙烯（PPO）来灭活带壳榛子中的大肠杆菌O157：H7，但因为目前没有公开的研究资料，因此企业需进行研究来确认PPO是否可消除危害。企业的确认研究同时应建立关键参数及限值。在榛子的例子中，关键的因子可能包括PPO的用量、处理温度、处理时间、处理间的温度、PPO蒸发器的温度、处理间的真空度，以及处理后的时间和温度。如果之前曾有过PPO灭活杏仁中沙门氏菌的研究，则可以为该企业提供适宜的参考信息，但企业仍需要进行额外的研究来建立适用于灭活带壳榛子中大肠杆菌O157：H7的特定数值。

科学文献中的信息可以帮助企业设计研究工作。例如，NACMCF发布了《确定接种/挑战研究程序的相关参数》和《建立巴氏杀菌等效性的必要科学参数》。开展研究的人员必须具备与产品、工艺及欲控制风险相关的经验和专业知识。如果需要开展研究来提供确认所需的科学和技术基础，应由"具备预防性控制措施资质的人员"来开展，或在其监督下开展。换而言之，"具备预防性控制措施资质的人员"不一定需要具备经验和专业知识来开展确认研究，但必须具备足够的关于基于风险的预防性控制措施的知识，来理解相关的研究，并理解这些研究如何支持预防性控制措施的确认。

食品过敏原控制措施、卫生预防控制措施、召回计划、供应链计划这4类不需要进行确认。验证活动包括了确认HACCP计划是否有效，以及体系是否依照计划运作的行动。因此，确认是一种验证行动。确认的目的是提供科学和技术基础，以确保企业实施的预防性控制措施能充分控制显著危害。确认就是对科学和技术信息的评估，对上述4类预防性控制措施而言，是不必要的、没有操作性的或不相关的。

第五章 ▶▶▶
速冻面米制品食品安全计划

在速冻面米制品方面，我们以生产速冻油条的企业为例，看看在美国117法规的框架要求下如何编写食品安全计划。

一、终产品描述

1. 产品名称

速冻油条（小麦粉，水，植物油，食用盐，复配膨松剂）。

2. 产品特性（表5-1）

表5-1　产品特性

物理特性	化学特性	生物特性
具有该品应有的条状，不变形不断裂，不破损，两端均匀丰满，膨松良好，表面不结霜；具有该品种应有的色泽；具有该品种应有的滋味和气味，无异味；外表及内部均无肉眼可见杂质	1. 过氧化值（以脂肪计）≤0.25g/100g； 2. 羰基价（以脂肪计）≤20g/100g； 3. 铅（以Pb计）≤0.1mg/kg； 4. 总砷（以As计）≤0.1mg/kg	微生物符合GB 19295—2011 中熟制品的微生物限量

3. 包装形式及储存条件（表5-2）

表5-2　包装形式及储存条件

预期的保质期和储存条件	包装和标签
-18℃以下冷冻保存，保存期限18个月	1. 内包装采用食品级包装袋； 2. 外包装采用瓦楞纸箱； 3. 标签满足GB 7718—2011《预包装食品标签通则》和GB 28050—2011《预包装食品营养标签通则》要求； 4. 特殊标识：致敏原信息，产品储存条件（-18℃以下）； 5. 出口产品应符合出口国的法律法规要求

4. 预期用途及产品标准（表5-3）

表5-3　预期用途及产品标准

预期用途	运输方式	产品质量安全标准
1. 普通消费者，致敏原信息见产品成分表。 2. 食用方法： （1）油炸/煎制：无需解冻，放入油锅中油炸，或者用平底锅煎制，待两面都呈金黄色时取出，稍凉后食用。 （2）蒸：无需解冻，蒸制3~5min，取出稍凉后食用。 （3）微波：产品解冻至无硬芯状态，用薄膜裹住油条，采用微波炉加热后食用	运输过程温度保持在-12℃以下	食品添加剂按GB 2760规定执行，理化指标和微生物指标符合GB 19295要求

二、原辅料及包材清单及描述（表5-4）

表5-4　原辅料及包材清单

原辅料和产品接触材料清单	
编号	名称
1	油条专用粉
2	食用盐
3	油条膨松剂
4	棕榈油
5	包装卷材
6	包装袋及膜
7	瓦楞纸箱

下面就原料；面粉、辅料；棕榈油、添加剂；膨松剂、包材；包装袋分别举例描述。

1. 油条专用粉（表5-5）

表5-5　油条专用粉特性

原料供应企业：河北×××面业有限公司			
1. 物理特性	2. 化学特性	3. 生物特性	4. 配置辅料的组成
乳白色，不发暗，无杂色；粉末状，无发霉变质现象；无异味；白度（°）≥76.0；水分（g/100g）≤14.0	（1）湿面筋含量（%）26～28；灰分（%）≤0.50；磁性金属物（g/kg）≤0.003；脂肪酸值（以湿基计）（mgKOH/100g）≤60.0；总砷（以As计）（mg/kg）≤0.5；镉（Cd）（mg/kg）≤1.0；铅（Pb）（mg/kg）≤0.2；总汞（Hg）（mg/kg）≤0.02；铬（mg/kg）≤1.0；苯并[α]芘（μg/kg）≤5.0；黄曲霉毒素B1（g/kg）≤5.0；脱氧雪腐镰刀菌烯醇（g/kg）≤1000；赭曲霉毒素A（μg/kg）≤5.0；玉米赤霉烯酮（μg/kg）≤60；滴滴涕（mg/kg）≤0.05；六六六（mg/kg）≤0.05； （2）是致敏原	无	小麦粉，淀粉，硬脂酰乳酸钠，维生素C，酶制剂
5. 包装和交付方式	6. 储存条件和保质期	7. 使用或生产前的预处理	8. 接收准则、规范或标准
包装：采用塑料编织袋包装，25kg/袋。材质能耐受装卸、运输和储存，不破漏。 运输：运输用工具和设备要求干燥，并备有防雨、防水、防潮湿设施，同时应清洁无异味。	储存：产品应储存在阴凉、干燥、通风的库房中，不得与有毒、有害、有腐蚀性、易挥发或有异味的物品同库存放。产品底部垫有防潮材料。产品四周距离墙体的距离要在30cm以上，堆垛与堆垛之间应保留30cm以上的间隙。 保存期：12个月	作为油条产品原料使用	按公司《原辅料及包材进厂验收标准》执行

2. 棕榈油（表5-6）

表5-6　棕榈油产品特性

原料供应企业：天津×××油脂有限公司			
1. 物理特性	2. 化学特性	3. 生物特性	4. 配置辅料的组成
色泽（罗维朋比色槽133.4mm）黄≤30；红≤3.0；具有棕榈油固有的气味、滋味、无异味；40℃澄清、透明，熔点（℃）≤24，水分及挥发物（%）≤0.05，不溶性杂质（%）≤0.05	（1）酸价（KOH）（mg/g）≤0.2，过氧化值（mmol/kg）≤5.0，黄曲霉毒素B1（μg/kg）≤10.0，苯并［α］芘（μg/kg）≤10.0，总砷（以As计）（mg/kg）≤0.1，铅（以Pb计）（mg/kg）≤0.1； （2）是致敏原	无	棕榈油，TBHQ（特丁基对苯二酚）
原料供应企业：天津×××油脂有限公司			
5. 包装和交付方式	6. 储存条件和保质期	7. 使用或生产前的预处理	8. 接收准则、规范或标准
包装：包装容器应专用、清洁、干燥和密封，符合GB/T 17347及国家有关规定和要求。 运输：运输设备保持干燥清洁，不与有毒、有害物品混装	储存：低温、干燥、清洁及避光，不与有害、有毒物品一同存放。 保质期：12个月	加热后炸制油条使用	按公司《原辅料及包材进厂验收标准》执行

3. 油条膨松剂（表5-7）

表5-7　油条膨松剂产品特性

原料供应企业：上海×××化工有限公司			
1. 物理特性	2. 化学特性	3. 生物特性	4. 配置辅料的组成
白色；正常，无异味；均匀，粉末状，无结块；无肉眼可见外来杂质	铝，不得检出。砷（As）（mg/kg）≤2.0；重金属（以Pb计）（mg/kg）≤20.0；pH，5.0~9.0	无	碳酸氢钠、磷酸二氢钠、柠檬酸
原料供应企业：上海×××化工有限公司			
5. 包装和交付方式	6. 储存条件和保质期	7. 使用或生产前的预处理	8. 接收准则、规范或标准
包装：纸袋包装内有内膜袋包装，外包装为纸箱。 运输：运输用工具和设备要求干燥，并备有防雨、防水、防潮湿设施，同时应清洁无异味	储存：产品应储存在阴凉、干燥、通风的库房中，不得与有毒、有害、有腐蚀性、易挥发或有异味的物品同库存放。产品底部垫有防潮材料。产品四周距离墙体的距离要在30cm以上，堆垛与堆垛之间应保留30cm以上的间隙。 保存期：18个月	作为油条产品添加剂使用，打开包装溶于水后添加使用	按公司《原辅料及包材进厂验收标准》执行

4. 包装袋及膜（表5-8）

表5-8　包装袋及膜产品特性

原料供应企业：江苏×××包装有限公司			
1. 物理特性	2. 化学特性	3. 生物特性	4. 配置辅料的组成
无异味、无嗅味，正常色泽，无异物	高锰酸钾消耗量水（60℃，2h）≤10mg/L；蒸发残渣：4%乙酸（60℃，2h）≤30mg/L；正乙烷（20℃，2h）≤30mg/L，重金属（以Pb计）4%乙酸（60℃，2h）≤1mg/L	细菌总数（cfu/cm^2）≤100	PP（聚丙烯）、PE（聚乙烯）

（续）

原料供应企业：江苏×××包装有限公司			
5. 包装和交付方式	6. 储存条件和保质期	7. 使用或生产前的预处理	8. 接收准则、规范或标准
采用纸箱内衬 PE 袋进行包装，其材质应清洁、无毒、无异味，并具防尘、防水效能。运输设备应清洁卫生，保持干燥、清洁避免日晒雨淋，保证包装不受污染	产品储存在清洁、干燥、通风、温度适宜的库房内，避免阳光照射及雨淋，防潮、防鼠、防虫。 保存期：12 个月	紫外线或臭氧消毒	按公司《原辅料及包材进厂验收标准》执行

三、工艺流程图（图 5-1）

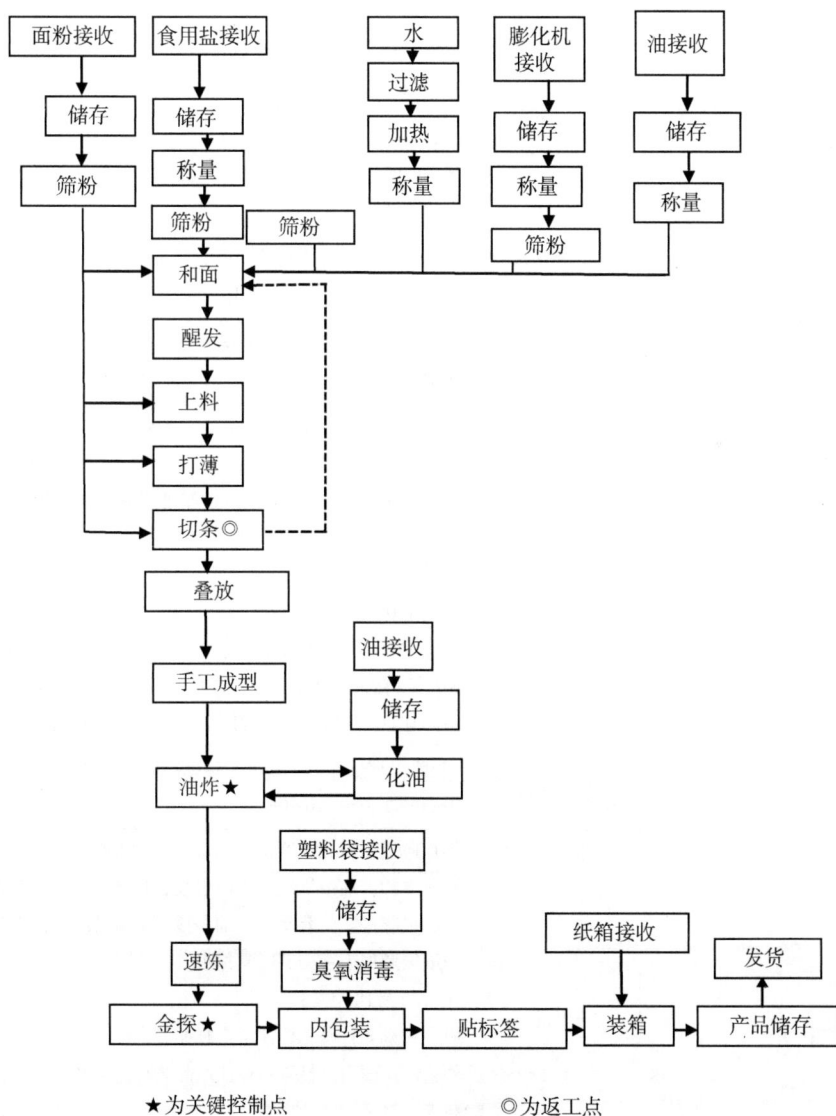

★为关键控制点　　　　◎为返工点

图 5-1　工艺流程图

四、工艺描述（表5-9）

表5-9　工艺描述

工艺步骤		相关设备	工艺参数
1. 原料接收			按原辅料验收标准验收
2. 原料储存			储存环境：湿度≤65%，温度≤15℃
3. 和面	（1）筛粉	筛粉机	先将膨化剂称量好与面粉一起过筛，将过筛后的面粉、膨化剂加入面缸，加入盐，慢速混匀
	（2）面团搅拌	和面机	1. 搅拌至面筋充分扩展通过调整水温控制搅拌后面团温度约在24~27℃； 2. 加入回收面团时间为慢速搅拌2min后加入
	（3）醒发	醒发室	分成10kg每块，装入不锈钢或塑料盒中，手工整理成厚度均匀的面团。醒发2h
4. 成型	（1）打薄	油条分切线	将发酵后的面团转移到打薄机整理桌上，在每盒面团的纵向中间将面团切成两块儿，压成厚度均匀的面柱，可根据压薄后面带的速度适当调整
	（2）切条		调整设备参数使其切成10~11.5cm长、1.8~2.3cm宽的小条，纵切下的面团作为回填备用
	（3）叠放		两端对齐，用水手轻压上层面片，以便使两片粘牢，转移至传送带
5. 炸制		电油炸机	将棕榈油加入油罐，融化后泵入油炸槽，将油炸槽预先升温准备，将松弛后的叠在一起的面条，纵向拉伸成条并两端捏紧，横向在入油炸机传送带上入油炸槽炸制，油炸槽的设定参数为： 温度设定： 一区（入口）182℃。 二区180℃。 三区175℃，调整网带速度在25~35Hz，控制油炸时间在80~90s，不粘带的速度调整为20~35Hz，循环油泵的速度调整为25~40Hz，阀门的开启程度100%，待表面金黄色时捞出沥油
6. 速冻		平板速冻机	−35℃以下速冻机中速冻，速冻时间约：10~15min，冻后产品中心温度：≤−10~0℃
7. 金属检测		金属探测仪	逐片通过金属探测器检测。每半小时检查一次机器灵敏度
8. 装箱		包装机 喷码机	码放方式：油条依次放入内包袋，10根/袋；封口时注意不要造成包装过紧，容易导致油条叠压；10袋/箱，立放，同时每个纸箱增加十字交叉的支撑板。 保质期为18个月； 内袋封口处打码；标注生产日期。 外箱体正面两侧打码；标注产品名称、生产日期、保质期、配料表、过敏原
9. 入库		冷冻库	−18℃以下保存

五、危害分析单

以原料面粉验收、棕榈油验收、筛分、油炸、内包装、金探、贴标 7 个工序为例进行危害分析（表 5-10）。

表 5-10　危害分析工作单

1. 原辅料/加工步骤	2. 识别在本步骤引入、控制或增加的潜在危害（列明具体种类：B 生物的；C 化学的；P 物理的）	3. 是否有潜在的食品安全危害需要预防性控制措施（是/否）	4. 做出第 3 栏结论的（包括危害引入的途径、潜在危害发生的可能性、严重性的评价）	5. 应用何种预防性控制措施来显著降低或预防食品安全危害？[过程控制（包括 CCPs）、过敏原控制、卫生控制、供应链控制、其他控制]	6. 是否在本步骤应用预防性控制措施？（是/否）
油条专用粉验收	B 微生物污染超标：霉菌、大肠菌群	是	油条粉原料带入，可能造成污染	过程控制——后续油炸工艺	否
	C 污染物污染超标：铅、总汞、铬、苯并芘、总砷、镉 真菌毒素污染超标：黄曲霉毒素 B1、脱氧雪腐镰刀菌烯醇、玉米赤霉烯酮、赭曲霉毒素 A 农药残留污染超标：滴滴涕、六六六	是	油条粉原料带入，可能造成污染	供应链控制——由合格审计员执行认可供应商以及第三方供应商审核	是
	C 过敏原——小麦粉	是	油条粉原料带入，可能造成污染	过敏原控制——包装步骤的过敏原标签	否
	P 无				否
棕榈油验收	B 无				否
	C 重金属超标：总砷、铅	是	供应商储存/生产过程中可能造成油脂酸败	供应链控制——由合格审计员执行认可供应商以及第三方供应商审核	是
	C 真菌毒素超标：黄曲霉毒素 B1				
	C 有毒有害物质超标：苯并［α］芘				
	C 油脂酸败：酸价、过氧化值				
	P 无				否

（续）

1. 原辅料/加工步骤	2. 识别在本步骤引入、控制或增加的潜在危害（列明具体种类：B 生物的；C 化学的；P 物理的）	3. 是否有潜在的食品安全危害需要预防性控制措施（是/否）	4. 做出第 3 栏结论的（包括危害引入的途径、潜在危害发生的可能性、严重性的评价）	5. 应用何种预防性控制措施来显著降低或预防食品安全危害？[过程控制（包括 CCPs）、过敏原控制、卫生控制、供应链控制、其他控制]	6. 是否在本步骤应用预防性控制措施？（是/否）
筛粉	B 无				否
	C 无				否
	P 金属丝带入	是	筛分机筛网破损带入	（1）首检、生产过程按照频次验证设备刀具的符合性；（2）设备部每周点检一次；（3）后续金探工序控制	否
油炸	B 存在繁殖性致病菌，如大肠菌群、沙门氏菌	是	需要高温，杀死繁殖性致病菌	过程控制——CCP 油炸。（1）油温：185℃±15℃；（2）炸制时间：90~120min；（3）油位液高度：淹没网带 0.5cm	是
	C 无				否
	P 无				否
内包装	B 大肠菌群、菌落总数金黄色葡萄球菌、沙门氏菌超标		人手/设备/工器具卫生清洗消毒不彻底	卫生预防措施——人手、设备、工器具清洗消毒按照清洗消毒规范执行	是
	C 无				否
	P 无				否
金探	B 无				否
	C 无				否
	P 金属异物混入		生产线上金属接触可能引起金属碎屑	过程控制——CCP 金属探测。（1）开机之前要求三方首检（专人、班长、品控）；（2）班中按照频次要求进行校准验证；（3）潜在异常产品按照《潜在不安全品/不合格品控制程序》处理	是
贴标签	B 无				否
	C 未通报过敏原		产品中含有小麦	过敏原控制——产品纸箱上的标签正确	是
	P 无				否

六、过程预防控制措施

以油炸和金属探测为例，开展过程预防控制措施的监控和验证。

1. 油炸和金属探测的监控（表5-11）

表5-11　油炸和金属探测的监控

过程控制措施	控制的危害	关键限值	监控程序				纠偏措施
			对象	方法	频率	人员	
油炸	生物危害：菌落总数、大肠菌群、金黄色葡萄球菌、沙门氏菌污染	1. 油温：185℃±15℃；2. 炸制时间：90~120min；3. 油位液高度：淹没网带0.5cm	1. 油温 2. 炸制时间 3. 油位液高度	1. 中心温度计 2. 秒表 3. 钢尺	1次/3h	班长	1. 调整油温、炸制时间至合格；2. 低于液位高度，继续添加油至符合
金属检测	物理危害：金属异物	Fe测试板≤φ1.5mm、Non-Fe测试板≤φ2.0mm、SUS不锈钢测试板≤φ2.5mm	产品	逐袋、逐托依次过金检	出现金属隐患产品报警时	金检机手	出现含金属隐患产品报警后，立即放入专用篮筐内，包装机停机，并隔离潜在隐患产品，立即上报

2. 油炸和金属探测的验证（表5-12）

表5-12　油炸和金属探测的验证

验证内容	验证程序				记录
	频率	验证人	纠偏措施		
油酸价	首检	品控员	1. 调整油温、炸制时间至合格；2. 低于液位高度，继续添加油至符合；3. 产品追溯至上次验证时间段，单独隔离，评估处理		油炸工序检查记录 产品隔离存放记录 油炸工序纠偏记录
金检机灵敏度	1. 每次停机开机必须进行校准；2. 首检及班中换产、班中2/次、品控：首检、班中1h/次	金检机手、班长、品控员	1. 金检机失灵（含频繁报警），立即停止使用，追踪至上次验证合格时间段后产品，隔离标识，上报评估处理；2. 对金检机灵敏度重新调试，合格后方可使用		金属探测器监控记录 产品隔离存放记录 金探工序纠偏记录
含金属隐患产品处理及时性	出现金属隐患产品报警时	班长、品控员	出现含金属隐患产品报警后，立即放入专用篮筐内，包装机停机，并隔离潜在隐患产品，立即上报		

七、过敏原预防控制措施（表5-13）

表5-13　过敏原预防控制措施

产品名称：　　　　　　　　　　　　　　　发布时间：
工厂名称及地址：　　　　　　　　　　　　更新时间：

| 过敏原控制 | 危害 | 标准 | 监控 | | | | 纠偏措施 | 验证 | 记录 |
			内容	方式	频率	主体			
接收包装（贴标签的纸箱）	过敏原——小麦	所有成品标签必须注明过敏原——小麦	配料清单和过敏原证明与产品匹配	肉眼检查纸箱标签与产品配方是否一致	在投放生产之前	库房管理员	标签不正确时拒收，查找原因并根据需要进行培训	7个工作日内审核标签验证、纠正措施记录	过敏原标签验证清单；纠正措施记录；验证记录
贴标签	过敏原——小麦	所有成品纸箱标签必须注明过敏原——小麦	配料清单和过敏原证明与产品匹配	肉眼检查纸箱标签与产品配方是否一致	生产开始和结束时，以及更改标签纸时	库房操作员	标签不正确时，隔离产品进行检查，重新加帖标签。查找原因并根据需要进行培训	7个工作日内审核标签验证、纠正措施记录	过敏原标签验证清单；纠正措施记录；验证记录

建议企业参照下面的模板制定过敏原控制程序。

1. 目的

通过制定过敏原控制程序，防止在原辅料及产品储存、生产过程产生过敏原交叉污染。

2. 范围

适用于公司产品及其所有原辅料在储存、生产整个过程的过敏原的控制。

3. 定义

过敏原是指诱发过敏反应的抗原物质。实际上，过敏原就是某些特定的蛋白物质，会造成过敏反应。过敏反应包括呼吸系统、肠胃系统、中枢神经系统、皮肤、肌肉和骨骼等不同形式的临床症状，有时可能产生过敏性休克。

4. 职责

品控部根据原辅料管理程序对原辅料进行过敏原调查，识别过敏原种类，并在产品包装标识上进行声明。储运部根据品控部的识别，将含有不同过敏原的原辅料分开存放，并进行标识。生产部严格防止生产过程中的过敏原交叉污染。

5. 引用标准

（1）GB/T 23779—2009《预包装食品中的致敏原成分》；

（2）美国《食品过敏原标识及消费者保护法案》。

6. 程序

（1）确定过敏原种类

参照 GB/T 23779 以及美国《食品过敏原标识及消费者保护法案》，需识别过敏原种类为以下 8 类：含有麸质的谷类及其制品；甲壳类及其制品；鱼类及鱼类制品；蛋类及蛋类制品；花生及其制品；大豆及其制品；乳及其制品（包括乳糖）；坚果及其制品。

（2）过敏原识别

除非有功能需求，产品设计时应尽量不使用含过敏原的辅料。研发中心在新产品研发时，要求辅料供应商填写原辅料调查表。在与工厂进行新产品交接时，将调查表转给工厂品控部。品控部根据原辅料调查表填写食品安全风险评估表，并将每种辅料及成品涉及的过敏原信息通知仓库、物流部和生产部。

产品的原料、辅料及内包装材料供应商需要在产品标准或其他协议资料中声明所含过敏原状态，如更换了供应商或供应商变更了配方等任何可能影响过敏原的情况，都需要立即重新提供资料，重新进行风险评估。

品控部根据产品中辅料的原辅料调查表在 HACCP 计划中确定最终产品所含有的过敏原种类。每次产品 HACCP 计划评审或产品有重大变化时，需重新进行过敏原评估。

（3）含过敏原的辅料存放

仓库将含过敏原的辅料与不含过敏原的辅料单独分区存放；含有相同过敏原的辅料存放在一起；对含不同过敏原种类的辅料相对独立的存放；同一货架只能存放含有一类过敏原的辅料；若有两种不同的辅料，则有过敏原的要存放在下层，上层为非过敏原的辅料，或者下层所含过敏原种类必须涵盖上层所含种类。上述分隔应采用指示牌/分隔带等显著标识来体现分隔。

辅料到货后，仓库根据原料到货计划，在含有过敏原的原辅料标识上的备注上增加过敏原内容，并按照要求码放到位。储运部在安排生产时，如同一条生产线需要生产不同的产品，则应做到生产含有相同过敏原的产品，或者是先生产不含过敏原的产品，再生产含有过敏原的产品，以防止交叉污染。

为防止交叉污染，如有不同生产线同时生产，生产部应控制不同生产线之间的工器具不得混用（特别注意原料称量与配料操作不可交叉污染）。在不得已情况下，同时操作两条线的操作工人或维修工，应进行彻底的洗手。维修工具使用后也需要进行清洁。不同过敏原的生产线需要分开使用不同的垃圾桶。产品换产时按照换产程序操作，在含不同过敏原的产品转换生产时，应按清洗 SOP 进行彻底清洗消毒后才能转换产品。

（4）生产过程中的过敏原控制

生产过程中产出的返工品需要明确标识过敏原信息，并相对独立存放，且含过敏原的返工品只能添加到含相同过敏原的产品中。

产品按国家法规和客户要求进行标识。所有产品的标识必须先经过技术部和质检部的共同确认后才可投入印刷使用。

对工作职责涉及过敏原，以及所在区域有过敏原风险的员工必须对其进行深入的过敏原培训，培训内容包括如何识别过敏原及其产品、当意外过敏原引入正常产品时采取什么步骤、理解过敏原控制措施，每年进行一次培训及评估考核，必要时可增加培训次数。

（5）纠偏

因加工不合理、清洁不彻底，或添加了含其他过敏原的返工品，造成任何疑似含有过敏原的产品，必须做好标识并封存。填写偏差，查找污染源，并采取措施防止再次发生。对封存产品进行风险评估后决定处理结果。

当在产品中判定出存在原标签过敏原之外的过敏原时，必须对产品进行重新贴标签。

当原辅料的标签、标准或其他资料中发现有不同于供应商先前提供的过敏原时，该物料必须做好标识并封存。所涉及的成品也必须做好标识并封存。品控员每年两次对程序执行有效性进行检查，结合顾客投诉进行考察，根据需要进行持续改进。

（6）产品过敏原清单（表5-14，表5-15）

表5-14　产品过敏原清单

产品名称	客户	过敏原

表5-15　辅料过敏原信息

辅料名称	使用产品	供应商	过敏原

八、卫生预防控制措施

1. 目的和目标

装配和包装桌的清洁和消毒对于去除潜在过敏原，并减少可能影响产品安全的环境病原体造成的微生物交叉污染或再污染十分重要。目标：内包装车间的卫生，保持食品接触表面清洁度，防止过敏原交叉接触和交叉污染内包装台案的卫生。

2. 频率

清洁：午休时、生产之后、每日生产结束时。

消毒：开始生产之前、午休时、生产之后、每日生产结束时。

执行人：卫生小组成员。

3. 流程

在每班结束时，将未使用的包装材料移至某个区域，防止受潮。午餐时段清洁时，应将未使用的包装材料覆盖。

用刮刀除去台案的碎屑残留物。

用一块干净的抹布，沾上清洁剂，擦拭工作台。包装间的抹布为浅灰色。

用清水冲洗工作台。

4. 卫生

用200mg/kg季铵的溶液，喷洒桌面，保证喷洒均匀，不留死角。

自然晾干，约5min。

5. 监控

检查台案残渣和清洁度。在每日卫生表上进行记录。

采用测试条，在生产前测量季铵的化合物浓度。在每日卫生表上进行记录。

6. 纠正措施

如果在台案上观察到残渣，重新清洗并消毒。

如果季铵浓度不合格，重新配置溶液。

7. 记录

每日卫生表，环境微生物监测记录。

8. 验证

主管应在 7 个工作日内，审核每日卫生表并签字。清洁后，品控部对操作台案进行涂抹取样，检测微生物。

九、供应链计划（表5-16）

表5-16 经批准的需要供应链控制的配料供应商

需要供应链控制的原辅料名称	经批准的供应商	需要供应链控制的危害	批准日期	纠正措施	验证方法	验证记录
油条专用粉	河北×××面业有限公司	C 污染物污染超标：铅、总汞、铬、苯并芘、总砷、镉 真菌毒素污染超标：黄曲霉毒素 B1、脱氧雪腐镰刀菌醇、玉米赤霉烯酮、赭曲霉毒素 A 农药残留污染超标：滴滴涕、六六六	2016-10-12	若产品来自非批准的供应商，库管员暂时保管并通知品控部和采购部。贴标签隔离存放。办理退货。查找原因病培训，杜绝再次发生	供应商处获得的由合格审计员提供的第三方审计复印件。 第三方检测报告，每年一次。 现场供应商审核，尤其关注该供应商对其上游供应商的控制情况。每年一次	审核报告，检测报告

1. 目的

对采购的过程及供方进行控制，确保所采购的产品符合要求。

2. 范围

适用于本公司使用的所有生产用原辅材料及其他相关材料的采购过程的控制和管理。

3. 职责

采购部负责采购的实施和管理及组织对供应商的选择和评价。

品控部、生产部、办公室、采购部负责对采购产品的验证并参与合格供方的评价。

总经理负责采购申请的批准。

4. 工作程序

（1）采购物资分类

采购产品的分类：根据采购产品对本公司最终产品质量的影响，本公司将采购产品分为以下三类：

A类产品：大宗原料、辅料、包装材料、洗涤消毒检测用品、车间大型设备、监视和测量装置。

B类产品：零星原料、辅料、包装材料，如少量农贸产品。

C类产品：设备零配件、办公用品。

技术部制定《原辅材料采购及验收标准》，对需采购的物资规定采购、验收的标准，其文件发放至采购部、品控部。

（2）采购申请与批准

各个部门根据工作需要对所需物质编制《申购单》，由部门主管进行审核后交总经理批准；采购部也可根据库存情况、市场动态编制《申购单》，适当对常规产品进行储备，交总经理批准。

各部门的《申购单》经总经理批准后，交采购部由采购员实施采购。

（3）供方评价和控制

对供方的控制程度应取决于采购其产品对随后本公司生产的最终产品质量的影响。

对A类物资采购的供方均要进行评价；对B类物质、C类物质采购尽量从厂家直接购买，也可选择信誉好，正规的经销商，必要时列出其供方清单。

对A类物资供方的初次评价由采购部按照《供方选择与评价准则》进行选择和评价，填写《供方档案登记及初次评价表》，评价合格的与供方签订《采购协议》，每年度，对于A类物资中的大宗原料、辅料、包装材料、洗涤消毒检测用品、监视和测量装置的供应商由品控部、生产部和采购部按照《供方选择与评价准则》联合进行评价，填写《供方年度评价表》；对于A类物资中的大型设备供应商由生产部和采购部按照《供方选择与评价准则》联合进行评价，填写《供方年度评价表》。对评价合格的供方列入《合格供方名单》。

对B类物资采购进厂时应由品控部原辅料验收员按《原辅材料采购及验收标准》进行检验，以此作为对供方的评价依据，如出现不合格品应对此供方给予警告或处罚，连续三次不合格则取消在此供方处进货。

对C类物资进厂后设备零配件由生产部进行验收，办公用品由办公室进行验收，在使用过程中如发现不合格，应将信息反馈至采购部，采购人员在下次采购时应予以注意。

对以上任何形式的评价结果及所产生的记录应予以保持。

（4）采购信息

各部门在《申购单》中要尽量详细地描述预采购产品的信息，包括产品名称、规格型号、数量、交货时间等，适时包括供应商的人员资格方面的要求，质量管理体系方面的要求，产品、程序、过程和设备的批准要求。

各部门主管和总经理在审批《申购单》的同时，确保所规定的采购要求的充分性和适宜性。

（5）采购产品的验证

为确保采购产品满足本公司生产产品的要求，应对采购回的原辅料进行验收，验收合格可根据实际情况在检验报告或其他报表中由检验员签字确认方可放行使用。

对于在使用中发现产品的不合格或质量不达标，应由产品使用部门以《原辅料质量问题投诉单》的形式将相关信息及时通过采购部反馈到供方，必要时可保留证据，供方应对本公司提出的意见给予书面答复并采取适当的措施，对于因此而对本公司产生的损失应由供方负责赔偿，此项内容也可作为对供方再评审时的依据。

对于不影响产品质量或在加工过程中将缺陷消除的不合格品，在进货检验时检验员可根据《供应商管理规定》进行价格上的折扣，让步接收使用，要有品控部责任人签字方可；对于影响产品质量的让步接收，因特殊情况（如缺货）而急需的物资，由采购部、品控部、生产部共同评审讨论，报总经理决定是否让步接收，要有总经理签字方可让步接收。

本公司要到供方的现场进行验证时或当合同规定顾客要对供方产品进行验证时，本公司人员应对验证的安排和产品放行的方法做出规定，使验证得以实施。

5. 相关文件

《原辅材料采购及验收标准》《供方选择与评价准则》《采购协议》《供应商管理规定》。

6. 相关记录

《申购单》《供方档案登记及初次评价表》《合格供方名单》《供方年度评价表》《原辅料质量问题投诉单》。

十、召回计划

1. 目的

对于已出厂的产品被确定为不安全食品，采取召回措施，确保消费者的人身和生命安全，防止食品危害发生。同时，为成功应对紧急召回事件的发生，避免给公司带来负面影响，确保体系有效运行，公司定期实施模拟召回。

2. 范围

适用于本公司生产销售的食品的召回及模拟召回活动的控制。

3. 职责

1）总经理：签发并下达产品召回命令。

2）品控部

（1）负责召回产品的调查、总结；

（2）确定召回计划、召回报告的编制，监督产品召回后的销毁和措施跟进落实情况；

（3）定期组织相关部门进行模拟召回演习和更新此程序。

3）食品安全小组长

（1）组织召回小组召开产品召回紧急评估会；

（2）将产品召回信息、评审结果呈报总经理；

（3）传达产品召回命令，并总体负责产品召回的整个过程；

（4）针对产品召回组织制定纠正措施，并对执行效果组织评审。

4）仓库负责原辅材料、产品数量的统计及产品流向的追踪和查询，按照品控部的处理意见处理召回产品。

5）生产部负责生产过程产品追溯记录的收集，完成相关纠正措施。

6）物流部负责组织车辆将应回收产品召回。

4. 定义

1）召回

是指食品生产者按照规定程序，对由其生产原因造成的某一批次或类别的不安全食品，通过换货、退货、补充或修正消费说明等方式及时消除或减少食品安全危害的活动。

2）不安全食品

是指有证据证明对人体健康已经或可能造成危害的食品，包括：

- 已经诱发食品污染、食源性疾病或对人体健康造成危害甚至死亡的食品；
- 可能引发食品污染、食源性疾病或对人体健康造成危害的食品；
- 含有对特定人群可能引发健康危害的成分而在食品标签和说明书上未予以标识，或标识不全、不明确的食品；
- 有关法律、法规规定的其他不安全食品。

5. 控制程序

1）调查和评估

（1）调查

当品控部接到以下反馈的产品不合格后，应记录不合格品相关信息（包括产品名称、生产日期及批号等），并进行不合格品的调查。

- 公司内部发现；
- 由供应商反馈；
- 客户、消费者发现；
- 政府机构/媒体。

调查主要包括以下内容，3h 内完成：

- 是否符合食品安全法律、法规或标准的安全要求；
- 是否含有非食品用原辅料、添加非食品用化学物质或者将非食品当作食品；
- 食品的主要消费人群的构成及比例；
- 不合格品生产数量、生产日期及批次、出货记录、产品的出货方向；
- 使用的所有原辅料、包材信息，包括名称、生产日期及批号、供应商、数量等信息；

● 不合格品的生产过程的追溯记录信息。

（2）评估

将调查内容提交给召回小组进行评估，确认是否需要进行召回：

● 不需召回，依照《顾客投诉处理控制程序》执行；

● 需要召回，则判定召回级别。

食品安全危害评估主要内容包括：

● 该食品引发的食品污染、食源性疾病或对人体健康造成的危害，或引发上述危害的可能性；

● 不安全食品对主要消费人群的危害影响；

● 危害的严重和紧急程度；

● 危害发生的短期和长期后果。

根据食品安全危害的严重程度，确定召回级别：

● 一级召回：已经或可能诱发食品污染、食源性疾病等对人体健康造成严重危害甚至死亡的，或者流通范围广、社会影响大的不安全食品的召回；

● 二级召回：已经或可能引发食品污染、食源性疾病等对人体健康造成危害，危害程度一般或流通范围较小、社会影响较小的不安全食品的召回；

● 三级召回：已经或可能引发食品污染、食源性疾病等对人体健康造成危害，危害程度轻微的，或者含有对特定人群可能引发健康危害的成分而在食品标签和说明书上未予以标识，或标识不全、不明确的食品的召回。

2）召回实施

（1）主动召回

确认食品属于应当召回的不安全食品的，应当立即停止生产和销售不安全食品。

自确认食品属于应当召回的不安全食品之日起，一级召回应当在1日内，二级召回应当在2日内，三级召回应当在3日内，通知消费者停止消费，并通知有关配送中心、客户停止销售及召回产品信息，并要求其提供扣留产品的数量和相关位置信息，必要时进行进一步的检测。

食品安全小组组长向社会发布食品召回有关信息，应当按照有关法律法规和国家质检总局有关规定，向当地及以上质监部门报告。信息公布内容包括：

产品描述，包括名称及尽可能多的标识，如生产批次代码、分销商或销售日期；

危害描述；

被召回产品的区域分布：按销售地点、城市、州，如果是出口的按出口国别列明批发商或零售商的名称和地址；

消费者辨别产品的方法，应采取的措施；

与召回有关的数量（被召回的食品当初在公司的拥有数量，在召回时产品的数量分布情况，被召回产品在公司的剩余量）；

公司所采取的措施。

自确认食品属于应当召回的不安全食品之日起，一级召回应在 3 日内，二级召回应在 5 日内，三级召回应在 7 日内，应通过所在地的质监部门向省级质监部门提交食品召回计划。提交的食品召回计划主要内容包括：

停止生产不安全食品的情况；

通知销售者停止销售不安全食品的情况；

通知消费者停止消费不安全食品的情况；

食品安全危害的种类、产生的原因、可能受影响的人群、严重和紧急程度；

召回措施的内容，包括实施组织、联系方式以及召回的具体措施、范围和时限等；

召回的预期效果；

召回食品后的处理措施。

自召回实施之日起，一级召回每 3 日，二级召回每 7 日，三级召回每 15 日，通过所在地的市级质监部门向省级质监部门提交食品召回阶段性进展报告。对召回计划有变更的，应当在食品召回阶段性进展报告中说明。

依据实际情况，公司管理层启动危机管理计划。

（2）责令召回

经确认有下列情况之一的，由质监局通知需要召回的不安全食品：

食品生产者故意隐瞒食品安全危害，或者食品生产者应当主动召回而不采取召回行动的；

由于食品生产者的过错造成食品安全危害扩大或再度发生的；

国家监督抽查中发现食品生产者生产的食品存在安全隐患，可能对人体健康和生命安全造成损害的。

在接到责令召回通知书后，应当立即停止生产和销售不安全食品。

应当在接到责令召回通知书后，按照本程序（1）节规定发出通知、制定食品召回计划、食品召回计划通过所在地的省级质监部门报国家质检总局核准后立即实施召回、提交食品召回阶段性进展报告。

3）召回产品的处置

（1）物流部安排车队将产品送回本公司时，首先通知品控部当场查看，在品控部的监督下，将产品封存，并由 QC（品质管理员）贴示"封存"标识，存放在相应库房的不合格品区域内，未经公司及品控部的同意不可出库放行。

（2）品控部召集生产、仓库等相关人员对召回产品进行分析，如有需要，安排产品的微生物和理化检查。

（3）根据分析结果，由质量经理、总经理做出最后处理意见，确保符合法规要求。

（4）品控部负责对召回产品处置的验证。

4）召回终止

（1）品控部应当保存召回记录，主要内容包括食品召回的批次、数量、比例、原因、结果等。

（2）食品安全小组长组织召回小组总结评估事故原因，进行纠偏，防止再次发生，品控部负责纠正措施的跟进验证。

（3）应当在食品召回时限期满15日内，向所在地的食品主管部门提交召回总结报告。

（4）应当及时对不安全食品进行无害化处理，具体参见《废弃物处理控制程序》。

（5）对召回食品的后处理应当有详细的记录，并向所在地的食品主管部门报告，接受监督。

5）召回补充规定

在召回过程中，若涉及违反国家法律法规内容的，需向相关管理部门汇报，具体如下：

（1）涉及国家级安全问题，例如类似肉类产品中疫病事件等或在产品中发现流行性的严重病毒，例如戊型肝炎，危害性大，流行性广，需向地方卫生防疫部门和食品主管部门汇报，并得到他们的监督；

（2）发现有人蓄意破坏，需向地方公安部门汇报；

（3）如果产品涉及出口，需向地方商检汇报；

（4）其他特殊情况，根据当时情况具体分析针对办理。

6）模拟召回

（1）模拟召回时间

应依照法律法规及客户的要求，定期实施模拟召回，具体见表5-17。

表5-17 模拟召回频率要求

客户	频率
出口产品	每年至少2次
其他产品	每年至少1次

（2）模拟召回内容

每年至少进行一次任一产品的全项目产品召回演习（包括从一种产品追溯到使用的所有物料，及其从这些物料追溯到其生产的所有产品），对于国外客户还需要参加一次由其发起的模拟召回，以检查召回系统的反应快速性、报警系统的运转情况、产品可追踪性等。

（3）模拟召回实施

品控部根据召回计划提出召回申请在得到质量经理批准后将产品召回通知书发给召回小组相关人员，并组织实施。

模拟召回试验时间应选在正常工作时间之外进行。

模拟召回覆盖从原料接收到第一级不受内部控制的外部客户。

品控部通过紧急联络单通知相关部门人员进行模拟召回并记录开始直至总结完成时间。

模拟召回必须在3h内完成追踪原材料、配料、直接接触物料的包材、成品直至第一个外部客户。

模拟召回不要求产品的真正回收，并注意避免误解的发生。

（4）模拟召回的总结

- 可追溯性：原辅材料在该产品的使用情况，或同一批材料在不同批产品中使用情况；

- 召回效率：应包括召回产品的数量，涉及产品的计算方式和数量；

- 模拟召回开始和结束的时间；

- 对召回过程中所涉及产品的记录的评价；

- 召回小组的总结；

- 联系人员名单及联络情况，职责明确程度；

- 对出现的问题进行调查分析并制定改进措施，小组成员根据计划进行改进；

- 产品模拟召回有效性确认：模拟召回是否在规定时间内完成，召回产品比例100%；

- 对于模拟召回失败的部分，整改后应在30天内进行另一次模拟召回。

6. 相关文件和记录

1）顾客投诉处理控制程序；

2）产品追溯控制程序；

3）废弃物处理控制程序；

4）模拟召回记录；

5）产品召回/撤回小组，见表5-18。

6）召回/撤回联络人清单，见表5-19~表5-21。

表5-18　召回（撤回）小组成员清单

序号	姓名	所在部门	职责
1		总经理（组长/总协调人）	负责撤回计划的全面工作，负责撤回计划的制订与实施，产品的化验分析，撤回产品危害分析，及撤回分析
2		品控部	参与撤回产品危害分析，及撤回分析
3		办公室	负责投诉的处理，参与撤回计划的实施
4		物流部	负责记录的保存，负责产品发货记录，参与撤回计划的实施
5		财务部	负责投诉中财务情况的处理

表5-19　外部客户紧急联系人清单

序号	客户名称	紧急联系人	联系方式

表5-20　内部联系人清单

序号	部门/职位	紧急联系人	联系方式

表 5-21　官方联系人清单

序号	机构	部门/职位	紧急联系人	联系方式
1	公安局			
2	食药局			
3	农业局			
4	质量监督局			
5	工商局			
6	卫计委			

第六章 ▶▶▶
速冻水果食品安全计划

在速冻水果方面，我们以生产速冻草莓的企业为例，看看在美国117法规的框架要求下如何编写食品安全计划。

一、终产品描述

1. 产品名称

速冻草莓（未添加任何其他辅料和添加剂）。

2. 产品特性（表6-1）

表6-1　速冻草莓产品特性

物理特性	化学特性	生物特性
具有该品应有的形状，无畸形果，无虫蛀果，去蒂干净，表面不结霜；具有该品种应有的色泽；具有该品种应有的滋味和气味，无异味；外表及内部均无肉眼可见杂质	农药残留符合 GB 2763 要求，重金属符合 GB 2762 要求	微生物符合 GB 29921 中即食果蔬制品的微生物限量

3. 包装形式及储存条件（表6-2）

表6-2　速冻草莓产品包装形式及储存条件

预期的保质期和储存条件	包装和标签
-18℃ 以下冷冻保存，保存期限 24 个月	1. 内包装采用食品级包装袋； 2. 外包装采用瓦楞纸箱； 3. 标签满足 GB 7718—2011《预包装食品标签通则》和 GB 28050—2011《预包装食品营养标签通则》要求； 4. 特殊标识：致敏原信息，产品储存条件（-18℃以下）； 5. 出口产品应符合进口国的法律法规要求

4. 预期用途及产品标准（表6-3）

表6-3　速冻草莓预期用途及产品标准

预期用途	运输方式	产品质量安全标准
1. 普通消费者，致敏原信息见产品成分表； 2. 食用方法：自然解冻或温水解冻后根据自身需要情况即刻食用，亦可加工成草莓饮料、草莓果酱、草莓果脯和草莓罐头等	运输过程温度保持在-18℃以下	农药残留符合 GB 2763 要求，重金属符合 GB 2762 要求

二、原辅料及包材清单及描述（表6-4）

表6-4　原辅料及包材清单

原辅料和产品接触材料清单	
编号	名称
1	草莓
2	包装袋
3	瓦楞纸箱

下面就原料；草莓、包材；包装袋分别举例描述。

1. 草莓（表6-5）

表6-5　草莓特性

原料供应：企业自属基地或者合同基地			
1. 物理特性	2. 化学特性	3. 生物特性	4. 配置辅料的组成
红色，颗粒状，无虫蛀，无霉变，无异味	农药残留符合 GB 2763 要求，重金属符合 GB 2762 要求	无	草莓，无任何其他辅料和添加剂
原料供应：企业自属基地或者合同基地			
5. 包装和交付方式	6. 储存条件和保质期	7. 使用或生产前的预处理	8. 接收准则、规范或标准
包装：采用塑料筐，20kg/筐。材质能耐受装卸、运输和储存，不破漏。运输：运输用工具和设备要求干燥，并备有防雨、防水、防潮湿设施，同时应清洁无异味	储存：产品应储存在 2~5℃ 的库房中，不得与有毒、有害、有腐蚀性、易挥发或有异味的物品同库存放。产品底部垫有防潮材料。产品四周距离墙体的距离要在 30cm 以上，堆垛与堆垛之间应保留30cm 以上的间隙。保存期：原料采收后 6h 以内进行加工	作为速冻草莓原料使用	按公司《原辅料及包材进厂验收标准》执行

2. 包装袋（表6-6）

表6-6　包装袋特性

原料供应企业：江苏×××包装有限公司			
1. 物理特性	2. 化学特性	3. 生物特性	4. 配置辅料的组成
无异味、无嗅味，正常色泽，无异物	高锰酸钾消耗量水（60℃，2h）≤10mg/L，蒸发残渣：4%乙酸（60℃，2h）≤30mg/L；正乙烷（20℃，2h）≤30mg/L，重金属（以 Pb 计）4%乙酸（60℃，2h）≤1mg/L	细菌总数（cfu/cm²）≤100	PP、PE

（续）

原料供应企业：江苏×××包装有限公司			
5. 包装和交付方式	6. 储存条件和保质期	7. 使用或生产前的预处理	8. 接收准则、规范或标准
采用纸箱内衬 PE 袋进行包装，其材质应清洁、无毒、无异味，并具防尘、防水效能。运输设备应清洁卫生，保持干燥、清洁避免日晒雨淋，保证包装不受污染	产品储存在清洁、干燥、通风、温度适宜的库房内，避免阳光照射及雨淋，防潮、防鼠、防虫。保存期：12 个月	紫外线或臭氧消毒	按公司《原辅料及包材进厂验收标准》执行

三、工艺流程图（图 6-1）

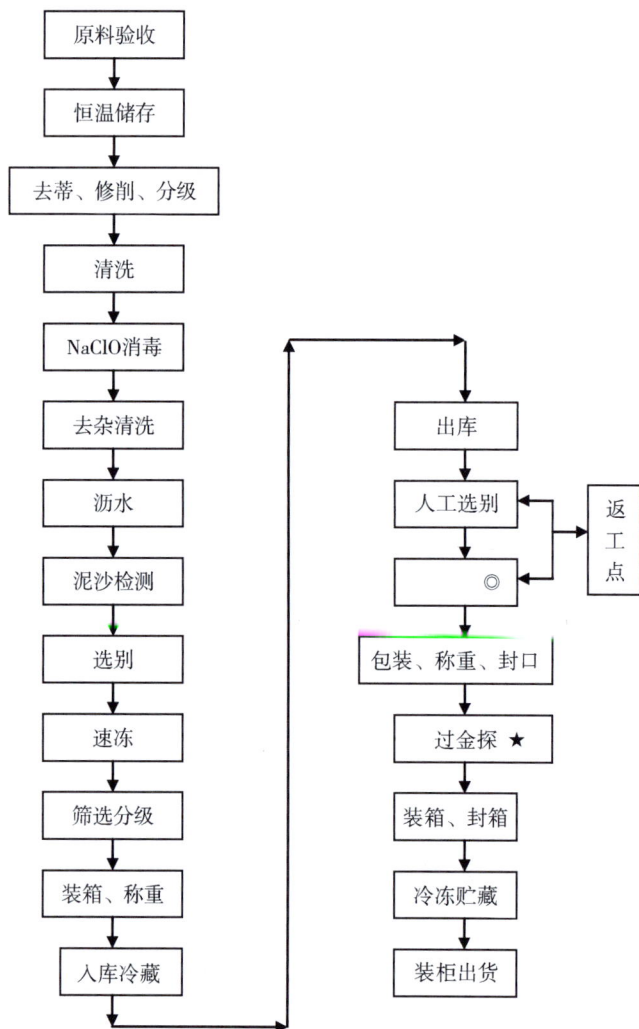

★为关键控制点　　　　　　◎为返工点

图 6-1　工艺流程图

四、工艺描述（表6-7）

表6-7 工艺描述

工艺步骤	相关设备	工艺参数
1. 原料接收		按原辅料验收标准验收。原料要求来自备案基地，农残、重金属等各项指标符合国家标准要求。原料要求新鲜，无腐烂变质、无僵果、无品种退化果、品种符合规定标准要求，经验收合格后方可接收
2. 恒温储存	恒温库	进厂原料先入恒温库降温储存，库温控制在2~5℃，每天由原料科人员填写库温检查记录
3. 去蒂、修削、分级	不锈钢刀具	用不锈钢刀具逐个去蒂，去蒂时根据不同客户要求采用不同的去蒂方法，同时将黑头、轻微腐烂、虫咬、斑疤等修削掉，经修削的草莓归B级品，不需修削的整果根据直径分级，不同级别单独存放，不同品种分开加工
4. 清洗	清洗机	用流水气泡三级清洗，清净泥沙、外来异物等。一级、二级清洗水每2h轮流更换一次，三级清洗池每4h更换一次
5. NaClO 消毒	平板速冻机	次氯酸钠浓度25~50mg/kg，杀菌时间大于30s。质检员每30min对杀菌浓度进行一次检查并记录
6. 去杂、清洗	去毛机	去毛机去杂后用喷淋水进行清洗
7. 沥水	网带	清洗后的草莓经网带沥水
8. 泥沙检测	不锈钢盆	取200g沥水后的草莓放入盛有清水的不锈钢盆中，反复摇晃草莓20次，并用手轻轻揉搓，（注意保持草莓的完整）操作完成后将草莓捞出，将清洗水静置5min后观察底部是否有泥沙沉淀，如有应及时调整
9. 选别	传送带	在传送带上将腐烂果、虫害果、畸形果、过熟果等不良品挑出，挑选人员不低于8人，挑出的不良品及时收集，能修削的尽量修削再用
10. 速冻	速冻机	挑选好的草莓立即速冻，以免品质变化，速冻后的草莓中心温度达到-18℃以下。准确调节网带转动速度及风量大小，确保冻结质量。速冻设备专人操作，每1h填写运行记录定期检查保养，质检员每1h对设备运行情况进行监督
11. 筛选分级	筛选机	经过筛选机进行分级，分为10~22mm、22~25mm、25~27mm、27~35mm、35mm以上。注意筛选机的频率控制在25Hz
12. 装箱、称重	电子秤	将分好级的草莓装入周转箱，称取重量
13. 入库冷藏	冷库	包装好的半成品要及时地转入低温库，按规格、级别、时间、批号存放，库温控制在-18℃以下
14. 出库		根据客户的出货通知，及时下发包装计划，包装车间根据包装要求及时出库组织包装
15. 人工选别	挑选台	包装前进行严格的挑选，剔除外来异物杂质以及不良品，挑选过程要严格控制人员、工器具卫生，包装环境10℃以下，防止产品解冻
16. 检验		按产品质量标准进行检验，如有超出标准的做返工处理
17. 包装、称重、封口	电子秤	挑拣好的产品立即装袋，严格称重。封口要牢固、美观，日期打印清楚

（续）

工艺步骤	相关设备	工艺参数
18. 金属探测	金属探测仪	产品在装箱前必须过金属探测仪确保无金属物混入，金属探测仪专人使用，使用之前及过程中要每隔 1h 用标准试块测试灵敏度，以维持其准确性，金属探测仪记录清晰明确。关键限值：Fe：$\varphi \leqslant 1.5mm$，Non-Fe：$\varphi \leqslant 2.0mm$，SUS：$\varphi \leqslant 2.5mm$
19. 装箱/封箱	封箱机	装箱后，封箱机配合纸箱的高度、宽度调整好，配好封箱的胶带，把成品叠放整齐地放入箱中送入封箱机进行封箱，成品袋子不得外露
20. 冷冻贮藏		冷库库温-18℃以下，应分期进行除霜、清扫、消毒，保持库内清洁、无异味，产品码放要有条理，按生产日期、批次分别存放，码垛整齐，标记清楚，垛底有垫板，要求垫高 10cm 以上，垛与垛之间要留有一定的空隙以便通风，保持温度平衡。库内应有良好的防鼠设备，库内不得存放其他异味商品，以免串味
21. 装柜出货		检查货柜的清洁状况，把货柜预冷至 0℃，并检查产品的外观，纸箱情况，成品中心温度在-18℃以下。开始装柜，装完后装柜温度需-15℃以下，确保成品品质，交付客户

五、危害分析单

以原料验收、去蒂、清洗、包装称重、金探 5 个工序为例进行危害分析（表6-8）。

表6-8　危害分析单

1. 原辅料/加工步骤	2. 识别在本步骤引入、控制或增加的潜在危害（列明具体种类：B 生物的；C 化学的；P 物理的）	3. 是否有潜在的食品安全危害需要预防性控制措施（是/否）	4. 做出第3栏结论的（包括危害引入的途径、潜在危害发生的可能性、严重性的评价）	5. 应用何种预防性控制措施来显著降低或预防食品安全危害？[过程控制（包括CCPs）、过敏原控制、卫生控制、供应链控制、其他控制]	6. 是否在本步骤应用预防性控制措施？（是/否）
原料（草莓）验收	B 微生物污染超标：致病菌、诺如病毒	是	生长区环境污染或腐烂果可能带入	过程控制——严格按照收购标准收购，原料新鲜，无腐烂	否
	C 污染物污染超标：铅、总汞、总砷、镉 农药残留污染超标：腐霉利等	是	种植过程中农药使用或控制不当或环境污染	供应链控制——向经认可的种植商（备案基地）采购；过程控制——农残、重金属送第三方检测	是
	C 过敏原——无	否	未添加任何辅料及添加剂	过敏原控制——包装步骤的过敏原标签	否
	P 无				否

（续）

1. 原辅料/加工步骤	2. 识别在本步骤引入、控制或增加的潜在危害（列明具体种类：B 生物的；C 化学的；P 物理的）	3. 是否有潜在的食品安全危害需要预防性控制措施（是/否）	4. 做出第 3 栏结论的（包括危害引入的途径、潜在危害发生的可能性、严重性的评价）	5. 应用何种预防性控制措施来显著降低或预防食品安全危害？[过程控制（包括 CCPs）、过敏原控制、卫生控制、供应链控制、其他控制]	6. 是否在本步骤应用预防性控制措施？（是/否）
去蒂	B 致病菌	是	人员或环境可能带入	卫生控制——人手、设备、工器具清洗消毒按照清洗消毒规范执行	否
	C 无				否
	P 金属等异物	是	人员或工具带入	过程控制——后工序选别及金属探测仪检测可去除	否
清洗	B 致病菌	是	人员或环境可能带入	卫生控制——人手、设备、工器具清洗消毒按照清洗消毒规范执行	否
	C 无				否
	P 金属带入	是	设备损坏，部件脱落	过程控制——1. 设备部每天检查一次清洗线设备；2. 后续金探工序控制	否
包装称重	B 金黄色葡萄球菌、沙门氏菌超标	是	人手/设备/工器具卫生清洗消毒不彻底	卫生预防措施——人手、设备、工器具清洗消毒按照清洗消毒规范执行	是
	C 无				否
	P 无				否
金探	B 无				否
	C 无				否
	P 金属异物混入	是	生产线上金属接触可能引起金属碎屑	过程控制——CCP 金属探测。1. 开机之前要求三方首检（专人、班长、品控）；2. 班中按照频次要求进行校准验证；3. 潜在异常产品按照《潜在不安全品/不合格品控制程序》处理	是

六、过程预防控制措施

以金属探测为例，开展过程预防控制措施的监控和验证。

1. 金属探测的监控（表6-9）

表6-9　金属探测的监控

过程控制措施	控制的危害	关键限值	监控程序				
			对象	方法	频率	人员	纠偏措施
金属检测	物理危害：金属异物	Fe测试板 $\varphi \leqslant 1.5mm$、Non-Fe测试板 $\varphi \leqslant 2.0mm$、SUS不锈钢测试板 $\varphi \leqslant 2.5mm$	产品	逐袋、逐托依次过金检	出现金属隐患产品报警时	金检机手	出现含金属隐患产品报警后，立即放入专用篮筐内，包装机停机，并隔离潜在隐患产品，立即上报

2. 金属探测的验证（表6-10）

表6-10　金属探测的验证

验证内容	验证程序			记录
	频率	验证人	纠偏措施	
金检机灵敏度	1. 每次停机开机必须进行校准。2. 首检及班中换产、班中2h/次；品控：首检、班中1h/次	金检机手、班长、品控员	1. 金检机失灵（含频繁报警），立即停止使用，追踪至上次验证合格时间段后产品，隔离标识，上报评估处理；2. 对金检机灵敏度重新调试，合格后方可使用	金属探测器监控记录 产品隔离存放记录 金探工序纠偏记录
含金属隐患产品处理及时性	出现金属隐患产品报警时	班长、品控员	出现含金属隐患产品报警后，立即放入专用篮筐内，包装机停机，并隔离潜在隐患产品，立即上报	

七、过敏原预防控制措施（表6-11）

表6-11　过敏原预防控制措施

产品名称：				发布时间：				
工厂名称及地址：				更新时间：				
过敏原控制	危害	标准	监控				纠偏措施	验证	记录
			内容	方式	频率	主体			

　　由于速冻草莓生产加工过程未添加任何辅料及添加剂，不存在过敏原的情况，但建议企业在编制其他冷冻水果的食品安全计划时参照下面的模板制定过敏原控制程序。

　　1. 目的

　　通过制定过敏原控制程序，防止在原辅料及产品储存、生产过程产生过敏原交叉污染。

2. 范围

适用于公司产品及其所有原辅料在储存、生产整个过程的过敏原的控制。

3. 定义

过敏原是指诱发过敏反应的抗原物质。实际上，过敏原就是某些特定的蛋白物质，会造成过敏反应。过敏反应包括呼吸系统、肠胃系统、中枢神经系统、皮肤、肌肉和骨骼等不同形式的临床症状，有时可能产生过敏性休克。

4. 职责

品控部根据辅料管理程序对原辅料进行过敏原调查，识别过敏原种类，并在产品包装标识上进行声明。储运部根据品控部的识别，将含有不同过敏原的原辅料分开存放，并进行标识。生产部严格防止生产过程中的过敏原交叉污染。

5. 引用标准

- GB/T 23779—2009《预包装食品中的致敏原成分》；
- 美国《食品过敏原标识及消费者保护法案》。

6. 程序

1）确定过敏原种类

参照 GB/T 23779—2009 以及美国《食品过敏原标识及消费者保护法案》，需识别过敏原种类为以下 8 类：含有麸质的谷类及其制品；甲壳类及其制品；鱼类及鱼类制品；蛋类及蛋类制品；花生及其制品；大豆及其制品；乳及其制品（包括乳糖）；坚果及其制品。

2）过敏原识别

除非有功能需求时，产品设计时应尽量不使用含过敏原的辅料。研发中心在新产品研发时，要求辅料供应商填写原辅料调查表。在与工厂进行新产品交接时，将调查表转给工厂品控部。品控部根据原辅料调查表填写食品安全风险评估表，并将每种辅料及成品涉及的过敏原信息通知仓库、物流部和生产部。

产品的原料、辅料及内包装材料供应商需要在产品标准或其他协议资料中声明所含过敏原状态，如更换了供应商或供应商变更了配方等任何可能影响过敏原的情况，都需要立即重新提供资料，本公司重新进行风险评估。

品控部根据产品中辅料的原辅料调查表在 HACCP 计划中确定最终产品所含有的过敏原种类。每次产品 HACCP 计划评审或产品有重大变化时，需重新进行过敏原评估。

3）含过敏原的辅料存放

仓库将含过敏原辅料与不含过敏原辅料单独分区存放；含有相同过敏原的辅料存放在一起；对含不同过敏原种类的辅料相对独立的存放；同一货架只能存放含有一类过敏原的辅料；若有两种不同的辅料，则有过敏原的要存放在下层，上层为非过敏原的辅料，或者下层所含过敏原种类必须涵盖上层所含种类。上述分隔应采用指示牌/分隔带等显著标识来体现分隔。辅料到货后，仓库根据原料到货计划，在含有过敏原的原辅料标识上的备注上增加过敏原内容，并按照要求码放到位。储运部在安排生产时，如同一条生产线需要生产不同的产品，则应做到生产含有相同过敏原的产品，或者是先生产不含过敏原的产品，再生产含有过敏原的产品，以防止交叉污染。

为防止交叉污染，如有不同生产线同时生产，生产部应控制不同生产线之间的工器具不得混用（特别注意原料称量与配料操作不可交叉污染）。在不得已情况下，同时操作两条线的操作工人或维修工，应进行彻底的洗手。维修工具使用后也需要进行清洁。不同过敏原的生产线需要分开使用不同的垃圾桶。产品换产时按照换产程序操作，在含不同过敏原的产品转换生产时，应按清洗 SOP 进行彻底清洗消毒后才能转换产品。

4）生产过程中的过敏原控制

生产过程中产出的返工品需要明确标识过敏原信息，并相对独立存放，且含过敏原的返工品只能添加到含相同过敏原的产品中。

产品按国家法规和客户要求进行标识。所有产品的标识必须先经过技术部和质检部的共同确认后才可投入印刷使用。

对工作职责涉及过敏原，以及所在区域有过敏原风险的员工必须对其进行深入的过敏原培训，培训内容包括如何识别过敏原及其产品、当意外过敏原引入正常产品时采取什么步骤、理解过敏原控制措施，每年进行一次培训及评估考核，必要时可增加培训次数。

5）纠偏

因加工不合理、清洁不彻底，或添加了含其他过敏原的返工品，造成任何疑似含有过敏原的产品，必须做好标识并封存。填写偏差，查找污染源，并采取措施防止再次发生。对封存产品进行风险评估后决定处理结果。

当在产品中判定出存在原标签过敏原之外的过敏原时，必须对产品进行重新贴标签。当原辅料的标签、标准或其他资料中发现有不同于供应商先前提供的过敏原时，该物料必须做好标识并封存。所涉及的成品也必须做好标识并封存。品控员每年两次对程序执行有效性进行检查，结合顾客投诉进行考察，根据需要进行持续改进。

6）产品过敏原清单（表 6-12、表 6-13）

表 6-12　产品过敏原清单

产品名称	客户	过敏原

表 6-13　辅料过敏原信息

辅料名称	使用产品	供应商	过敏原

八、卫生预防控制措施

1. 目标和目的

内包装车间的卫生，保持食品接触表面清洁度，防止过敏原交叉接触和交叉污染内包装台案的卫生。装配和包装桌的清洁和消毒对于去除潜在过敏原，并减少可能影响产品安全的环境病原体造成的微生物交叉污染或再污染十分重要。

2. 频率

清洁：午休时、生产之后、每日生产结束时。

消毒：开始生产之前、午休时、生产之后、每日生产结束时。

执行人：卫生小组成员。

3. 流程

在每班结束时，将未使用的包装材料移至某个区域，防止受潮。午餐时段清洁时，应将未使用的包装材料覆盖。

用刮刀除去台案的碎屑残留物。

用一块干净的抹布，沾上清洁剂，擦拭工作台。包装间的抹布为浅灰色。

用清水冲洗工作台。

4. 卫生

用 200mg/kg 季铵的溶液，喷洒桌面，保证喷洒均匀，不留死角。

自然晾干，约 5min。

5. 监控

检查台案残渣和清洁度。在每日卫生表上进行记录。

采用测试条，在生产前测量季铵的化合物浓度。在每日卫生表上进行记录。

6. 纠正措施

如果在台案上观察到残渣，重新清洗并消毒；

如果季铵浓度不合格，重新配置溶液。

7. 记录

每日卫生表，环境微生物监测记录。

8. 验证

主管应在 7 个工作日内，审核每日卫生表并签字。清洁后，品控部对操作台案进行涂抹取样，检测微生物。

九、供应链计划（表 6-14）

1. 目的

对采购的过程及供方进行控制，确保所采购的产品符合要求。

2. 范围

适用于本公司使用的所有生产用原辅材料及其他相关材料的采购过程的控制和管理。

3. 职责

1）采购部负责采购的实施和管理及组织对供应商的选择和评价。

2）品控部、生产部、办公室、采购部负责对采购产品的验证并参与合格供方的评价。

3）总经理负责采购申请的批准。

表 6-14　经批准的需要供应链控制的配料供应商

需要供应链控制的原辅料名称	经批准的供应商	需要供应链控制的危害	批准日期	纠正措施	验证方法	验证记录
草莓	×××基地	C 污染物污染超标：铅、总汞、总砷、镉，农药残留污染超标：腐霉利等	2016-10-12	若产品来自非批准的供应商，库管员暂时保管并通知品控部和采购部。贴标签隔离存放。办理退货。查找原因并培训，杜绝再次发生	供应商处获得的由合格审计员提供的第三方审计复印件。第三方检测报告，每年一次。现场供应商审核，尤其关注该供应商对其上游供应商的控制情况。每年一次	审核报告，检测报告

4. 工作程序

1）采购物资分类

（1）采购产品的分类：根据采购产品对本公司最终产品质量的影响，本公司将采购产品分为以下三类：

A 类产品：大宗原料、辅料、包装材料、洗涤消毒检测用品、车间大型设备、监视和测量装置。

B 类产品：零星原料、辅料、包装材料，如少量农贸产品。

C 类产品：设备零配件、办公用品。

（2）技术部制定《原辅材料采购及验收标准》，对需采购的物资规定采购、验收的标准，其文件发放至采购部、品控部。

2）采购申请与批准

（1）各个部门根据工作需要对所需物质编制《申购单》，由部门主管进行审核后交总经理批准；采购部也可根据库存情况、市场动态编制《申购单》，适当对常规产品进行储备，交总经理批准。

（2）各部门的《申购单》经总经理批准后，交采购部由采购员实施采购。

3）供方评价和控制

对供方的控制程度应取决于采购其产品对随后本公司生产的最终产品质量的影响。

（1）对 A 类物资采购的供方均要进行评价；对 B 类物质、C 类物质采购尽量从厂家直接购买，也可选择信誉好、正规的经销商，必要时列出其供方清单。

（2）对 A 类物资供方的初次评价由采购部按照《供方选择与评价准则》进行选择和评价，填写《供方档案登记及初次评价表》，评价合格的与供方签订《采购协议》，每年度对于 A 类物资中的大宗原料、辅料、包装材料、洗涤消毒检测用品、监视和测量装置的供应商由品控部、生产部和采购部按照《供方选择与评价准则》联合进行评价，填写《供方年度评价表》；对于 A 类物资中的大型设备供应商由生产部和采购部按照《供方选择与评价准则》联合进行评价，填写《供方年度评价表》。对评价合格的供方列入《合格供方名单》。

（3）对 B 类物资采购进厂时应由品控部原辅料验收员按《原辅材料采购及验收标准》进行检验，以此作为对供方的评价依据，如出现不合格品应对此供方给予警告或处罚，连续三次不合格则取消在此供方处进货。

（4）对 C 类物资进厂后设备零配件由生产部进行验收，办公用品由办公室进行验收，在使用过程中如发现不合格，应将信息反馈至采购部，采购人员在下次采购时应予以注意。

（5）对以上任何形式的评价结果及所产生的记录应予以保持。

4）采购信息

各部门在《申购单》中要尽量详细地描述预采购产品的信息，包括产品名称、规格型号、数量、交货时间等，适当时包括供应商的人员资格方面的要求，质量管理体系方面的要求，产品、程序、过程和设备的批准要求。

各部门主管和总经理在审批《申购单》的同时，确保所规定的采购要求的充分性和适宜性。

5）采购产品的验证

（1）为确保采购产品满足本公司生产产品的要求，应对采购回的原辅料进行验收，验收合格可根据实际情况在检验报告或其他报表中由检验员签字确认方可放行使用。

（2）对于在使用中发现产品不合格或质量不达标，应由产品使用部门以《原辅料质量问题投诉单》的形式将相关信息及时通过采购部反馈到供方，必要时可保留证据，供方应对本公司提出的意见给予书面答复并采取适当的措施，对于因此而对本公司产生的损失应由供方负责赔偿，此项内容也可作为对供方再评审时的依据。

6）对于不影响产品质量或在加工过程中将缺陷消除的不合格品，在进货检验时检验员可根据《供应商管理规定》进行价格上的折扣，让步接收使用，要有品控部责任人签字方可；对于影响产品质量的让步接收，因特殊情况（如缺货）而急需的物资，由采购部、品控部、生产部共同评审讨论，报总经理决定是否让步接收，要有总经理签字方可让步接收。

7）本公司要到供方的现场进行验证时或当合同规定顾客要对供方产品进行验证时，本公司人员应对验证的安排和产品放行的方法做出规定，使验证得以实施。

5. 相关文件

《原辅材料采购及验收标准》《供方选择与评价准则》《采购协议》《供应商管理规定》。

6. 相关记录

《申购单》《供方档案登记及初次评价表》《合格供方名单》《供方年度评价表》《原辅料质量问题投诉单》。

十、召回计划

1. 目的

对于已出厂的产品被确定为不安全食品，采取召回措施，确保消费者的人身和生命安全，防止食品危害发生。同时，为成功应对紧急召回事件的发生，避免给公司带来负面影响，确保体系有效运行，公司定期实施模拟召回。

2. 范围

适用于本公司生产销售的食品的召回及模拟召回活动的控制。

3. 职责

1）总经理：签发并下达产品召回命令。

2）品控部

（1）负责召回产品的调查、总结；

（2）确定召回计划、召回报告的编制，监督产品召回后的销毁和措施跟进落实情况；

（3）定期组织相关部门进行模拟召回演习和更新此程序。

3）食品安全小组长

（1）组织召回小组召开产品召回紧急评估会；

（2）将产品召回信息、评审结果呈报总经理；

（3）传达产品召回命令，并总体负责产品召回的整个过程；

（4）针对产品召回组织制定纠正措施，并对执行效果组织评审。

4）仓库负责原辅材料、产品数量的统计及产品流向的追踪和查询，按照品控部的处理意见处理召回产品。

5）生产部负责生产过程产品追溯记录的收集，完成相关纠正措施。

6）物流部负责组织车辆将应回收产品召回。

4. 定义

1）召回。是指食品生产者按照规定程序，对由其生产原因造成的某一批次或类别的不安全食品，通过换货、退货、补充或修正消费说明等方式及时消除或减少食品安全危害的活动。

2）不安全食品。是指有证据证明对人体健康已经或可能造成危害的食品，包括：

● 已经诱发食品污染、食源性疾病或对人体健康造成危害甚至死亡的食品；

● 可能引发食品污染、食源性疾病或对人体健康造成危害的食品；

● 含有对特定人群可能引发健康危害的成分而在食品标签和说明书上未予以标识，或标识不全、不明确的食品；

● 有关法律、法规规定的其他不安全食品。

5. 控制程序

1）调查和评估

（1）调查

①当品控部接到以下反馈的产品不合格后，应记录不合格品相关信息（包括产品名称、生产日期及批号等），并进行不合格品的调查。

- 公司内部发现；
- 上游供应商反馈；
- 客户、消费者发现；
- 政府机构/媒体。

②调查主要包括以下内容，3h内完成：

- 是否符合食品安全法律、法规或标准的安全要求；
- 是否含有非食品用原辅料、添加非食品用化学物质或者将非食品当作食品；
- 食品的主要消费人群的构成及比例；
- 不合格品生产数量、生产日期及批次、出货记录、产品的出货方向；
- 使用的所有原辅料、包材信息，包括名称、生产日期及批号、供应商、数量等信息；
- 不合格品的生产过程的追溯记录信息。

（2）评估

①将调查内容提交给召回小组进行评估，确认是否需要进行召回：

- 不需召回，依照《顾客投诉处理控制程序》执行；
- 需要召回，则判定召回级别。

②食品安全危害评估主要内容包括：

- 该食品引发的食品污染、食源性疾病或对人体健康造成的危害，或引发上述危害的可能性；
- 不安全食品对主要消费人群的危害影响；
- 危害的严重和紧急程度；
- 危害发生的短期和长期后果。

③根据食品安全危害的严重程度，确定召回级别：

- 一级召回：已经或可能诱发食品污染、食源性疾病等对人体健康造成严重危害甚至死亡的，或者流通范围广、社会影响大的不安全食品的召回；
- 二级召回：已经或可能引发食品污染、食源性疾病等对人体健康造成危害，危害程度一般或流通范围较小、社会影响较小的不安全食品的召回；
- 三级召回：已经或可能引发食品污染、食源性疾病等对人体健康造成危害，危害程度轻微的，或者含有对特定人群可能引发健康危害的成分而在食品标签和说明书上未予以标识，或标识不全、不明确的食品的召回。

2）召回实施

（1）主动召回

①确认食品属于应当召回的不安全食品的，应当立即停止生产和销售不安全食品。

②自确认食品属于应当召回的不安全食品之日起，一级召回应当在1日内，二级召回应当在2日内，三级召回应当在3日内，通知消费者停止消费，并通知有关配送中心、客户停止销售及召回产品信息，并要求其提供扣留产品的数量和相关位置信息，必要时进行进一步的检测。

③食品安全小组组长向社会发布食品召回有关信息，应当按照有关法律法规和国家质检总局有关规定，向当地及以上质监部门报告。信息公布内容包括：

- 产品描述，包括名称及尽可能多的标识，如生产批次代码、分销商或销售日期；
- 危害描述；
- 被召回产品的区域分布：按销售地点、城市、州，如果是出口的按出口国别列明批发商或零售商的名称和地址；
- 消费者辨别产品的方法，应采取的措施；
- 与召回有关的数量（被召回的食品当初在公司的拥有数量，在召回时产品的数量分布情况，被召回产品在公司的剩余量）；
- 公司所采取的措施。

④自确认食品属于应当召回的不安全食品之日起，一级召回应在 3 日内，二级召回应在 5 日内，三级召回应在 7 日内，应通过所在地的质监部门向省级质监部门提交食品召回计划。提交的食品召回计划主要内容包括：

- 停止生产不安全食品的情况；
- 通知销售者停止销售不安全食品的情况；
- 通知消费者停止消费不安全食品的情况；
- 食品安全危害的种类、产生的原因、可能受影响的人群、严重和紧急程度；
- 召回措施的内容，包括实施组织、联系方式以及召回的具体措施、范围和时限等；
- 召回的预期效果；

召回食品后的处理措施。

⑤自召回实施之日起，一级召回每 3 日，二级召回每 7 日，三级召回每 15 日，通过所在地的市级质监部门向省级质监部门提交食品召回阶段性进展报告。对召回计划有变更的，应当在食品召回阶段性进展报告中说明。

⑥依据实际情况，公司管理层启动危机管理计划。

（2）责令召回

①经确认有下列情况之一的，由质监局通知需要召回的不安全食品：

- 食品生产者故意隐瞒食品安全危害，或者食品生产者应当主动召回而不采取召回行动的；
- 由于食品生产者的过错造成食品安全危害扩大或再度发生的；
- 国家监督抽查中发现食品生产者生产的食品存在安全隐患，可能对人体健康和生命安全造成损害的。

②在接到责令召回通知书后，应当立即停止生产和销售不安全食品。

③应当在接到责令召回通知书后，按照本程序"（1）主动召回"规定发出通知、制定食品召回计划、食品召回计划通过所在地的省级市场监管部门报国家市场监督管理总局核准后立即实施召回、提交食品召回阶段性进展报告。

3）召回产品的处置

（1）物流部安排车队将产品送回本公司时，首先通知品控部当场查看，在品控部的监督下，将产品封存，并由 QC 贴示"封存"标识，存放在相应库房的不合格品区域内，未经公司及品控部的同意不可出库放行。

（2）品控部召集生产、仓库等相关人员对召回产品进行分析，如有需要，安排产品的微生物和理化检查。

（3）根据分析结果，由质量经理、总经理做出最后处理意见，确保符合法规要求。

（4）品控部负责对召回产品处置的验证。

4）召回终止

（1）品控部应当保存召回记录，主要内容包括食品召回的批次、数量、比例、原因、结果等。

（2）食品安全小组组长组织召回小组总结评估事故原因，进行纠偏，防止再次发生，品控部负责纠正措施的跟进验证。

（3）应当在食品召回时限期满 15 日内，向所在地的食品主管部门提交召回总结报告。

（4）应当及时对不安全食品进行无害化处理，具体参见《废弃物处理控制程序》。

（5）对召回食品的后处理应当有详细的记录，并向所在地的食品主管部门报告，接受监督。

5）召回补充规定

在召回过程中，若涉及违反国家法律法规内容的，需向相关管理部门汇报，具体如下：

（1）涉及国家级安全问题，例如类似肉类产品中疫病事件等或在产品中发现流行性的严重病毒，例如戊型肝炎，危害性大，流行性广，需向地方卫生防疫部门和食品主管部门汇报，并得到他们的监督；

（2）发现有人蓄意破坏，需向地方公安部门汇报；

（3）如果产品涉及出口，需向地方商检汇报；

（4）其他特殊情况，根据当时情况具体分析针对办理。

6）模拟召回

（1）模拟召回时间

应依照法律法规及客户的要求，定期实施模拟召回，具体见表6-15。

表6-15　模拟召回频率要求

客户	频率
出口产品	每年至少 2 次
其他产品	每年至少 1 次

（2）模拟召回内容

每年至少进行一次任一产品的全项目产品召回演习（包括从一种产品追溯到使用的所有物料，及其从这些物料追溯到其生产的所有产品），对于国外客户还需要参加一次由其发起的模拟召回，以检查召回系统的反应快速性、报警系统的运转情况、产品可追踪性等。

（3）模拟召回实施

①品控部根据召回计划提出召回申请在得到质量经理批准后将产品召回通知书发给召回小组相关人员，并组织实施。

②模拟召回试验时间应选在正常工作时间之外进行。

③模拟召回覆盖从原料接收到第一级不受内部控制的外部客户。

④品控部通过紧急联络单通知相关部门人员进行模拟召回并记录开始直至总结完成时间。

⑤模拟召回必须在 3h 内完成追踪原材料、配料、直接接触物料的包材、成品直至第一个外部客户。

⑥模拟召回不要求产品的真正回收，并注意避免误解的发生。

（4）模拟召回的总结

①可追溯性：原辅材料在该产品的使用情况，或同一批材料在不同批产品中使用情况；

②召回效率，应包括召回产品的数量，涉及产品的计算方式和数量；

③模拟召回开始和结束的时间；

④对召回过程中所涉及产品的记录的评价；

⑤召回小组的总结；

⑥联系人员名单及联络情况，职责明确程度；

⑦对出现的问题进行调查分析并制定改进措施，小组成员根据计划进行改进。

⑧产品模拟召回有效性确认：模拟召回是否在规定时间内完成，召回产品比例 100%；

⑨对于模拟召回失败的部分，整改后应在 30 天内进行另一次模拟召回。

6. 相关文件和记录

1）顾客投诉处理控制程序；

2）产品追溯控制程序；

3）废弃物处理控制程序；

4）模拟召回记录；

5）产品召回/撤回小组，见表 6-16；

6）召回/撤回联络人清单，见表 6-17 至表 6-19。

表 6-16 召回（撤回）小组成员清单

序号	姓名	所在部门	职责
1		总经理（组长/总协调人）	负责撤回计划的全面工作，负责撤回计划的制订与实施，产品的化验分析，撤回产品危害分析及撤回分析
2		品控部	参与撤回产品危害分析及撤回分析
3		办公室	负责投诉的处理，参与撤回计划的实施
4		物流部	负责记录的保存，负责产品发货记录，参与撤回计划的实施
5		财务部	负责投诉中财务情况的处理

表 6-17　外部客户紧急联系人清单

序号	客户名称	紧急联系人	联系方式

表 6-18　内部联系人清单

序号	部门/职位	紧急联系人	联系方式

表 6-19　官方联系人清单

序号	机构	部门/职位	紧急联系人	联系方式
1	公安局			
2	食药局			
3	农业局			
4	质量监督局			
5	工商局			
6	卫计委			

第七章 ▶▶▶
速冻蔬菜食品安全计划

在速冻蔬菜方面，我们以生产速冻菠菜的企业为例，看看在美国 117 法规的框架要求下如何编写食品安全计划。

一、终产品描述（表7-1）

表 7-1　速冻蔬菜产品描述

产品名称		速冻菠菜
产品描述，包括重要的食品安全特性	化学	无违禁农药，农残未超标
	生物	菌落总数，大肠菌群，大肠杆菌，金黄色葡萄球菌，沙门氏菌未超标
	物理	无异物，无金属。具有菠菜特有的色泽、质地与口味
所使用的包装		内包装为塑料袋，外包装为纸箱
预期用途		加热后食用或用作深加工原料
预期消费者		一般消费者
货架期		−18℃ 及以下条件下贮存 24 个月
标签说明		标签采用英文或日文，说明产品名称、生产国、重量、产品追踪号、赏味期限等内容；标识清晰、准确
储存和配送		−18℃ 及以下条件下贮存，以集装箱形式运送至目的港
批准人：签字：打印名：		日期：　　　　年　　月　　日

二、原辅料特性描述及与产品接触材料描述

内容包含：物理特性、化学特性、微生物特性、过敏原性、生产方法、包装与交付方式、贮藏条件和保质期、使用或生产前的预处理、产地等。

1. 原辅料特性描述（表7-2）

表 7-2　菠菜特性描述

原料名称		大叶菠菜
特性	化学	无违禁农药，农残未超标
	生物	
	物理	新鲜，棵型完整
产地		公司基地，基地在海关机构备案

（续）

原料名称	大叶菠菜
生产方式	基地种植
包装和交付方式	公司干净的运输车辆装运，边收获边装运
贮存条件	贮存于通风阴冷原料暂存间
保质期	2 天
使用前处理	不进行任何处理
接受准则或规范	按《菠菜原料验收标准》接受

2. 产品接触材料描述（表 7-3）

表 7-3　产品接触材料描述

包装材料名称		塑料内袋	彩袋	纸箱
特性	化学	聚乙烯	聚乙烯	瓦楞纸板
	生物	菌落总数，大肠菌群，金黄色葡萄球菌符合标准要求	菌落总数，大肠菌群，金黄色葡萄球菌符合标准要求	—
	物理	①无异物、毛刺 ②完好、无破损	①无异物、毛刺 ②完好、无破损	①无异物、毛刺 ②完好、无破损
产地		青岛×××包装有限公司	青岛×××包装有限公司	青岛×××包装有限公司
生产方式		吹塑	吹塑	碾压
贮存方式		贮存于干燥通风、清洁卫生的物料库内，内包装物料加以覆盖		
包装和交付方式		供应商使用厢式货车运抵工厂包装物料库		
接收准则或规范		《包装物料安全质量控制作业指导书》		
使用前的处理		臭氧消毒		

三、产品生产工艺流程图及工艺描述

速冻菠菜加工工艺流程图（图 7-1）

四、危害分析（表 7-4）

名称：青岛×××食品有限公司　　　　　地址：中国青岛胶州市×××路

产品名称：速冻菠菜

销售和贮存方法：在冷冻情况下贮存销售

预期用途和消费者：出口，供一般消费者加热后食用或用作深加工原料。

CCP1 ————
原料验收　　1.原料接收　　　　　　　17.加工用水灌盒　　　　3.包装物
　　　　　　　　↓　　　　　　　　　　　　↓　　　　　　　　　↓
　　　　　　　2.原料搬入 ——→ ※　　18.速　冻　　　　　4.包装物料
　　　　　　　　↓　　　　　　　　　　　　↓
　　　　　　　5.挑选整理 ——→ ※　　19.脱　盘
　　　　　　　　↓　　　　　　　　　　　　↓
　　　　　　　6.去　根 ——→ ※　　　20.冷　藏
　　　　　　　　↓
　　　　　　　7.异物去除 ——→ ※
　　　　　　　　↓
　　　　　　　8.毛辊清洗 ——→ #
　　　　　　　　↓
　　　　　　　9.水　洗 ——→ #
　　　　　　　　↓
　　　　　　　10.双效清洗 ——→ #
　　　　　　　　↓
　　　　　　　11.毛发去除 ——→ #
　　　　　　　　↓
　　　　　　　12.毛辊清洗 ——→ #
　　　　　　　　↓
　　　　　　　13.切　段 ——→ ※
　　　　　　　　↓
　　　　　　　14.挑　选 ——→ ※
　　　　　　　　↓
　　　　　　　15.水　洗 ——→ #
　　　　　　　　↓
CCP2 ———→16.漂　烫 ——→ #
　　　　　　　　↓
　　　　　　　21.冷　却 ——→ #
　　　　　　　　↓
　　　　　　　22.磁　石
　　　　　　　　↓
　　　　　　　23.脱　水 ——→ #
　　　　　　　　↓　　　　IQF
※ 不合格品 ←—— 24.挑　选 ——→ 26.速　冻
　　　　　　　　↓ BQF　　　　　　↓
　　　　　　　25.摆　盘　　　　27.挑　选
　　　　　　　　↓　　　　　　　　　↓
　　　　　　　26.速　冻　　　　28.磁　石 →④
　　　　　　　　↓　　　　　　　③↓
　②←— 30.镀冰衣 ←—— 29.称　重
　　　　　　　　↓ ①
　②←— 31.装　袋 ←——
　　　　　　　　↓ ②
CCP3 —→32.金属探测 ←——
　　　　　　　　↓
　　　　　　　33.磁　石（只针对④）
　　　　　　　　↓
　　—→34.X 光机检查
　　　　　　　　↓
　　　　　　　35.称　重 ----→ 成品检验 ----→ 不合格品 ----→ 次品
　　　　　　　　↓
　　　　　　　36.包　装
　　　　　　　　↓
　　　　　　　37.冷　藏
　　　　　　　　↓

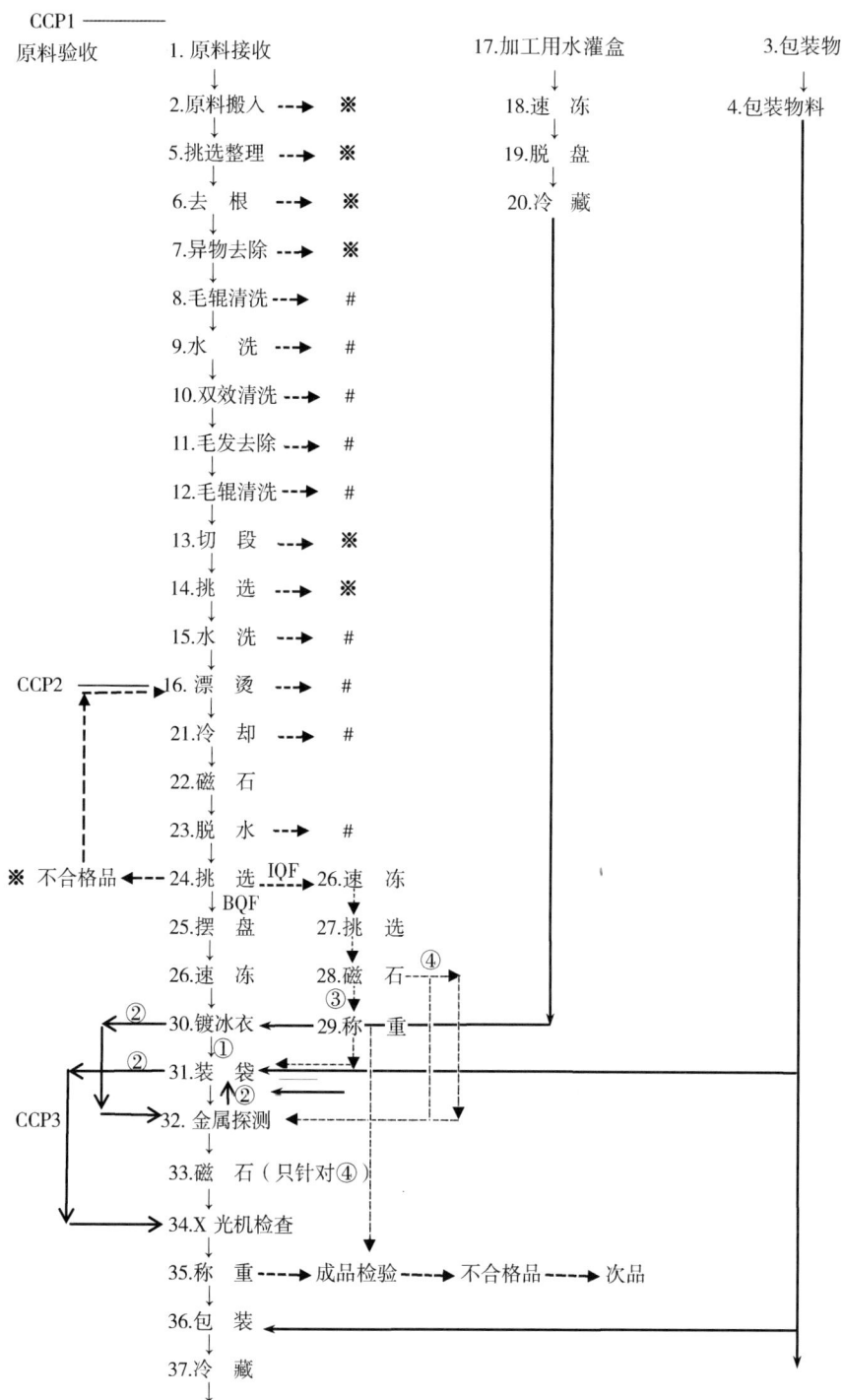

图 7-1　工艺流程图

注：※为下脚料产生；#为废水的产生；①②为 BQF 的包装形式；③④为 IQF 的包装形式。

表 7-4　危害分析工作单

(1) 组成/加工步骤	(2) 确认本步骤引入、受控的或增加的潜在危害	(3) 潜在食品安全危害的显著性 (是/否)	(4) 严重性	(5) 可能性	(6) 对第(3)栏的判断提出什么依据	(7) 对显著的危害能否提供什么预防措施?	(8) 是否关键控制点? (是/否)
1. 原料接收	生物的(B): 致病菌污染	是	H	H	原料来自农田,可能受致病菌的污染	后面清洗、漂烫工序可以减少或杀死致病菌至可接受水平	否
	化学的(C): ①农药残留; ②重金属污染	是 否	H H	H L	蔬菜种植中有可能使用农药导致残留; 对基地土壤、水做了重金属检测,结果表明重金属不超标,符合要求	原料来自于公司基地,对农药使用进行控制。原料收购前进行农残检测表明收购原料农残未超标	是
	物理的(P): 金属碎片	是	H	H	原料可能夹带有金属,对消费者健康造成危害	金属探测工序可消除	否
2. 原料搬入	生物的(B): 致病菌污染	是	H	H	原料在搬入过程可能受致病菌的污染	后面清洗、漂烫工序可以减少或杀死致病菌至可接受水平	否
	化学的(C): 无						
	物理的(P): 无						
3. 包装物料验收	生物的(B): 致病菌污染	否	H	L	OPRP 控制		
	化学的(C): 化学物质污染	否	H	L	包装物料来源于合格供应商,有外部委托检测报告证明不存在化学物质污染		
	物理的(P): 无						
4. 包装物料贮存	生物的(B): ①致病菌生长; ②致病菌污染	否 否	H H	L L	①包装物料库每日定时臭氧消毒,不可能发生; ②OPRP 控制		
	化学的(C): 无						
	物理的(P): 无						

（续）

（1） 组成/加工步骤	（2） 确认本步骤引入、受控的或增加的潜在危害	（3） 潜在食品安全危害的显著性 （是/否）	（4） 严重性	（5） 可能性	（6） 对第（3）栏的判断提出依据	（7） 对显著的危害能否提供什么预防措施？	（8） 是否关键控制点？ （是/否）
5. 挑选整理	生物的（B）： ①致病菌生长； ②致病菌污染	否 否	H H	L L	①加工时间短，不可能发生； ②OPRP 控制		
	化学的（C）： 无						
	物理的（P）： 无						
6. 去根	生物的（B）： ①致病菌生长； ②致病菌污染	否 否	H H	L L	①加工时间短，不可能发生； ②OPRP 控制		
	化学的（C）： 无						
	物理的（P）： 金属碎片	是	H	H	刀具破损混入金属碎片	金属探测工序可消除	否
7. 异物去除	生物的（B）： ①致病菌生长； ②致病菌污染	否 否	H H	L L	①加工时间短，不可能发生； ②OPRP 控制		
	化学的（C）： 无						
	物理的（P）： 无						
8. 毛辊清洗	生物的（B）： ①致病菌生长； ②致病菌污染	否 否	H L	L L	①加工时间短，不可能发生； ②OPRP 控制		
	化学的（C）： 无						
	物理的（P）： 无						
9. 水洗	生物的（B）： ①致病菌生长； ②致病菌污染	否 否	H L	L L	①加工时间短，不可能发生； ②OPRP 控制		
	化学的（C）： 无						

（续）

（1） 组成/加工 步骤	（2） 确认本步骤 引入、受控 的或增加的 潜在危害	（3） 潜在食品 安全危害 的显著性 （是/否）	（4） 严重 性	（5） 可能 性	（6） 对第（3）栏的判断提出 依据	（7） 对显著的危害能否提 供什么预防措施?	（8） 是否关键 控制点? （是/否）
9. 水洗	物理的（P）: 无						
10. 双效清洗	生物的（B）: ①致病菌生长; ②致病菌污染	否 否	H L	L L	①加工时间短，不可能 发生; ②OPRP 控制		
	化学的（C）: 无						
	物理的（P）: 无						
11. 毛发去除	生物的（B）: ①致病菌生长; ②致病菌污染	否 否	H L	L L	①加工时间短，不可能 发生; ②OPRP 控制		
	化学的（C）: 无						
	物理的（P）: 无						
12. 毛辊清洗	生物的（B）: ①致病菌生长; ②致病菌污染	否 否	H L	L L	①加工时间短，不可能 发生; ②OPRP 控制		
	化学的（C）: 无						
	物理的（P）: 无						
13. 切段	生物的（B）: ①致病菌生长; ②致病菌污染	否 否	H H	L L	①加工时间短，不可能 发生 ②OPRP 控制		
	化学的（C）: 无						
	物理的（P）: 金属碎片	是	H	H	刀具破损混入金属碎片	金属探测工序可消除	否

（续）

（1）组成/加工步骤	（2）确认本步骤引入、受控的或增加的潜在危害	（3）潜在食品安全危害的显著性（是/否）	（4）严重性	（5）可能性	（6）对第（3）栏的判断提出依据	（7）对显著的危害能否提供什么预防措施？	（8）是否关键控制点？（是/否）
14. 挑选	生物的（B）：①致病菌生长；②致病菌污染	否 否	H H	L L	①加工时间短，不可能发生；②OPRP控制		
	化学的（C）：无						
	物理的（P）：无						
15. 水洗	生物的（B）：①致病菌生长；②致病菌污染	否 否	H H	L L	①加工时间短，不可能发生②OPRP控制		
	化学的（C）：无						
	物理的（P）：无						
16. 漂烫	生物的（B）：①致病菌生长；②致病菌污染	是 否	H H	H L	①漂烫时间和温度不适当，达不到预期杀菌效果；②OPRP控制	适当的时间和温度控制	是
	化学的（C）：无						
	物理的（P）：无						
17. 加工用水装盒	生物的（B）：①致病菌生长；②致病菌污染	否 否	H H	L L	①使用加工用水制冰，不可能发生；②OPRP控制		
	化学的（C）：无						
	物理的（P）：无						
18. 速冻	生物的（B）：致病菌污染	否	H	L	OPRP控制		
	化学的（C）：无						

（续）

（1） 组成/加工步骤	（2） 确认本步骤引入、受控的或增加的潜在危害	（3） 潜在食品安全危害的显著性（是/否）	（4） 严重性	（5） 可能性	（6） 对第（3）栏的判断提出依据	（7） 对显著的危害能否提供什么预防措施？	（8） 是否关键控制点？（是/否）
18. 速冻	物理的（P）： 无						
19. 脱盘	生物的（B）： 致病菌污染	否	H	L	OPRP 控制		
	化学的（C）： 无						
	物理的（P）： 无						
20. 冷藏	生物的（B）： 致病菌污染	否	H	L	OPRP 控制		
	化学的（C）： 无						
	物理的（P）： 无						
21. 冷却	生物的（B）： ①致病菌生长； ②致病菌污染	否 否	H H	L L	①加工时间短，不可能发生； ②OPRP 控制		
	化学的（C）： 无						
	物理的（P）： 无						
22. 磁石	生物的（B）： ①致病菌生长； ②致病菌污染	否 否	H H	L L	①加工时间短，不可能发生； ②OPRP 控制		
	化学的（C）： 无						
	物理的（P）： 无						
23. 脱水	生物的（B）： ①致病菌生长； ②致病菌污染	否 否	H H	L L	①加工时间短，不可能发生； ②OPRP 控制		
	化学的（C）： 无						

（续）

（1）组成/加工步骤	（2）确认本步骤引入、受控的或增加的潜在危害	（3）潜在食品安全危害的显著性（是/否）	（4）严重性	（5）可能性	（6）对第（3）栏的判断提出依据	（7）对显著的危害能否提供什么预防措施？	（8）是否关键控制点？（是/否）
23. 脱水	物理的（P）：金属碎片	是	H	H	脱水机可能脱落金属，混入产品中	金属探测工序可消除	否
24. 挑选	生物的（B）：①致病菌生长；②致病菌污染	否否	HH	LL	①加工时间短，不可能发生；②OPRP控制		
	化学的（C）：无						
	物理的（P）：无						
25. 摆盘	生物的（B）：①致病菌生长；②致病菌污染	否否	HH	LL	①加工时间短，不可能发生；②OPRP控制		
	化学的（C）：无						
	物理的（P）：金属碎片	是	H	H	脱落的金属碎片，混入产品中	金属探测工序可消除	否
26. 速冻	生物的（B）：①致病菌生长；②致病菌污染	否否	HH	LL	①加工时间短，产品温度低，不可能发生；②OPRP控制		
	化学的（C）：无						
	物理的（P）：金属碎片	是	H	H	易脱落金属碎片，混入产品中	金属探测工序可消除	否
27. 挑选	生物的（B）：①致病菌生长；②致病菌污染	否否	HH	LL	①加工时间短，产品温度低，不可能发生；②OPRP控制		
	化学的（C）：无						
	物理的（P）：无						

（续）

（1）组成/加工步骤	（2）确认本步骤引入、受控的或增加的潜在危害	（3）潜在食品安全危害的显著性（是/否）	（4）严重性	（5）可能性	（6）对第（3）栏的判断提出依据	（7）对显著的危害能否提供什么预防措施？	（8）是否关键控制点？（是/否）
28. 磁石	生物的（B）：①致病菌生长；②致病菌污染	否 否	H H	L L	①加工时间短，不可能发生；②OPRP控制		
	化学的（C）：无						
	物理的（P）：无						
29. 称重	生物的（B）：①致病菌生长；②致病菌污染	否 否	H H	L L	①加工时间短，产品温度低，不可能发生；②OPRP控制		
	化学的（C）：无						
	物理的（P）：无						
30. 镀冰衣	生物的（B）：①致病菌生长；②致病菌污染	否 否	H H	L L	①加工时间短，产品温度低，不可能发生；②OPRP控制		
	化学的（C）：无						
	物理的（P）：无						
31. 装袋	生物的（B）：①致病菌生长；②致病菌污染	否 否	H H	L L	①加工时间短，不可能发生；②OPRP控制		
	化学的（C）：无						
	物理的（P）：无						
32. 金属探测	生物的（B）：①致病菌生长；②致病菌污染	否 否	H H	L L	①加工时间短，产品温度低，不可能发生；②OPRP控制		
	化学的（C）：无						

（续）

（1） 组成/加工 步骤	（2） 确认本步骤 引入、受控 的或增加的 潜在危害	（3） 潜在食品 安全危害 的显著性 （是/否）	（4） 严重 性	（5） 可能 性	（6） 对第（3）栏的判断提出 依据	（7） 对显著的危害能否提 供什么预防措施？	（8） 是否关键 控制点？ （是/否）
32. 金属探测	物理的（P）： 金属碎片	是	H	H	原料及前工序混入的金属	全部产品通过金属探 测器	是
33. 磁石	生物的（B）： ①致病菌生长； ②致病菌污染	否 否	H H	L L	①加工时间短，不可能 发生； ②OPRP控制		
	化学的（C）： 无						
	物理的（P）： 无						
34. X光机 检查	生物的（B）： ①致病菌生长； ②致病菌污染	否 否	H H	L L	①加工时间短，不可能 发生； ②OPRP控制		
	化学的（C）： 润滑油	否	L	L	OPRP控制		
	物理的（P）： 异物	是	H	L	对前工序混入异物的OPRP 控制进行验证；有作业指 导书控制		
35. 称重	生物的（B）： ①致病菌生长； ②致病菌污染	否 否	H H	L L	①加工时间短，不可能 发生； ②OPRP控制		
	化学的（C）： 无						
	物理的（P）： 无						
36. 包装	生物的（B）： ①致病菌生长； ②致病菌污染	否 否	H H	L L	①加工时间短，产品温度 低，不可能发生； ②OPRP控制		
	化学的（C）： 无						
	物理的（P）： 无						

（续）

（1）组成/加工步骤	（2）确认本步骤引入、受控的或增加的潜在危害	（3）潜在食品安全危害的显著性（是/否）	（4）严重性	（5）可能性	（6）对第（3）栏的判断提出依据	（7）对显著的危害能否提供什么预防措施？	（8）是否关键控制点？（是/否）
37. 冷藏	生物的（B）：致病菌生长	否	H	L	产品温度低，不可能发生		
	化学的（C）：无						
	物理的（P）：无						
38. 装运	生物的（B）：致病菌生长	否	H	L	产品温度低，不可能发生		
	化学的（C）：无						
	物理的（P）：无						
39. 发货	生物的（B）：①致病菌生长；②致病菌污染	否 否	H H	L L	①产品温度低，装箱时间短，不可能发生；②OPRP 控制		
	化学的（C）：无						
	物理的（P）：无						

五、需要采取的预防性控制措施

1. 过程预防性控制措施（表 7-5）

名称：青岛×××食品有限公司　　　　地址：中国青岛胶州市×××路

产品名称：速冻菠菜

销售和贮存方法：在冷冻情况下贮存销售

预期用途和消费者：出口，供一般消费者加热后食用或用作深加工原料。

表 7-5 过程预防性控制措施

关键控制点 CCP	显著危害	对每种预防措施的关键限值	监控				纠偏行动	验证	记录
			A 对象	B 方法	C 频率	D 监控人			
原料接收 CCP1	农药残留	原料收购记录表表明原料来自公司基地，原料农残检测报告表明收购原料农残未超标	原料收购记录、原料农残检测报告单	查看	每批	接收人	海关备案基地外的原料及农残检测超标的原料拒收	1. 复查记录（复查时间不超过一周）；2. 柜成品进行农残检测	原料接收监控记录、原料收购记录、原料农残检测报告单、纠偏措施报告
漂烫 CCP2	致病菌残留	漂烫温度≥94℃ 漂烫时间≥30s	漂烫水温 漂烫时间	低温报警 转速	连续监控 每40min一次人工检查漂烫水温、漂烫时间并记录	低温报警器 漂烫工序加工人员 质检员	停止生产，偏离 CL 值的产品隔离处理，查找偏离原因，并进行调整	1. 作业开始前及作业结束后，每班2次校准低温报警器。2. 业开始前及作业结束后，每班2次用秒表校准网带及搅拌机的转速。3. 每40min一次用标记物对漂烫时间进行验证。4. 复查记录（复查时间不超过一周）	漂烫监控记录、温度计校准记录、秒表、低温报警器校准记录、纠偏措施报告

（续）

关键控制点 CCP	显著危害	对每种预防措施的关键限值	监控 A 对象	监控 B 方法	监控 C 频率	监控 D 监控人	纠偏行动	验证	记录
金属探测 CCP3	金属碎片	所有产品均通过金属探测器	有金属探测器可操作	感官检查	每日，操作开始时	操作人员（接受培训者）	转移从最后一次确认设备合格后所生产的所有产品，至产品被金属探测器检测。	1. 金属探测器适当的工序的位置； 2. 以经验或设备制造商的基准为基础，设置金属探测器的灵敏度为：Fe Ø ≤ 1.2mm, Sus Ø ≤ 2.5mm, Non-Fe Ø≤3.0mm	金属探测监控记录、纠偏措施报告
		产品通过金属探测器无可探测到的金属碎片	存在金属杂质的产品	金属探测	连续监控	金属探测器设备本身	经测试合格且可用的金属探测工序进行检测。当产品被金属探测器拒绝后：重新加工被拒绝的产品以消除金属碎片（使产品至少重新通过金属探测器三次，若全部通过，则记录该情况并放行该产品，否则破坏被拒绝产品查找金属碎片	A) 使用金属探测试片校准金属探测器的灵敏度。 (i) 每日生产开始前及生产结束时； (ii) 工间每小时； (iii) 加工因素发生变化时； B) 每周对监控记录进行复查	

2. 过敏原预防控制措施（表7-6）

名称：青岛×××食品有限公司 　　　　地址：中国青岛胶州市×××路

产品名称：速冻菠菜

销售和贮存方法：在冷冻情况下贮存销售

预期用途和消费者：出口，供一般消费者加热后食用或用作深加工原料。

过敏原：由于速冻蔬菜生产加工过程未添加任何辅料及添加剂，不存在过敏原的情况，但建议企业在编制其他速冻蔬菜的食品安全计划时参照下面的模板制定过敏原控制程序。

表7-6　过敏原预防控制措施

产品名称：							发布时间：		
工厂名称及地址：							更新时间：		
过敏原控制	危害	标准	监控				纠偏措施	验证	记录
			内容	方式	频率	主体			

1）目的

通过制定过敏原控制程序，防止在原辅料及产品储存、生产过程产生过敏原交叉污染。

2）范围

适用于公司产品及其所有原辅料在储存、生产整个过程的过敏原的控制。

3）定义

过敏原是指诱发过敏反应的抗原物质。实际上，过敏原就是某些特定的蛋白物质，会造成过敏反应。过敏反应包括呼吸系统、肠胃系统、中枢神经系统、皮肤、肌肉和骨骼等不同形式的临床症状，有时可能产生过敏性休克。

4）职责

品控部根据辅料管理程序对原辅料进行过敏原调查，识别过敏原种类，并在产品包装标识上进行声明。储运部根据品控部的识别，将含有不同过敏原的原辅料分开存放，并进行标识。生产部严格防止生产过程中的过敏原交叉污染。

5）引用标准

（1）GB/T 23779—2009《预包装食品中的致敏原成分》；

（2）美国《食品过敏原标识及消费者保护法案》。

6）程序

（1）确定过敏原种类

参照 GB/T 23779—2009《预包装食品中的致敏原成分》以及美国《食品过敏原标识及消费者保护法案》，需识别过敏原种类为以下 8 类：含有麸质的谷类及其制品；甲壳类及其制品；鱼类及鱼类制品；蛋类及蛋类制品；花生及其制品；大豆及其制品；乳及其制品（包括乳糖）；坚果及其制品。

（2）过敏原识别

除非有功能需求时，产品设计时应尽量不使用含过敏原的辅料。研发中心在新产品研发时，要求辅料供应商填写原辅料调查表。在与工厂进行新产品交接时，将调查表转给工厂品控部。品控部根据原辅料调查表填写食品安全风险评估表，并将每种辅料及成品涉及的过敏原信息通知仓库、物流部和生产部。

产品的原料、辅料及内包装材料供应商需要在产品标准或其他协议资料中声明所含过敏原状态，如更换了供应商或供应商变更了配方等任何可能影响过敏原的情况，都需要立即重新提供资料，本公司重新进行风险评估。

品控部根据产品中辅料的原辅料调查表在食品安全计划中确定最终产品所含有的过敏原种类。每次产品食品安全计划评审或产品有重大变化时，需重新进行过敏原评估。

（3）含过敏原的辅料存放

仓库将含过敏原辅料与不含过敏原辅料单独分区存放；含有相同过敏原的辅料存放在一起；对含不同过敏原种类的辅料相对独立的存放；同一货架只能存放含有一类过敏原的辅料；若有两种不同的辅料，则有过敏原的要存放在下层，上层为非过敏原的辅料，或者下层所含过敏原种类必须涵盖上层所含种类。上述分隔应采用指示牌/分隔带等显著标识来体现分隔。

辅料到货后，仓库根据原料到货计划，在含有过敏原的原辅料标识上的备注上增加过敏原内容，并按照要求码放到位。储运部在安排生产时，如同一条生产线需要生产不同的产品，则应做到生产含有相同过敏原的产品，或者是先生产不含过敏原的产品，再生产含有过敏原的产品，以防止交叉污染。

为防止交叉污染，如有不同生产线同时生产，生产部应控制不同生产线之间的工器具不得混用（特别注意原料称量与配料操作不可交叉污染）。在不得已情况下，同时操作两条线的操作工人或维修工，应进行彻底的洗手。维修工具使用后也需要进行清洁。不同过敏原的生产线需要分开使用不同的垃圾桶。产品换产时按照换产程序操作，在含不同过敏原的产品转换生产时，应按清洗SOP进行彻底清洗消毒后才能转换产品。

（4）生产过程中的过敏原控制

生产过程中产出的返工品需要明确标识过敏原信息，并相对独立存放，且含过敏原的返工品只能添加到含相同过敏原的产品中。

产品按国家法规和客户要求进行标识。所有产品的标识必须先经过技术部和质检部的共同确认后才可投入印刷使用。

对工作职责涉及过敏原，以及所在区域有过敏原风险的员工必须对进行深入的过敏原培训，培训内容包括如何识别过敏原及其产品、当意外过敏原引入正常产品时采取什么步骤、理解过敏原控制措施，每年进行一次培训及评估考核，必要时可增加培训次数。

（5）纠偏

因加工不合理、清洁不彻底，或添加了含其他过敏原的返工品，造成任何疑似含有过敏原的产品，必须做好标识并封存。填写偏差，查找污染源，并采取措施防止再次发生。对封存产品进行风险评估后决定处理结果。当在产品中判定出存在原标签过敏原之外的过敏原时，必须对产品进行重新贴标签。

当原辅料的标签、标准或其他资料中发现有不同于供应商先前提供的过敏原时，该物料必须做好标识并封存。所涉及的成品也必须做好标识并封存。品控员每年两次对程序执行有效性进行检查，结合顾客投诉进行考察，根据需要进行持续改进。

（6）产品过敏原清单（表7-7、表7-8）

表7-7 产品过敏原清单

产品名称	客户	过敏原

表7-8 辅料过敏原信息

辅料名称	使用产品	供应商	过敏原

3. 卫生预防性控制措施

1）控制

（1）车间使用消毒剂的浓度（表7-9）

表7-9 车间使用消毒剂的浓度

消毒剂类型	消毒对象	浓度（mg/kg）	时间	方法
次氯酸钠	手	50~100	30s	浸泡
	工器具（筐具、案板、刀具等）	100~200	10s	浸泡
	案面	100~200	10s	浸泡/喷洒
	地面、墙壁、水靴垃圾筐等非食品接触面	300~500	10s	浸泡/喷洒
酒精	—	75%	—	喷洒
过氧乙酸	速冻库、单冻机、冷藏库	10mL/m^2	30min	熏蒸

（2）建立车间清洗消毒计划，对车间的设备、设施及工器具等的清洗消毒进行了详细的规定

①工器具（案板、刀具等）

程序：清水冲洗→100mg/kg的次氯酸钠溶液喷洒消毒→清水冲洗；

频率：班前、班后及班中每小时一次。

清洗过程中发现任何破损的案板时，清洗人员必须立即挑出并替换。

②工器具（筐具、小盘、塑料纸等）

程序：清水冲洗→100mg/kg的次氯酸钠溶液浸泡消毒→清水冲洗；

频率：班前、班后及班中每周转一次。

③工作案面

程序：清水冲洗→100mg/kg的次氯酸钠溶液泼洒消毒（或82℃以上热水泼洒）→清水冲洗；

频率：班前、班后及班中每小时一次。

④磅秤不锈钢盖面

程序：用清水冲洗净杂物→100mg/kg 的次氯酸钠溶液浸泡消毒→清水冲洗；

频率：班后。

程序：除净杂物→75%酒精喷洒；

频率：班前及班中每小时一次。

⑤垃圾筐

每班次结束后用清水冲洗净杂物→用 300~500mg/kg 的次氯酸钠溶液浸泡消毒→清水冲洗。

⑥墙壁的飞溅区（地面以上 1.2m）、地面

程序：用清水冲净杂物→用 300~500mg/kg 的次氯酸钠溶液泼洒消毒；

频率：每天生产结束后。

⑦空间的消毒

仓库及更衣室区域每日夜间开启臭氧机消毒 1h；车间内加工区每周末加工结束后，开启臭氧机消毒 2h。

⑧金属探测机

班前清水洗刷机器，然后用 75%酒精溶液消毒，班中每小一次 75%酒精消毒，班后清水洗刷机器。

⑨其他

参照具体的《清洗消毒作业指导书》执行。

（3）所有工器具被污染后立即进行清洁消毒

（4）消毒溶液至少每 4h 更换一次

2）班后设备及工器具的清洗、消毒

班后设备及工器具的清洗消毒步骤通常包括以下步骤：

（1）清扫：用刷子、扫帚等清除设备、工器具表面的食品颗粒和污物。

（2）预冲洗：用洁净的水冲洗被清洗器具的表面，除去清扫后遗留微小颗粒。

（3）清洁剂刷洗：用清洁剂刷洗，彻底去除设备、工器具等食品接触面上的污物。

（4）冲洗：用流动的洁净的水冲去食品接触面上的清洁剂和污物，要求冲洗干净，不残留清洁剂和污物，为消毒提供良好的表面。

（5）消毒：使用消毒剂去除或抑制潜在的致病菌，在加工开始前，需要用清水彻底冲洗，以去除残留的消毒剂；或者使用 82℃以上的热水消毒。

（6）清洗：消毒结束后，用洁净的水对被消毒对象进行清洗，以尽可能减少消毒剂的残留。

3）监测

（1）感官检查：质检员班前、班后及班中检查设备、工器具是否清洁卫生，有无残留物；检查工作服是否清洁卫生；检查有无卫生死角。

（2）化学检查：卫生班人员负责，用试纸检查消毒剂的浓度，频率为每班次使用前及

班中每小时一次；质检员检查消毒后的余氯残留浓度。

（3）表面微生物检查：化验室每周一次对车间设备、工器具、案面、操作人员手等进行涂抹检查试验；每季度一次对车间天棚、墙壁、地面采样进行微生物试验。

（4）空气落下菌检查：化验室每周一次对车间空气落下菌检查；每月一次对更衣室空气落下菌检查。

（5）内包装物料微生物检查：化验室对每批内包装物料采取表面样品进行微生物检查。

（6）清洗过程中发现任何破损的案板时，清洗人员必须立即挑出并替换。

4）纠正措施

（1）监控结果表明设备工器具等达不到要求的卫生标准，将停止其投入使用，并立即采取适当方法及时进行纠正，再清洁、消毒，直到达到要求为准。

（2）监控结果表明消毒剂的浓度不符合标准要求，则调整消毒剂的浓度至标准，对受影响的工器具进行重新消毒，或者加大冲洗力度，以免消毒残留。

（3）对于微生物不合格的进行连续监控，找出原因，必要时更改消毒方案，进行及时纠偏，以保证消毒效果。同时隔离受影响的产品，进行评估处理。

（4）加强员工的培训，增强员工的食品安全卫生质量意识。

5）记录

FS-CG001-02《车间每日清洗消毒记录》；

FS-CG001-06《配制次氯酸钠液执行记录》；

FS-CG001-07《使用次氯酸钠浓度检查记录》；

FS-CG001-03《每日卫生审查表》。

4. 供应链预防控制措施（表7-10）

表7-10　经批准的需要供应链控制的配料供应商

需要供应链控制的原辅料名称	经批准的供应商	需要供应链控制的危害	批准日期	纠正措施	验证方法	验证记录
大叶菠菜	×××基地	农药残留：蔬菜种植中有可能使用农药导致残留	××××—××—××	若产品来自非批准的供应商，库管员暂时保管并通知品控部和采购部。贴标签隔离存放。办理退货。查找原因并培训，杜绝再次发生	1. 供应商处获得的由合格审计员提供的第三方审计复印件。2. 第三方检测报告，每年一次。3. 现场供应商审核，尤其关注该供应商对其上游供应商的控制情况。每年一次	1. 审核报告 2. 检测报告

1）目的

对采购的过程及供方进行控制，确保所采购的产品符合要求。

2）范围

适用于本公司使用的所有生产用原辅材料及其他相关材料的采购过程的控制和管理。

3）职责

（1）采购部负责采购的实施和管理及组织对供应商的选择和评价。

（2）品控部、生产部、办公室、采购部负责对采购产品的验证并参与合格供方的评价。

（3）总经理负责采购申请的批准。

4）工作程序

（1）采购物资分类

①采购产品的分类：根据采购产品对本公司最终产品质量的影响，本公司将采购产品分为以下三类：

A类产品：大宗原料、辅料、包装材料、洗涤消毒检测用品、车间大型设备、监视和测量装置。

B类产品：零星原料、辅料、包装材料，如少量农贸产品。

C类产品：设备零配件、办公用品。

②技术部制定《原辅材料采购及验收标准》，对需采购的物资规定采购、验收的标准，其文件发放至采购部、品控部。

（2）采购申请与批准

①各个部门根据工作需要对所需物质编制《申购单》，由部门主管进行审核后交总经理批准；采购部也可根据库存情况、市场动态编制《申购单》，适当对常规产品进行储备，交总经理批准。

②各部门的《申购单》经总经理批准后，交采购部由采购员实施采购。

（3）供方评价和控制

对供方的控制程度应取决于采购其产品对随后本公司生产的最终产品质量的影响。

①对A类物资采购的供方均要进行评价；对B类物质、C类物质采购尽量从厂家直接购买，也可选择信誉好，正规的经销商，必要时列出其供方清单。

②对A类物资供方的初次评价由采购部按照《供方选择与评价准则》进行选择和评价，填写《供方档案登记及初次评价表》，评价合格的与供方签订《采购协议》，每年度对于A类物资中的大宗原料、辅料、包装材料、洗涤消毒检测用品、监视和测量装置的供应商由品控部、生产部和采购部按照《供方选择与评价准则》联合进行评价，填写《供方年度评价表》；对于A类物资中的大型设备供应商由生产部和采购部按照《供方选择与评价准则》联合进行评价，填写《供方年度评价表》。对评价合格的供方列入《合格供方名单》。

③对B类物资采购进厂时应由品控部原辅料验收员按《原辅材料采购及验收标准》进行检验，以此作为对供方的评价依据，如出现不合格品应对此供方给予警告或处罚，连续三次不合格则取消在此供方处进货。

④对C类物资进厂后设备零配件由生产部进行验收，办公用品由办公室进行验收，在使用过程中如发现不合格，应将信息反馈至采购部，采购人员在下次采购时应予以注意。

⑤对以上任何形式的评价结果及所产生的记录应予以保持。

5）采购信息

（1）各部门在《申购单》中要尽量详细地描述预采购产品的信息，包括产品名称、规格型号、数量、交货时间等，适当时包括供应商的人员资格方面的要求，质量管理体系方面的要求，产品、程序、过程和设备的批准要求。

（2）各部门主管和总经理在审批《申购单》的同时，确保所规定的采购要求的充分性和适宜性。

6）采购产品的验证

（1）为确保采购产品满足本公司生产产品的要求，应对采购回的原辅料进行验收，验收合格可根据实际情况在检验报告或其他报表中由检验员签字确认方可放行使用。

（2）对于在使用中发现产品的不合格或质量不达标，应由产品使用部门以《原辅料质量问题投诉单》的形式将相关信息及时通过采购部反馈到供方，必要时可保留证据，供方应对本公司提出的意见给予书面答复并采取适当的措施，对于因此而对本公司产生的损失应由供方负责赔偿，此项内容也可作为对供方再评审时的依据。

（3）对于不影响产品质量或在加工过程中将缺陷消除的不合格品，在进货检验时检验员可根据《供应商管理规定》进行价格上的折扣，让步接收使用，要有品控部责任人签字方可；对于影响产品质量的让步接收，因特殊情况（如缺货）而急需的物资，由采购部、品控部、生产部共同评审讨论，报总经理决定是否让步接收，要有总经理签字方可让步接收。

（4）本公司要到供方的现场进行验证时或当合同规定顾客要对供方产品进行验证时，本公司人员应对验证的安排和产品放行的方法做出规定，使验证得以实施。

7）相关文件

《原辅材料采购及验收标准》；

《供方选择与评价准则》；

《采购协议》；

《供应商管理规定》。

8）相关记录

《申购单》；

《供方档案登记及初次评价表》；

《合格供方名单》；

《供方年度评价表》；

《原辅料质量问题投诉单》。

六、确认和验证

列明确认和验证的总体要求，以及各类预防性控制措施的不同要求，如无需进行确认的另外情况等。

1. 目的

为保证食品安全计划能有效控制可能发生的食品安全危害，及食品安全计划被有效的实施，特制定本程序。

2. 程序

1）食品安全计划的确认

（1）食品安全小组成员负责执行确认，食品安全小组组长进行审核。

（2）确认步骤：参照美国 21CFR-117PART 的要求，对食品安全计划基本原理做科学和技术上的复查，获取确保食品安全行之有效的证据，获取能表明计划所有要素都有科学基础的客观依据。

2）CCP 点的验证

（1）CCP 点的验证由食品安全小组成员及生产厂负责人负责执行。

（2）CCP 点的验证活动包括以下要素：

①监控设备和仪器的校准：针对用于验证及监控步骤的设备和仪器；以一种能确保测量准确度的频率进行；在仪器或设备被投入使用的条件下或接近此种条件下，参照一标准体来检查设备的准确度。校准的频率应严格按食品安全方案的规定进行。

②校准记录的复查：复查设备的校准记录要涉及检查日期和校准方法、试验结果（如设备是否准确）。校准记录的复查应在记录产生一周内进行，记录保存三年。

③针对性的取样和检测：通过针对性的取样来检查检测和其他周期性的活动。将关键限值设定在设备操作中时，应抽查产品以确保设备的设置适于产品的安全。尤其是当监控程序的结果并不像期望的那样有说服力时，它应与强有力的验证对策结合。

④CCP 监控、校准及纠偏记录的复查：由管理能力的人员定期对监控、校准及纠偏记录进行复查，审核 CCP 正在建立了的安全参数范围内运作及以安全和合适的方式处理了发生的偏差，以达到验证食品安全方案是否被执行着。

3）食品安全体系验证

（1）食品安全体系的验证由食品安全小组成员负责，食品安全小组组长进行审核。

（2）食品安全体系的验证包括以下两点：

①现场观察

a. 检查产品说明和生产流程图的准确性。

b. 检查 CCP 点是否被有效监控。

c. 检查记录是否准确且是否按要求时间间隔来完成。

d. 检查 CCP 工艺过程是否在关键限值内操作。

②记录复查

a. 监控活动是否按食品安全计划规定的位置执行。

b. 监控活动是否按食品安全计划规定的频率执行。

c. 设备仪器是否按食品安全计划中规定的频率进行校准。

d. 当监控表明发生了与关键限值的偏差时，是否执行了纠偏行动。

（3）频率

食品安全体系验证频率为至少每年一次，或系统发生故障，或产品、加工等显著改变后。

4）成品微生物检验

对最终产品每批次抽样进行检测微生物，以确定验证和审核中整个操作是否在控制之中。

第八章 ▶▶▶
需要建立的有关食品安全计划实施的记录

根据117法规的要求，输美食品企业须建立并保存有关食品安全计划实施的记录。在本章节，对需要建立的食品安全计划实施的记录进行了分类整理，对每种需要建立的记录指定了模板供参考使用。在使用时，企业可以根据实际，设计符合本企业使用习惯、产品特点的表格，但记录要素不能减少。另外，根据我国《食品安全法》等法律法规要求，企业必须需要建立30项食品安全管理相关的记录，也在本章进行了集中汇总。企业要在满足我国食品安全法律法规要求的基础上，结合自身生产实际，对照美国117法规的要求，来确定公司需要建立有关食品安全计划实施的记录清单和记录格式。

第一节　我国法律法规要求必须建立的记录项目（表8-1）

表8-1　记录项目与法律法规

序号	记录项目	法规要求
1	原辅材料进货查验记录	《食品安全法》第五十条第二款
2	原料验收记录	《食品安全法》第五十条第一款
3	食品贮存记录	GB 14881—2013《食品生产通用卫生规范》14.1.1 出入库记录
4	投料记录	《食品安全法》第四十六条
5	关键控制点记录	《食品生产许可审查通则》1.11
6	清洁消毒记录	GB 14881—2013《食品生产通用卫生规范》8.2.1
7	洗涤剂、消毒剂使用记录	《食品生产日常监督检查要点表》1.6
8	半成品检验	《食品安全法》第四十六条（过程检验）
9	包装记录	《食品安全法》第四十六条
10	成品检验记录	《食品安全法》第五十二条
11	产品留样记录	GB 14881—2013《食品生产通用卫生规范》9.3
12	产品销售记录	GB 14881—2013《食品生产通用卫生规范》14.1.1
13	运输交付记录	《食品安全法》第四十六条

（续）

序号	记录项目	法规要求
14	防鼠、防蝇、防虫害检查记录	《食品生产日常监督检查要点表》1.7
15	温、湿度监测记录	《食品生产日常监督检查要点表》3.12
16	生产设备、设施维护保养记录	《食品生产日常监督检查要点表》3.13
17	卫生检查记录	GB 14881—2013《食品生产通用卫生规范》6.1.3
18	生产过程微生物监测记录	GB 14881—2013《食品生产通用卫生规范》8.2
19	废弃物处置记录	GB 14881—2013《食品生产通用卫生规范》6.5
20	食品召回记录	《食品安全法》第六十三条
21	不合格食品（原辅料、半成品、成品）处置记录	《食品生产许可审查通则（2016）》5.4.2
22	职工培训计划	《食品生产许可审查通则（2016）》4.2
23	食品安全管理人员、检验人员、负责人培训和考核记录	《食品生产日常监督检查要点表》7.2
24	职工培训记录	《食品安全法》第四十四条第一款
25	从业人员健康档案	《食品安全法》第四十五条
26	食品安全自查记录	《食品安全法》第四十七条
27	排查食品安全风险隐患记录	《食品生产日常监督检查要点表》8.1
28	食品安全追溯体系	《食品安全法》第四十二条（采购到销售全程记录）
29	客户投诉记录	GB 14881—2013《食品生产通用卫生规范》14.1.3
30	食品安全应急演练记录	《食品生产日常监督检查要点表》8.2

一、原辅材料进货查验记录

《食品安全法》第五十条第二款：食品生产企业应当建立食品原料、食品添加剂、食品相关产品进货查验记录制度，如实记录食品原料、食品添加剂、食品相关产品的名称、规格、数量、生产日期或者生产批号、保质期、进货日期以及供货者名称、地址、联系方式等内容，并保存相关凭证。记录和凭证保存期限不得少于产品保质期满后六个月；没有明确保质期的，保存期限不得少于2年。《食品生产许可审查通则（2016）》5.1应当建立进货查验记录制度，并规定采购原辅料时，应当查验供货者的许可证和产品合格证明，记录采购的原辅料名称、规格、数量、生产日期或者生产批号、保质期、进货日期以及供货者名称、地址、联系方式等信息，保存相关记录和凭证。

二、原料验收记录

《食品安全法》第五十条第一款：食品生产者采购食品原料、食品添加剂、食品相关产品，应当查验供货者的许可证和产品合格证明；对无法提供合格证明的食品原料，应当按照食品安全标准进行检验；不得采购或者使用不符合食品安全标准的食品原料、食品添加剂、食品相关产品。

三、食品贮存记录

GB 14881—2013《食品生产通用卫生规范》14.1.1 应建立记录制度，对食品生产中采购、加工、贮存、检验、销售等环节详细记录。记录内容应完整、真实，确保对产品从原料采购到产品销售的所有环节都可进行有效追溯。7.2.6 食品原料仓库应设专人管理，建立管理制度，定期检查质量和卫生情况，及时清理变质或超过保质期的食品原料。仓库出货顺序应遵循先进先出的原则，必要时应根据不同食品原料的特性确定出货顺序。7.3.3 食品添加剂的贮藏应有专人管理，定期检查质量和卫生情况，及时清理变质或超过保质期的食品添加剂。仓库出货顺序应遵循先进先出的原则，必要时应根据食品添加剂的特性确定出货顺序。7.4.3 食品相关产品的贮藏应有专人管理，定期检查质量和卫生情况，及时清理变质或超过保质期的食品相关产品。仓库出货顺序应遵循先进先出的原则。

《食品生产日常监督检查要点表》2.3 建立和保存食品原辅料、食品添加剂、食品相关产品的贮存、保管记录和领用出库记录。《食品生产许可审查通则（2016）》5.2 应当建立生产过程控制制度，明确原料控制（如领料、投料等）、生产关键环节控制（如生产工序、设备管理、贮存、包装等）、检验控制（如原料检验、半成品检验、成品出厂检验等）以及运输和交付控制的相关要求。

四、投料记录

《食品安全法》第四十六条：食品生产企业应当就下列事项制定并实施控制要求，保证所生产的食品符合食品安全标准：（一）原料采购、原料验收、投料等原料控制。《食品生产日常监督检查要点表》2.3 建立和保存生产投料记录，包括投料种类、品名、生产日期或批号、使用数量等。《食品生产许可审查通则（2016）》5.2 应当建立生产过程控制制度，明确原料控制（如领料、投料等）、生产关键环节控制（如生产工序、设备管理、贮存、包装等）、检验控制（如原料检验、半成品检验、成品出厂检验等）以及运输和交付控制的相关要求。

五、关键控制点记录

《食品生产许可审查通则》1.11 申请人应根据食品质量安全要求确定生产过程中的关键质量控制点，制定关键质量控制点的操作控制程序或作业指导书。《食品安全法》第四十六条：食品生产企业应当就下列事项制定并实施控制要求，保证所生产的食品符合食品安全标准：（二）生产工序、设备、贮存、包装等生产关键环节控制。

《食品生产日常监督检查要点表》3.9 建立和保存生产加工过程关键控制点的控制情况记录。

《食品生产许可审查通则（2016）》5.2 应当建立生产过程控制制度，明确原料控制（如领料、投料等）、生产关键环节控制（如生产工序、设备管理、贮存、包装等）、检验控制（如原料检验、半成品检验、成品出厂检验等）以及运输和交付控制的相关要求。

六、清洁消毒记录

GB 14881—2013《食品生产通用卫生规范》8.2.1 清洁和消毒。8.2.1.1 应根据原料、产品和工艺的特点，针对生产设备和环境制定有效的清洁消毒制度，降低微生物污染的风险。8.2.1.2 清洁消毒制度应包括以下内容：清洁消毒的区域、设备或器具名称；清洁消毒工作的职责；使用的洗涤、消毒剂；清洁消毒方法和频率；清洁消毒效果的验证及不符合的处理；清洁消毒工作及监控记录。8.2.1.3 应确保实施清洁消毒制度，如实记录；及时验证消毒效果，发现问题及时纠正。

七、洗涤剂、消毒剂使用记录

《食品生产日常监督检查要点表》1.6 车间内使用的洗涤剂、消毒剂等化学品应与原料、半成品、成品、包装材料等分隔放置，并有相应的使用记录。

GB 14881—2013《食品生产通用卫生规范》6.1.4 应建立清洁消毒制度和清洁消毒用具管理制度。清洁消毒前后的设备和工器具应分开放置妥善保管，避免交叉污染。

八、半成品检验

《食品安全法》第四十六条：食品生产企业应当就下列事项制定并实施控制要求，保证所生产的食品符合食品安全标准：（三）原料检验、半成品检验、成品出厂检验等检验控制。

《食品生产许可审查通则（2016）》5.2 应当建立生产过程控制制度，明确原料控制（如领料、投料等）、生产关键环节控制（如生产工序、设备管理、贮存、包装等）、检验控制（如原料检验、半成品检验、成品出厂检验等）以及运输和交付控制的相关要求。

九、包装记录

《食品安全法》第四十六条：食品生产企业应当就下列事项制定并实施控制要求，保证所生产的食品符合食品安全标准：（二）生产工序、设备、贮存、包装等生产关键环节控制。

《食品生产许可审查通则（2016）》5.2 应当建立生产过程控制制度，明确原料控制（如领料、投料等）、生产关键环节控制（如生产工序、设备管理、贮存、包装等）、检验控制（如原料检验、半成品检验、成品出厂检验等）以及运输和交付控制的相关要求。

十、成品检验记录

《食品安全法》第五十二条：食品、食品添加剂、食品相关产品的生产者，应当按照食品安全标准对所生产的食品、食品添加剂、食品相关产品进行检验，检验合格后方可出厂或者销售。

GB 14881—2013《食品生产通用卫生规范》14.1.1 应建立记录制度，对食品生产中采购、加工、贮存、检验、销售等环节详细记录。记录内容应完整、真实，确保对产品从原料采购到产品销售的所有环节都可进行有效追溯。

《食品生产许可审查通则（2016）》5.2 应当建立生产过程控制制度，明确原料控制（如领料、投料等）、生产关键环节控制（如生产工序、设备管理、贮存、包装等）、检验控制（如原料检验、半成品检验、成品出厂检验等）以及运输和交付控制的相关要求。5.3 当建立出厂检验记录制度，并规定食品出厂时，应当查验出厂食品的检验合格证和安全状况，记录食品的名称、规格、数量、生产日期或者生产批号、保质期、检验合格证号、销售日期以及购货者名称、地址、联系方式等信息，保存相关记录和凭证。

十一、产品留样记录

GB 14881—2013《食品生产通用卫生规范》9.3 检验室应有完善的管理制度，妥善保存各项检验的原始记录和检验报告。应建立产品留样制度，及时保留样品。

十二、产品销售记录

GB 14881—2013《食品生产通用卫生规范》14.1.1 应建立记录制度，对食品生产中采购、加工、贮存、检验、销售等环节详细记录。记录内容应完整、真实，确保对产品从原料采购到产品销售的所有环节都可进行有效追溯。

《食品安全法》第五十一条：品生产企业应当建立食品出厂检验记录制度，查验出厂食品的检验合格证和安全状况，如实记录食品的名称、规格、数量、生产日期或者生产批号、保质期、检验合格证号、销售日期以及购货者名称、地址、联系方式等内容，并保存相关凭证。记录和凭证保存期限应当符合本法第五十条第二款的规定。

十三、运输交付记录

《食品安全法》第四十六条：食品生产企业应当就下列事项制定并实施控制要求，保证所生产的食品符合食品安全标准：（四）运输和交付控制。

《食品生产许可审查通则（2016）》5.2 应当建立生产过程控制制度，明确原料控制（如领料、投料等）、生产关键环节控制（如生产工序、设备管理、贮存、包装等）、检验控制（如原料检验、半成品检验、成品出厂检验等）以及运输和交付控制的相关要求。

十四、防鼠、防蝇、防虫害检查记录

《食品生产日常监督检查要点表》1.7 定期检查防鼠、防蝇、防虫害装置的使用情况并有相应检查记录，生产场所无虫害迹象。

GB 14881—2013《食品生产通用卫生规范》6.4 虫害控制。6.4.1 应保持建筑物完好、环境整洁，防止虫害侵入及滋生。6.4.2 应制定和执行虫害控制措施，并定期检查。生产车间及仓库应采取有效措施（如纱帘、纱网、防鼠板、防蝇灯、风幕等），防止鼠类昆虫等侵入。若发现有虫鼠害痕迹时，应追查来源，消除隐患。6.4.3 应准确绘制虫害控制平面图，标明捕鼠器、粘鼠板、灭蝇灯、室外诱饵投放点、生化信息素捕杀装置等放置的位置。6.4.4 厂区应定期进行除虫灭害工作。6.4.5 采用物理、化学或生物制剂进行处理时，不应影响食品安全和食品应有的品质、不应污染食品接触表面、设备、工器具及包装材料。除虫灭害工作应有相应的记录。6.4.6 使用各类杀虫剂或其他药剂前，应做好预防措施避免对人身、食品、设备工具造成污染；不慎污染时，应及时将被污染的设备、工具彻底清洁，消除污染。

十五、温、湿度监测记录

《食品生产日常监督检查要点表》3.12 有温、湿度等生产环境监测要求的，定期进行监测并记录。

十六、生产设备、设施维护保养记录

《食品生产日常监督检查要点表》3.13 生产设备、设施定期维护保养并做好记录。

GB 14881—2013《食品生产通用卫生规范》5.2.2 监控设备：用于监测、控制、记录的设备，如压力表、温度计、记录仪等，应定期校准、维护。5.2.3 设备的保养和维修：应建立设备保养和维修制度，加强设备的日常维护和保养，定期检修，及时记录。

十七、卫生检查记录

GB 14881—2013《食品生产通用卫生规范》6.1.3 应制定针对生产环境、食品加工人员、设备及设施等的卫生监控制度，确立内部监控的范围、对象和频率。记录并存档监控结果，定期对执行情况和效果进行检查，发现问题及时整改。

十八、生产过程微生物监测记录

GB 14881—2013《食品生产通用卫生规范》8.2.2 食品加工过程的微生物监控。8.2.2.1 根据产品特点确定关键控制环节进行微生物监控；必要时应建立食品加工过程的微生物监控程序，包括生产环境的微生物监控和过程产品的微生物监控。8.2.2.2 食品加工过程的微生物监控程序应包括：微生物监控指标、取样点、监控频率、取样和检测方法、评判原则和整改措施等，具体可参照附录 A 的要求，结合生产工艺及产品特点制定。8.2.2.3 微生物监控应包括致病菌监控和指示菌监控，食品加工过程的微生物监控结果应能反映食品加工过程中对微生物污染的控制水平。

十九、废弃物处置记录

GB 14881—2013《食品生产通用卫生规范》6.5 废弃物处理。6.5.1 应制定废弃物存放和清除制度，有特殊要求的废弃物其处理方式应符合有关规定。废弃物应定期清除；易腐败的废弃物应尽快清除；必要时应及时清除废弃物。6.5.2 车间外废弃物放置场所应与食品加工场所隔离防止污染；应防止不良气味或有害有毒气体溢出；应防止虫害滋生。

二十、食品召回记录

《食品安全法》第六十三条：国家建立食品召回制度。食品生产者发现其生产的食品不符合食品安全标准或者有证据证明可能危害人体健康的，应当立即停止生产，召回已经上市销售的食品，通知相关生产经营者和消费者，并记录召回和通知情况。食品经营者发现其经营的食品有前款规定情形的，应当立即停止经营，通知相关生产经营者和消费者，并记录停止经营和通知情况。食品生产者认为应当召回的，应当立即召回。由于食品经营者的原因造成其经营的食品有前款规定情形的，食品经营者应当召回。食品生产经营者应当对召回的食品采取无害化处理、销毁等措施，防止其再次流入市场。但是，对因标签、标志或者说明书不符合食品安全标准而被召回的食品，食品生产者在采取补救措施且能保证食品安全的情况下可以继续销售；销售时应当向消费者明示补救措施。食品生产经营者应当将食品召回和处理情况向所在地县级人民政府食品药品监督管理部门报告；需要对召回的食品进行无害化处理、销毁的，应当提前报告时间、地点。食品药品监督管理部门认为必要的，可以实施现场监督。食品生产经营者未依照本条规定召回或者停止经营的，县级以上人民政府食品药品监督管理部门可以责令其召回或者停止经营。

《食品生产许可审查通则（2016）》5.4.1 应当建立不安全食品召回制度，并规定停止生产、召回和处置不安全食品的相关要求，记录召回和通知情况。

二十一、不合格食品（原辅料、半成品、成品）处置记录

《食品生产许可审查通则（2016）》5.4.2 应当规定生产过程中发现的原辅料、半成品、成品中不合格品的管理要求和处置措施。

二十二、职工培训计划

《食品生产许可审查通则（2016）》应当制订职工培训计划，开展食品安全知识及卫生培训。食品安全管理人员上岗前应当经过培训，并考核合格。

GB 14881—2013《食品生产通用卫生规范》12 培训。12.1 应建立食品生产相关岗位的培训制度，对食品加工人员以及相关岗位的从业人员进行相应的食品安全知识培训。12.2 应通过培训促进各岗位从业人员遵守食品安全相关法律法规标准和执行各项食品安全管理制度的意识和责任，提高相应的知识水平。12.3 应根据食品生产不同岗位的实际需求，制定和实施食品安全年度培训计划并进行考核，做好培训记录。12.4 当食品安全相关的法律法规标准更新时，应及时开展培训。12.5 应定期审核和修订培训计划，评估培训效果，并进行常规检查，以确保培训计划的有效实施。

二十三、食品安全管理人员、检验人员、负责人培训和考核记录

《食品生产日常监督检查要点表》7.2 有食品安全管理人员、检验人员、负责人培训和考核记录。

《食品安全法》第四十四条第三款：食品生产经营企业应当配备食品安全管理人员，加强对其培训和考核。经考核不具备食品安全管理能力的，不得上岗。食品药品监督管理部门应当对企业食品安全管理人员随机进行监督抽查考核并公布考核情况。监督抽查考核不得收取费用。

二十四、职工培训记录

《食品安全法》第四十四条：食品生产经营企业应当建立健全食品安全管理制度，对职工进行食品安全知识培训，加强食品检验工作，依法从事生产经营活动。

《食品生产日常监督检查要点表》7.6 有从业人员食品安全知识培训制度，并有相关培训记录。

二十五、从业人员健康档案

《食品安全法》第四十五条：食品生产经营者应当建立并执行从业人员健康管理制度。患有国务院卫生行政部门规定的有碍食品安全疾病的人员，不得从事接触直接入口食品的工作。从事接触直接入口食品工作的食品生产经营人员应当每年进行健康检查，取得健康证明后方可上岗工作。

GB 14881—2013《食品生产通用卫生规范》6.3.1 食品加工人员健康管理。6.3.1.1 应建立并执行食品加工人员健康管理制度。6.3.1.2 食品加工人员每年应进行健康检查，取得健康证明；上岗前应接受卫生培训。

二十六、食品安全自查记录

《食品安全法》第四十七条：食品生产经营者应当建立食品安全自查制度，定期对食品安全状况进行检查评价。生产经营条件发生变化，不再符合食品安全要求的，食品生产经营者应当立即采取整改措施；有发生食品安全事故潜在风险的，应当立即停止食品生产经营活动，并向所在地县级人民政府食品药品监督管理部门报告。

《食品生产许可审查通则（2016）》5.5 应当建立食品安全自查制度，并规定对食品安全状况定期进行检查评价，并根据评价结果采取相应的处理措施。

二十七、排查食品安全风险隐患记录

《食品生产日常监督检查要点表》8.1 有定期排查食品安全风险隐患的记录。

二十八、食品安全追溯体系

《食品安全法》第四十二条：国家建立食品安全全程追溯制度。食品生产经营者应当依照本法的规定，建立食品安全追溯体系，保证食品可追溯。国家鼓励食品生产经营者采用信息化手段采集、留存生产经营信息，建立食品安全追溯体系。

GB 14881—2013《食品生产通用卫生规范》14.1.1 应建立记录制度，对食品生产中采购、加工、贮存、检验、销售等环节详细记录。记录内容应完整、真实，确保对产品从原料采购到产品销售的所有环节都可进行有效追溯。

二十九、客户投诉记录

GB 14881—2013《食品生产通用卫生规范》14.1.3 应建立客户投诉处理机制。对客户提出的书面或口头意见、投诉，企业相关管理部门应做记录并查找原因，妥善处理。

三十、食品安全应急演练记录

《食品生产日常监督检查要点表》8.2 有按照食品安全应急预案定期演练，落实食品安全防范措施的记录。

第二节　117 法规下要求建立的记录

一、117 法规要求下无需建立预防性控制措施的依据文件

（1）食品加工企业识别出需要采取预防控制措施的危害，但并不一定要建立预防性控制措施。这就需要在危害分析的基础上予以辨别，分析出需要采取预防控制措施的危害。企业应该保留此过程的危害分析的记录，即危害分析表单（表 8-2）。

表 8-2　危害分析工作单

1. 原辅料/加工步骤	2. 识别在本步骤引入、控制或增加的潜在危害（列明具体种类：B 生物的；C 化学的；P 物理的）	3. 是否有潜在的食品安全危害需要预防性控制措施（是/否）	4. 做出第 3 栏结论的（包括危害引入的途径、潜在危害发生的可能性、严重性的评价）	5. 应用何种预防性控制措施来显著降低或预防食品安全危害？[过程控制（包括 CCPs）、过敏原控制、卫生控制、供应链控制、其他控制]	6. 是否在本步骤应用预防性控制措施？（是/否）
水果原料验收	B 微生物污染超标：致病菌、诺如病毒	是	生长区环境污染或腐烂果可能带入	过程控制——严格按照收购标准收购，原料新鲜，无腐烂	否
	C 污染物污染超标：铅、总汞、总砷、镉农药残留污染超标：腐霉利等	是	种植过程中农药使用或控制不当或环境污染	供应链控制——向经认可的种植商（备案基地）采购；过程控制——农残、重金属送第三方检测	是
	C 过敏原-无	否	未添加任何辅料及添加剂	过敏原控制——包装步骤的过敏原标签	否
	P 无				否

（2）针对可可豆、咖啡豆和谷物等生产初级农产品的企业而言，首先就要确定该食品是否属于未经预防性控制措施不可食用的类型，并形成书面文件，这可以在终产品的描述中予以确认和体现，形成记录。

（3）食品企业依靠其下游客户来确保危害得以显著降低或预防，这就需要食品企业保留相关的记录进行证实。首先，在向下游客户提供公司生产的食品时，随附一份声明，告知下游客户该食品的加工过程没有对某种特定的危害（如沙门氏菌）进行控制，需要客户

进行控制。对该声明书予以保存，形成记录。其次，每年从下游客户获取书面保证，证明客户已建立并执行相关程序以显著降低或预防识别的危害，对危害的预防和控制措施必须在书面保证中具体列明。对该声明书予以保存，形成记录。

二、117 法规要求下预防性控制措施的监控记录

（一）过程预防控制措施的监控记录

对加工过程中确定的预防控制措施（如漂烫、金探等工序）进行监控并予以现场记录，可以理解为关键控制点（CCP）的监控记录（表 8-3，表 8-4）。

表 8-3　漂烫工序监控记录

漂烫工序监控记录（CCP） 企业名称及地址： 记录编号：　　　　　　　　　　　　日期：					
时间	生产班次	漂烫温度	漂烫机转速	操作工签字	备注
验证人/日期：					

表 8-4　金属探测监控记录

金属探测监控记录（CCP）

企业名称及地址：

记录编号：　　　　　　　　　　　　　　　序号：

时间	产品批号	试块检测是否正常 （左）（中）（右）	通过数量	是否需要采取纠偏行动	操作员	备注
		Fe1.5mm □ □ □ SUS2.5mm □ □ □				
		Fe1.5mm □ □ □ SUS2.5mm □ □ □				
		Fe1.5mm □ □ □ SUS2.5mm □ □ □				
		Fe1.5mm □ □ □ SUS2.5mm □ □ □				
		Fe1.5mm □ □ □ SUS2.5mm □ □ □				
		Fe1.5mm □ □ □ SUS2.5mm □ □ □				
		Fe1.5mm □ □ □ SUS2.5mm □ □ □				
		Fe1.5mm □ □ □ SUS2.5mm □ □ □				
		Fe1.5mm □ □ □ SUS2.5mm □ □ □				
		Fe1.5mm □ □ □ SUS2.5mm □ □ □				
		Fe1.5mm □ □ □ SUS2.5mm □ □ □				
		Fe1.5mm □ □ □ SUS2.5mm □ □ □				
		Fe1.5mm □ □ □ SUS2.5mm □ □ □				

验证人/日期：

备注：每 2h 进行试块检测；将检测到的金属异物附在该记录上。如有金属块发现时，执行纠偏活动。

（二）卫生预防控制措施的监控记录

对加工过程中确定的卫生预防控制措施（如清洗、消毒、整理等活动）进行监控并予以现场记录，可以理解为卫生清洁工作的现场检查记录（表8-5）。

表8-5　包装工作台清洗消毒记录

包装工作台清洗消毒记录						
企业名称及地址：						
记录编号：		序号：				
清洗/消毒作业方式（或作业指导书编号）	使用设备及消毒液名称	消毒液浓度	生产班次	时间	责任人	备注
验证人/日期：						

（三）过敏原预防控制措施的监控记录

加工过程中确定的过敏原预防控制措施（如清洗、标识、生产安排等活动）进行监控并予以现场记录（表8-6~表8-8）。

表8-6　原料入库过敏原监控记录

原料入库过敏原监控记录							
企业名称及地址：							
记录编号：			序号：				
原料名称	入库时间	是否过敏原	批号	数/重量	是否恰当使用标签	操作员	备注
验证人/日期：							
备注：如发现标签错误，隔离产品并进行检查。通知品管部、采购部进行处理。							

表 8-7　灌装工作台过敏原清洗消毒记录

灌装工作台过敏原清洗消毒记录					
企业名称及地址：					
记录编号：		序号：			
清洗/消毒作业方式 （或作业指导书编号）	使用设备及 消毒液名称	消毒液浓度	生产班次	时间	责任人
验证人/日期：					

表8-8 过敏原生产顺序记录

<table>
<tr><td colspan="8" align="center">过敏原生产顺序记录</td></tr>
<tr><td colspan="8">企业名称及地址：</td></tr>
<tr><td colspan="4">记录编号：</td><td colspan="4">序号：</td></tr>
<tr>
<td>产品名称</td>
<td>日期</td>
<td>生产开始时间</td>
<td>生产结束时间</td>
<td>生产后的过敏原清除（是/否）</td>
<td>清除工作负责人</td>
<td>备注</td>
</tr>
<tr><td></td><td></td><td></td><td></td><td></td><td></td><td></td></tr>
<tr><td></td><td></td><td></td><td></td><td></td><td></td><td></td></tr>
<tr><td></td><td></td><td></td><td></td><td></td><td></td><td></td></tr>
<tr><td></td><td></td><td></td><td></td><td></td><td></td><td></td></tr>
<tr><td></td><td></td><td></td><td></td><td></td><td></td><td></td></tr>
<tr><td></td><td></td><td></td><td></td><td></td><td></td><td></td></tr>
<tr><td></td><td></td><td></td><td></td><td></td><td></td><td></td></tr>
<tr><td></td><td></td><td></td><td></td><td></td><td></td><td></td></tr>
<tr><td></td><td></td><td></td><td></td><td></td><td></td><td></td></tr>
<tr><td></td><td></td><td></td><td></td><td></td><td></td><td></td></tr>
<tr><td></td><td></td><td></td><td></td><td></td><td></td><td></td></tr>
<tr><td></td><td></td><td></td><td></td><td></td><td></td><td></td></tr>
<tr><td></td><td></td><td></td><td></td><td></td><td></td><td></td></tr>
<tr><td></td><td></td><td></td><td></td><td></td><td></td><td></td></tr>
<tr><td></td><td></td><td></td><td></td><td></td><td></td><td></td></tr>
<tr><td colspan="8">验证人/日期：</td></tr>
</table>

三、117 法规要求下的纠偏措施记录

针对需要采取的预防性控制措施，在进行监控的同时，要对预防措施的失效情况进行记录，并采取纠正措施（表8-9）。

表 8-9　纠偏措施记录

纠正措施通用表单		
记录日期：		记录编号：
偏差日期/时间：		
偏差描述：		
为恢复正常状态所采取的措施：		
采取措施的人员签字/日期：		
偏差产品数量：		
偏差产品评估：		
产品最终处理：		
审核人签字：		审核日期：

四、117 法规要求的验证记录

1. 117 法规下的验证记录清单（表 8-10）

表 8-10　验证记录清单

117 法规下的验证记录清单				
验证项目	频率	目的	方法	负责人
过程预防控制措施的确认（CCP 确认）	每年一次	确保过程控制措施运行有效	查看文件 现场记录 现场检查	HACCP 小组，取得 FSPCA 证书人员
过敏原预防控制措施的验证	每班后	清除过敏原，防止交叉接触	现场检查。复核清洗记录、复核过敏原物料的标识记录	品控主管
卫生预防控制措施的验证	每班后	控制致病菌	现场检查。复核清洗记录	品控主管
内部审核	每年一次	确保体系运行有效	查看文件 现场记录 现场检查	内审小组
外部审核	每年一次	确保体系运行有效	查看文件 现场记录 现场检查	认证机构
原料进厂验收	每次到货	确保进厂原料符合要求	查验，抽样检验	化验员
产品出厂检验	每批	确保出厂产品符合要求	抽样检验	化验员
生产用水验证	每周	确保生产用水符合要求	抽样检验	化验员
环境监测：空气、人员、设备、工器具、包材等	每周	确保人员卫生符合要求	抽样检验	化验员

2. 确认的记录（表 8-11）

表 8-11　确认记录表

企业名称和地址：		记录编号：
加工步骤（CCP 点）	关键限值	关键限值的确定依据与方法
CCP：金属探测	在最终产品中没有直径大于 1.5mm 的铁，2.0mm 的非铁和 2.5mm 的不锈钢金属	依据"FDA/ORA 法规指南第 5 章第 555 节 555.425 部分：食品中硬或尖的异物掺杂"，其指出"最大尺寸为 7mm 的异物很少导致划伤和严重的伤害"

3. 监控的验证（表8-12）

表8-12 监控验证表

企业名称和地址：				记录编号：	
监控验证项目	验证要求	频率	人员	方式	记录
金探工序监控措施的验证	验证金属探测符合要求	每1h＋10min一次 发生偏差时	品控人员	1. 现场观察CCP监控程序是否按计划实施，并用标准试块对金属探测仪进行一次随机抽检 2. 验证纠偏措施实施且有效	金属探测监控措施验证记录

4. 纠偏措施的验证（表8-13）

表8-13 纠偏措施验证表

企业名称和地址：				记录编号：	
监控验证项目	验证要求	频率	人员	方式	记录
金探工序纠偏措施的验证	验证金属探测纠偏措施是否符合要求	发生偏差后	品控人员	对修复后的金属探测仪进行检查，正常运行方可重新开始生产。同时，监督对封存的不安全产品重新过金属探测仪的过程。分析偏差原因，采取纠正措施，防止再发生	金属探测纠偏验证记录

5. 加工监控装置和验证装置的校准（表8-14）

表8-14 计量校准计划表

计量校准计划							
企业名称和地址：				记录编号：			
序号	器具名称	编号	使用部门	校验周期	上次校验日期	下次校验日期	送检人
制表人/日期：			批准人/日期：				

6. 温度计内部校准记录（表8-15）

表8-15 温度计内部校准记录表

温度计内部校准记录表							
企业名称和地址：				记录编号：			
标准名称		测量范围		精度		编号	
被校名称		测量范围		精度要求		使用部门及部位	
被校编号	校核日期	标准		被校	误差	允许误差	校准结果
说明：1. 每天校准一次； 2. 合格："√"表标；不合格"×"表示。							
负责人签名	校验人		部门主管		日期		

7. 产品检测（表8-16）

表8-16 产品出厂检测报告

产品出厂检验报告				
记录编号：		企业名称和地址：		
产品名称		检验时间		
规格型号		数量	生产日期	
生产批号		样品重量	原料批号	
执行标准				
检验内容				
检验项目	标准要求		检验结果	单项判定
检验结论：				
公司盖章：				
化验员签字/日期：		审核人签字/日期：		

8. 环境监控（表8-17）

表8-17 环境微生物监测记录表

环境微生物监测记录表					
企业名称和地址：					
日期	区域	检测对象	检测结果		结果判定
			菌落总数（个/cm²）	大肠菌群	
标准	1. 包装车间手菌落总数（cfu/cm²）<100，大肠菌群不得检出；（员工手） 2. 包装材料：菌落总数（cfu/cm²）<50，大肠菌群不得检出；（内袋、纸箱等） 3. 工器具：菌落总数（cfu/cm²）<100，大肠菌群不得检出；（台案等） 4. 工作服：菌落总数（cfu/cm²）<100，大肠菌群不得检出；（鞋、帽、衣服等） 5. 空气净度：包装车间菌落总数≤30				
备注	按照监测计划，每周进行一次环境监测，2个月覆盖到所有监测点。				
化验员/日期：		审核人/日期：			

五、117 法规要求下有关供应链计划的记录

1. 经批准的合格供应商汇总表（表 8–18）

表 8–18　合格供应商汇总表

合格供应商汇总表											
记录编号：				企业名称和地址：							
序号	产品名称	供应商名称	生产（流通）许可证号	营业执照编号	型式检验报告（编号）	评价表编号	首次列入时间	供应商地址	联系人	联系电话	

2. 供应商评价表（表 8–19）

表 8–19　供应商评价表

供应商评价表			
记录编号：		企业名称和地址：	
供应商名称		地址	
联系人		联系电话	
生产厂家		地址	
产品名称		评价频次	
采购物资分类	食品添加剂 □　原料 □　相关产品　□		
评价内容	1. 年检有效期内的营业执照［编号：　　　］　有□　　没有□		
	2. 有效期内生产（流通）许可证［编号：　　］　有□　　没有□		
	3. 年检有效期内的组织机构代码证［编号：　　　］　有□　　没有□		
	4. 与购进批次产品相适应的合格证明文件（第三方检验报告）有□　没有□		
	5. 其他资料：		
	6. 社会公布的相关信用评价信息：		
	7. 质量安全稳定性：		
	8. 交付及时性：		
	9. 服务情况：		
结论	1. 合格供应商　　□　建议列入合格供应商名录　□ 2. 不合格供应商　□　暂不列入合格供应商名录　□		
评价人／日期			
审批人／日期			

3. 原料物料标识记录（表8-20）

表 8-20　原料物料标识记录表

<table>
<tr><td colspan="6" align="center">原料物料标识记录</td></tr>
<tr><td colspan="3">记录编号：</td><td colspan="3">企业名称和地址：</td></tr>
<tr><td colspan="3">品名：</td><td colspan="3">规格：</td></tr>
<tr><td colspan="2">入厂日期：</td><td>供方：</td><td colspan="2">入库数量：　　袋/</td><td>kg</td></tr>
<tr><td colspan="2">批次：</td><td colspan="2">净重：　　kg/袋</td><td colspan="2"></td></tr>
<tr><td colspan="6">检验状态：合格□　　不合格 □　　待检□　　待处理□</td></tr>
<tr><td colspan="3">过敏原状态：标识正确□　　标识错误□</td><td colspan="3">过敏原名称：</td></tr>
<tr><td rowspan="2">日期</td><td colspan="2">出库数量</td><td colspan="2">库存数量</td><td rowspan="2">保管人/确认人</td></tr>
<tr><td>数量
（袋）</td><td>kg</td><td>数量
（袋）</td><td>kg</td></tr>
<tr><td></td><td></td><td></td><td></td><td></td><td></td></tr>
<tr><td></td><td></td><td></td><td></td><td></td><td></td></tr>
<tr><td></td><td></td><td></td><td></td><td></td><td></td></tr>
<tr><td></td><td></td><td></td><td></td><td></td><td></td></tr>
<tr><td></td><td></td><td></td><td></td><td></td><td></td></tr>
<tr><td></td><td></td><td></td><td></td><td></td><td></td></tr>
<tr><td></td><td></td><td></td><td></td><td></td><td></td></tr>
<tr><td></td><td></td><td></td><td></td><td></td><td></td></tr>
<tr><td></td><td></td><td></td><td></td><td></td><td></td></tr>
<tr><td></td><td></td><td></td><td></td><td></td><td></td></tr>
<tr><td></td><td></td><td></td><td></td><td></td><td></td></tr>
<tr><td></td><td></td><td></td><td></td><td></td><td></td></tr>
<tr><td></td><td></td><td></td><td></td><td></td><td></td></tr>
<tr><td></td><td></td><td></td><td></td><td></td><td></td></tr>
<tr><td></td><td></td><td></td><td></td><td></td><td></td></tr>
<tr><td></td><td></td><td></td><td></td><td></td><td></td></tr>
<tr><td></td><td></td><td></td><td></td><td></td><td></td></tr>
<tr><td></td><td></td><td></td><td></td><td></td><td></td></tr>
<tr><td></td><td></td><td></td><td></td><td></td><td></td></tr>
<tr><td></td><td></td><td></td><td></td><td></td><td></td></tr>
<tr><td></td><td></td><td></td><td></td><td></td><td></td></tr>
<tr><td></td><td></td><td></td><td></td><td></td><td></td></tr>
<tr><td></td><td></td><td></td><td></td><td></td><td></td></tr>
</table>

六、具备预防性控制措施资质的人员和具备资质的审核员的相关培训记录

1. 年度培训计划（表 8-21）

表 8-21　培训计划表

序号	培训日期	培训对象	培训课程和内容	培训师资	培训方式	培训课时	考核方式

编制人/日期：　　　　　　　　　审核人/日期：

批准人/日期：　　　　　　　　　企业名称和地址：

2. 外部培训记录（表 8-22）

表 8-22　外部培训记录表

外部培训记录

记录编号：　　　　　　　　　　　　企业名称和地址：

培训名称	培训日期	参加人员	培训内容	培训地点	获得证书情况	证书有效期
FSPCA 培训班						
HACCP 管理体系内审员						

记录人日期：

3. 内部培训记录（表 8-23）

表 8-23 内部培训记录表

内部培训记录表							
记录编号：				企业名称和地址：			
培训类别：			主讲人：			培训方式：	
培训内容：							
培训时间：			培训地点：				
姓名	职务		部门	考核方式			成绩	备注
				口试	笔试	实操		

（以下为空白表格行，共15行）

姓名	职务	部门	口试	笔试	实操	成绩	备注

总体评价：

评价人：　　　　日期：

七、117 法规要求下的其他相关记录

1. 应急演练记录（表 8-24）

表 8-24 应急演练记录表

应急演练记录表	
记录编号：	企业名称和地址：
演练项目	
演练目的	
演练时间	
演练地点	
演练人员	
演练计划	
演练记录	
演练总结	
记录人／日期：	审核人／日期：

2. 有毒有害化学物质购进、领用记录（表 8-25）

表 8-25 有毒有害化学物质购进、领用记录表

有毒有害化学物质购进、领用记录					
记录编号：			企业名称和地址：		
物质名称		购进日期	购进数量	生产批号	
领用日期	领用数量	结余数量	领用部门	领用人	保管人
负责人／日期：			审核人／日期：		

3. 消毒液配制记录（表8-26）

表8-26　消毒液配制记录表

消毒液配制记录					
记录编号：		企业名称和地址：			
配置时间	配制比例	用途	药品量（mL）	水量（L）	配制保管人
	1∶2000	手部（50μL/L）			
	1∶2000	衣物消毒（50μL/L）			
	1∶500	鞋靴（200μL/L）			
	1∶500	地面、墙壁（200μL/L）			
	1∶2000	手部（50μL/L）			
	1∶2000	衣物消毒（50μL/L）			
	1∶500	鞋靴（200μL/L）			
	1∶500	地面、墙壁（200μL/L）			
	1∶2000	手部（50μL/L）			
	1∶2000	衣物消毒（50μL/L）			
	1∶500	鞋靴（200μL/L）			
	1∶500	地面、墙壁（200μL/L）			
	1∶2000	手部（50μL/L）			
	1∶2000	衣物消毒（50μL/L）			
	1∶500	鞋靴（200μL/L）			
	1∶500	地面、墙壁（200μL/L）			
	1∶2000	手部（50μL/L）			
	1∶2000	衣物消毒（50μL/L）			
	1∶500	鞋靴（200μL/L）			
	1∶500	地面、墙壁（200μL/L）			
	1∶2000	手部（50μL/L）			
	1∶2000	衣物消毒（50μL/L）			
	1∶500	鞋靴（200μL/L）			
	1∶500	地面、墙壁（200μL/L）			
	1∶2000	手部（50μL/L）			
	1∶2000	衣物消毒（50μL/L）			
	1∶500	鞋靴（200μL/L）			
	1∶500	地面、墙壁（200μL/L）			
审核人/日期：					

4. 出入车间员工和个人卫生健康检查记录（表8-27）

表8-27 卫生健康检查记录表

出入车间员工和个人卫生健康检查记录

记录编号：　　　　　　　　　　　　　　　　　　企业名称和地址：

时间	检查人数	合格人数	检查不合格人员及项目									处理措施
			姓名	工作服	鞋靴	化妆	饰品	手伤口	指甲	携带异物	消毒	

备注：加工人员进车间时检验员逐个人员、逐项检查、填写记录。

检验员／日期：　　　　　　　　　　　　审核人／日期：

5. 防灭鼠记录（表8-28）

表8-28　防灭鼠记录表

日期	防、灭鼠点分布			防、灭鼠设施状况	防鼠效果和灭鼠数量	处理措施	检查人
	区域	编号	防、灭鼠部位				
	库房	01					
		02					
	车间	03					
		04					
		05					
		06					
	厂区	07					
		08					
		09					

记录编号：　　　　　　　　　　企业名称和地址：

防灭鼠记录表

审核人／日期：

注：检查频次：每日一次。

6. 不合格品处置记录（表8-29）

表8-29 不合格品处置记录表

不合格品处置记录					
记录编号：			企业名称和地址：		
异常识别：　□进料　□过程　　□成品　□仓储　□客户退货　□其他					
品名		规格		数量（kg）	
生产日期		批次		不合格品数量（kg）	
不合格品情况： 检验员/日期：					
处理方式：□返工　□让步接收　□重新分级　□改作他用　□拒收　□报废					
原因分析： 品管部负责人/日期：					
评审意见： 评审人员/日期：					
纠正/预防措施（包括处置）： 批准人/日期：					
处理结果： 发生部门负责人/日期：					

7. 设备设施维护保养记录（表8-30）

表8-30　设备设施维护保养记录表

设备设施维护保养记录																									

记录编号：　　　　　　　　企业名称和地址：

设备设施名称：　　　设备设施编号：　　　使用部门：　　　保养人：

日期／维修保养项目

异常情况记录

审核人／日期：

注：保养后，用"√"表示日保，"O"表示月保，"×"表示有异常情况，应在"异常情况记录"栏予以记录。

8. 应急准备和响应记录（表 8-31）

表 8-31 应急准备和响应记录表

应急准备和响应记录			
记录编号：		企业名称和地址：	
发生时间		发生地点	
突发事件			
简要经过：			
责任人员/日期： 年 月 日			
产品及人员影响情况：			
品管部负责人/日期： 年 月 日			
事件原因分析：			
发生部门负责人/日期：			
纠正措施及处理结果：			
品管部负责人：			
预防措施：			
发生部门/负责人： 年 月 日			
食品安全小组组长/日期：			

附　录
附录1　FDA 食品企业检查基本知识课程

信息来源：美国 FDA 培训材料（微信公众号 CHINA-HACCP）

一、课程介绍

欢迎开始学习检查课程。

每年都会有数以百万的人生病，其中成千上万的人死于食源性疾病。正因为如此，定期对食品企业进行检查非常重要。检查可以确保所生产的食品能够供人们安全地食用。

为了介绍食品企业安全检查的基本操作，我们设计了两节课程，本课程是其中之一。食品企业安全检查可以确定食物的处理、储藏和制备是否正确。专业检验员及其专业素质是食品质量程序的关键。检查是食品质量程序的第一步，也是关键的一步。检查要从预防性地监控质量程序开始，并应从头至尾贯穿整个程序。

完成本课程后，您将能够了解如何为检查做好准备。您还将了解到如何安排管理以及在检查开始阶段要进行的初步观测。您将可以指出"危害分析与关键控制点"计划的目的并列举物理和化学危害的示例。此外，您还将了解寻找潜在食品污染物时的具体观察目标。最后，您将认识到纠正措施的目的。

二、课程目标

完成本课程后，您将能够了解如何为检查做好准备；了解如何正确安排管理；了解到在检查开始阶段要进行的初步观测；指出"危害分析与关键控制点"计划的目的；列举物理和化学危害的示例；了解寻找潜在食品污染物时的具体观察目标；认识纠正措施的目的。

三、内容安排

本课程内容经过精心编排，可帮助您了解对食品加工企业进行检查的各个要点，具体包括：准备；检查前问题；危害分析与关键控制点；食品保护；危害；纠正措施。

（一）检查前活动

检查前活动可以帮助您对企业展开检查；增进您对生产工艺的了解；提供一个指导性计划，帮助您确定在检查期间要检查哪些因素。检查前首先要考虑的是查阅企业的历史档案。

查阅企业的历史档案时，您应该综合评估多种类型的信息，包括：

工艺类型：您应该检查有关所生产或销售的食品的信息以及工艺的规模和复杂性。如果上次检查是由另一名检验员执行的，此步骤尤其重要。

检查记录：检查记录可以提供该公司既往食品问题记录的详情。回顾以往的检查记录可以揭示出企业在某个方面的违规方式（例如，个人卫生或虫害防治）。您应该记录之前的违规事件或违规方式，以确保在下次检查中审查这些问题。

"危害分析与关键控制点"计划：如果企业按照"危害分析与关键控制点"计划运作业务，最好是全面审查该计划的具体内容。您可能需要将计划的相关部分（例如，监控程序）复制下来，以便在检查期间随身携带，确认当前运作流程是否符合计划要求。

加工工艺：您应该熟悉与特定食品或所涉及行业相关的当前程序或问题，此外，还要熟悉相关的检查指南。历史档案中应该指出制造工艺较为复杂或需要经过特殊处理（例如，专门的工艺或技术）的产品。

投诉文件：公司历史档案中往往会包含客户投诉调查记录。您应该查看这些记录，观察对于某个产品或流程是否存在反复投诉的记录。仔细研究报告可帮助您发现具体的设备或流程问题。

计划审查记录：如果之前已执行计划审查，企业档案中应提供相关副本。此记录通常会提供厂房平面图、流程图以及所用加工设备的详细信息。计划审查记录可以作为工厂的简化版规划。

（二）检查前核对

您应该查阅企业历史档案和监管机构的设备建议，确保使用正确的设备对企业进行全面检查。

必要的设备和物品可能包括：

表格和管理材料；

化验工作服或能包裹便服的类似防护服；

防护头罩（例如，棒球帽、发网或类似装备）；

手电筒；

各种测量仪器（例如，用于测量亮度、酸度和水分活性的仪器）；

温度计（例如，测量食物和周围空气温度的热电偶、检验热水洗碗机最终冲洗温度的最高温度记录式温度计）；

检查各种消毒剂的化学测试工具；

照相机；

压力计，用于确定洗碗机热水进水管注水时的水压；

酒精棉签；

样品采集工具（例如，器皿、容器、转运箱、封条和密封带）。

调查食源性疾病投诉时，可能还需要执行专门的设备检查。在这种情况下，您应该查阅监管机构的设备指导原则。

（三）合适的着装

进入企业的食品加工区域时，务必起到表率作用。从头到脚，整个着装最好做到：职业、保守、整洁、干净。

检查期间，在所有暴露的食品加工区域，最好始终戴着合适的束发用品并在便服外面套上合适的外装。另外，还要适当地遮盖住面部毛发。

您应该确保良好的个人卫生和合适的着装。在一个规范的企业里，这种专业的形象将会赢得工人的尊敬。

（四）审查独特的生产工艺

您可能需要查看与企业检查计划相关的法律、法规或官方指南。

对于那些独特而高危害的生产工艺或处理程序（例如，针对酸性食品和装在密闭容器中进行热处理的低酸性食品的生产工艺），这一点尤其重要。

最好要熟悉与特定食品或所涉及行业相关的当前程序，此外，还要熟悉监管机构提供的相关检查指南。

（五）检查前问题

1. 向管理人员介绍自己

检查的基调通常在检查的前几分钟内定好。

在做自我介绍以及与管理人员交流时，您应该：在职业素养和个人风度之间保持一种平衡；清晰地陈述自己的姓名、监管机构名称以及来访目的；对企业和员工表现出诚恳的关注；询问检查期间可接受采访的人员；请求将自己介绍给可能要对检查和最终报告负责的人员。与管理人员间保持良好的关系有助于传达监管机构提升公众健康的目标。

2. 提供信息

自我介绍后，应向负责人解释检查过程的要点，具体可能包括：

解释任务的性质；解释期望的监管活动；询问企业自上次检查以来所采取的纠正措施；通过检查记录或索取可见证据来检验纠正措施。如果涉及消费者投诉，提供有关投诉性质的详细信息。提供相关产品或条件的详细信息。如需收集样品，建议企业重复取样。

取决于监管机构的指导原则以及可确信的事实，要求提供的信息范围可能不尽相同。例如，您应该对投诉者的身份保密。

（1）初步观察：室外

通过初步观察经营场所，可以很好地了解食品工人操作程序的概况。以简短的笔记记下这些观察结果，以供日后参考。

室外初步观察可能包括：潜在的虫害问题；废物控制；经营场所外部条件。

（2）初步观察：室内

室内初步观察可能包括：可能导致产品污染的潜在建筑物结构缺陷。

具体缺陷可能包括：屋顶漏水迹象，或者由于排水系统不良或堵塞造成的废水/污水危害。

（3）初步观察：员工

如果在初步观察中就发现食品工人操作不规范，那么可以大致反映出管理层对食品安全的总体要求。

员工是保持食品安全的关键角色，因此，在检查初期务必观察食品工人的实际操作，这一点很重要。检查中，您的出现可能会干扰工人的日常工作。

您应特别注意以下几点：

洗手/手接触即食食品；衣服清洁；在食品加工区域吃喝或吸烟；束头发。

检查基本知识——开始检查

（4）危害分析与关键控制点

"危害分析与关键控制点"计划。

检查最重要的功能之一就是检查前审查"危害分析与关键控制点"计划的具体落实情况。

"危害分析与关键控制点"体系是：

以预防为主，而不是用于应对已发生的不满意事件。

旨在确定危害因素、制定控制措施并监控落实这些措施。

并非所有的食品生产企业都被要求采用"危害分析与关键控制点"计划，也有一些企业，虽然未被要求采用"危害分析与关键控制点"计划，但仍然实施了该计划。

3. 计划要素

下面列出的计划审查要素可影响和控制危害的引入或防止微生物的滋生。无论是否存在正式的计划，您都应该关注这些要素。

检查期间审查"危害分析与关键控制点"计划时应涵盖以下要素：

食品流动周期；时间和温度控制；食品保护；潜在危害食品；纠正措施；召回或追溯程序。

4. 食品流动周期

任何时候，检查都应从讨论企业的食品菜单和食品制备流程开始。

应根据"危害分析与关键控制点"计划（如果存在正式计划）审查整个食品流动周期，即使在检查期间，食品流动周期中只有部分环节正在进行，也应如此。

这样可以发现应重点关注的产品或生产工艺中重要的安全控制措施。此外，还可以帮助那些必须实施计划的公司找出食品生产或关键监测步骤的漏洞。

检查过程中，建议与厨师长、厨师或部门主管探讨实际加工程序。这些人通常可以提供更准确、更符合经验规律的操作知识。

不过，提问时应注意措辞，以引导他们说出实际的加工工艺，而不是说出他们认为您想听的答案。另外，这时最好做下简要记录，这样可使信息收集过程继续顺利推进。

对于必须贯彻"危害分析与关键控制点"计划的公司，应根据检查中的观察结果和食品工人的陈述定期检查此计划的落实情况。

5. 时间和温度控制

要破坏或控制微生物病原体的生长，必须采取时间和温度控制措施。

检查期间，应仔细观察是否存在未烹熟的迹象或者是否存在由于时间和温度控制程序不到位而导致未达到所需食品安全级别的问题。对于采用"危害分析与关键控制点"计划的企业，计划中应对这些时间和温度控制程序专门加以阐述。务必验证加工流程是否符合此计划。

时间和温度控制：特别注意事项和关键限值。

您应特别注意那些最有可能受到细菌污染或对消费者危害最大的食品。在评估烹调工艺时，要考虑细菌数量、温度和时间。

烹调潜在危害食品所应遵守的关键限值应包括食品各个部分全部加热到特定温度所对应的技术指标。对于潜在危害食品，务必在验收、贮存、制备、烹调、保温、冷却和重新加热期间所适用的时间和温度控制措施进行评估。

6. 食品保护

审查食品菜单或生产计划有助于找出潜在危害食品。

通过审查以下事项，可以发现可能导致感染食源性疾病的问题：

所提供的食品类型；这些食品所需的制备步骤；所使用的包装方法；储藏说明（包括保质期）。

7. 配料和特性

考虑食物是否存在潜在危害时，应对配料加以评估。食物中是否含有任何有益于微生物生长的敏感配料？

另外，还应考虑制备期间和制备之后食品的内在因素（包括物理性质和食物成分）。这些内在因素包括：酸度、酸的类型、可发酵的碳水化合物、水分活性以及防腐剂的使用。

8. 要问的问题

为帮助找出潜在危害食品，您应该询问以下问题：

毒素形成条件：该食品在制备、储藏或消费者拥有期间，是否存在适合于病原体生存或繁殖和/或毒素形成的因素？

安全记录：市场中类似食品的安全记录如何？

二次污染：在制备后、包装前的这段时间内，食品是否可能受到二次污染？

包装：包装过程对食品的安全性有何影响？

病原体：食品中是否可能含有存活的芽孢病原体或非产芽孢病原体？

储藏：食品储藏温度不正确是否会导致食品滋生微生物而不安全？

9. 食品交叉污染

检查期间，如果在经过旨在减少或消除危害的加工步骤之后，食品仍有机会暴露在外面，则应查找可能导致交叉污染的区域。

对于那些在加工后、包装前这段时间暴露在外或未经保护处理的食品，您应予以特别重视。此期间如若出现污染，将会导致加工期间的关键控制措施前功尽弃。

对于必须采用"危害分析与关键控制点"计划的企业，该书面计划中应阐述食品加工后潜在的交叉污染和暴露问题。

您还应全面检查经营环境（例如包装车间）。应仔细记录潜在污染迹象，并立即提请管理人员注意。

空气污染可能是个问题，尤其是当气压小于大气压力时，潜在的污染物会被吸入暴露的食品区域。

10. 危害类别

（1）化学危害

检查期间，应评估潜在的化学污染。有害化学品在很大程度上是引起急性食源性疾病的罪魁祸首，同时还可能导致慢性病。化学污染物可能是自然生成的，也可能是食品加工过程中添加的。

附表 1-1 中列出了一些自然生成和人为添加的、可被视作潜在食品污染物的化学品示例。

附表 1-1 自然或人为添加可视作潜在污染化学品表

自然生成的化学品	人为添加的化学品
霉菌生成的真菌毒素（黄曲霉毒素）	农业化学品：
蛋白质分解生成的鲭毒素（组胺）	杀虫剂、杀真菌剂、化肥、杀虫剂、抗生素和激素
海洋甲藻生成的雪卡毒素	工业化学品
毒蘑菇菌种	违禁物质
海洋甲藻生成的贝类毒素：	直接添加
麻痹性贝类中毒	间接添加
腹泻性贝类中毒	毒性元素和毒性化合物：
神经性贝类中毒	铅、锌、砷、汞和氰化物
失忆性贝类中毒	食品添加剂：
植物毒素	直接添加：在良好生产规范条件下的允许限值
吡咯联啶生物碱	防腐剂（硝酸盐类和亚硫酸盐类制剂）
植物血球凝集素	调味品（味精）
	营养添加剂（烟酸）
	色素添加剂
	次级直接和间接
	经营场所使用的化学品（例如，润滑油、消毒杀菌剂、洗涤剂、涂料和油漆）
	有意添加的有毒或有害化学品（蓄意破坏/篡改）

（2）物理危害

疾病和损伤也可能是食品中的异物引起的。从作物收割到食品消费整个食品链的众多环节中，任何环节出现污染和/或程序不合格都可能引起这些物理危害。

检查期间，应评估"危害分析与关键控制点"计划，以确保：

找出所有相关的物理危害；

落实预防性程序，以降低污染风险。

附表 1-2 中列出了潜在物理危害及其可能导致的伤害和可能的污染源。

附表 1-2 物理危害分析

材料	可能导致的伤害	来源
玻璃	割伤、流血；可能需要通过外科手术找到并取出	玻璃瓶、广口瓶、灯具、器皿、仪表盖
木头	割伤、感染、窒息；可能需要外科手术取出	场地、木制托盘、建筑物、盒子、桌子、设备
石头、金属碎片	窒息、断牙、割伤、感染；可能需要外科手术取出	场地、建筑物、机械线材、容器瑕疵
隔热材料	窒息；如果是石棉，则会导致长期窒息感	建筑材料
骨头	窒息、创伤	场地、工厂加工方法不当
塑料	窒息、割伤、感染；可能需要外科手术取出	场地、工厂包装、材料、塑料托盘、员工
个人因素	窒息、割伤、断牙；可能需要外科手术取出	员工

11. 程序

您应该评估每种危害的潜在严重性或危险性，以判断其发生的可能性和严重性。危害识别和风险评估为判断哪些危害比较严重且应在"危害分析与关键控制点"计划中加以解决提供了理论基础。

检查期间，如果观察发现存在可能导致严重伤害的重大风险，应对此作出详细记录。如果"危害分析与关键控制点"计划中未能解决之前观察到的风险问题，也应记录在案。

您应该立即将这些风险告知企业管理人员，并敦促他们迅速采取纠正措施。

12. 纠正措施

尽管"危害分析与关键控制点"体系旨在防止出现偏差，但很难实现尽善尽美。因此，要求的计划中应包含纠正措施部分，以便发生偏差时有相应的解决措施。

纠正措施部分的必要性体现在以下三点：

（1）处置。确定出现偏差时如何处置已生产的食品。

（2）偏差。纠正偏差原因，确保切实掌控关键控制点。

（3）记录。提供所有纠正措施的书面记录。

13. 纠正措施记录

检查期间，您应该：

仔细审查纠正措施记录，确保已采取的纠正措施满足所有关键控制点的要求；

如有大量处理记录未列出任何纠正措施，应严肃质疑处理记录的完整性；

对重复列出相同目标温度的可疑手写温度记录提出质疑；

仔细询问食品工人以得到准确的工艺数据。

14. 召回或追溯程序

食品生产企业还应编制书面文档，阐述企业的召回或追溯程序。在检查过程中，应对这些程序加以评估。

对于采用"危害分析与关键控制点"计划的企业，应将召回或追溯程序纳入此计划。对于这些企业，您应该审查足够多的记录，以确定程序的有效性。

鼓励检验员与管理人员讨论落实可靠的召回或追溯程序的重要性。您应该鼓励企业每年执行一次召回演练，以评估该程序的有效性。这些测试结果以及由此引起的程序变更情况，都应记录下来作为"危害分析与关键控制点"计划的附录，以供日后参考。

有一点要切记，检查期间，切勿将作为"危害分析与关键控制点"计划的一部分而采取的"纠正措施"视为违背计划的行为。

相反，作为"危害分析与关键控制点"计划的一部分而采取纠正措施，表示正在正确地落实这项计划。

15. 员工状况和习惯

（1）传染性病原体

感染病原体的食品工人有可能通过食品供应环节传播下列病原体和疾病：

甲型肝炎、甲型沙门氏菌、志贺菌、诺瓦克和类诺瓦克病毒、金黄色葡萄球菌、酿脓链球菌、空肠弯曲杆菌、溶组织内阿米巴、肠出血性大肠杆菌、兰伯贾第虫、非伤寒沙门氏菌、轮状病毒、猪肉绦虫、霍乱弧菌、小肠结肠炎耶尔森菌。

（2）卫生习惯

员工卫生应是企业卫生控制方案的重要组成部分。

检查期间，您应：

寻找可能对食品安全有负面影响的不良个人卫生习惯的证据；

远距离观察食品工人；

认识到这是一个敏感问题，应该隐秘而谨慎地处理，以避免造成尴尬或不必要的敌视冲突；

私下里就个人卫生问题与管理层沟通。

（3）常见的不良卫生习惯

下面列出了一些常见的不良卫生习惯：

在裸露的食品周围打喷嚏和咳嗽；

触摸脸部、鼻子或头发后接触裸露的食品；

在食品制备区吸烟或饮食；

食品工人的指甲很脏或者很长；

佩戴可能藏有污物或细菌或者可能掉入裸露食品的首饰；

脏污的围裙或衣物；

浓重体味和邋遢的外貌（说明日常不常洗澡）；

在裸露食品区域未佩戴合适的发套。

（4）手部带来的污染

手是最容易传播细菌的途径之一。因此，员工应遵守严格的洗手和徒手接触规则，以降低造成污染的风险，这一点很重要。

员工应遵循的基本规则涉及以下几个方面：

洗手台

需要对企业内部的所有洗手台进行评估，以确保洗手台：

位置方便员工使用；

配备冷热水混合阀、肥皂及一次性毛巾或烘手机；

不会被其他物品挡住而无法使用或妨碍正常使用。

洗手水槽仅供洗手之用。决不允许在用于制备食品的水槽中洗手。您应将不正确的洗手方式及缺乏合适的洗手设施视为食品安全的严重威胁。

洗手程序

员工良好的洗手习惯是最重要的预防措施之一。您应注意观察食品工人在裸露食品区域的活动，以确认是否存在洗手程序不完善或缺失的问题。

您应观察食品工人在有下列行为之后是否有良好的洗手习惯：

使用卫生间；

打喷嚏时用手遮掩或者使用纸巾或手帕；

处理生食（尤其是海鲜、肉类和家禽）；

接触到身体部位（如口、鼻、头发或耳朵）；

接触或处理脏污的原料、设备或工作台面；

处理垃圾；

接触到受感染的或不卫生的身体部位；

进食或喝饮料；

吸烟或咀嚼烟草；

去休息/午餐以及休息/午餐后返回。

徒手接触即食食品

徒手接触裸露的即食食品会将细菌传播到食品上。严禁员工在双手与裸露的即食食品之间没有任何屏障的情况下处理这些食品。屏障可以是一次性手套、纸巾、抹刀、钳子或配料设备等。

您应该注意观察是否存在那些不太显眼、却会导致徒手接触食品的员工活动，包括：

给食品添加装饰品；

在蛋糕和糕点上添加或布置装饰和糖霜；

往玻璃杯中加冰；

将食品从烤架、操作台移到食盘和冷藏展示柜的过程中接触到食品。

（5）员工健康状况

由于患病的食品工人有可能会将疾病传染给其他人，因此在检查过程中要考虑员工的健康状况。

监测员工健康状况的主要目标是监控可能导致食品、食品包装材料和食品接触表面出现微生物污染的身体状况。

如有员工疑似患有疾病、创伤或其他不适，您应简短记录，以便继续跟踪调查。跟踪调查应包括向员工和管理人员询问身体状况的详细情况以及所采取的任何医学治疗和诊断。

食品工人传播疾病的主要途径包括：通过咳嗽或打喷嚏传播呼吸道疾病；开放性溃疡、伤口和脓疮；以及通过受粪便污染的双手传播肠道疾病。

（6）患病员工

如果您怀疑食品工人的疾病可能导致食品污染，最好立即咨询医务人员。

为缓解疾病传播的问题，可制定以下程序：

限定员工仅在食品经营场所的特定区域工作或仅执行特定的任务；

食品员工在患病期间不得在食品经营场所内工作，直至医生证明该员工已恢复健康（可能需要化验室确认）；

食品企业暂停营业，直至消除疾病或传染风险。

在处理患病员工问题时，应牢记以下几点：

谨慎处理病例并严格保密，以保护员工的隐私；

仅在"需要了解"的人群范围内，与企业员工、医务人员、企业管理人员和受影响员工讨论与病例相关的所有细节；

以适当形式完整记录所有会议和会面情况。

16. 食品安全培训计划

国际上，各国/地区的食品安全监管机构很快认识到对食品企业管理人员及食品工人开展食品安全培训的重要性。

对于高危害性的加工程序（如对海鲜食品进行真空包装和冷熏），可能需要提供专门的培训。专业机构或大学可在获得相关食品安全机构认可的前提下举办此类培训课程。

您应了解培训要求，并对照员工的资格条件检查企业的生产运营状况。参加相关机构认可的食品安全培训计划的员工，在通过课程培训后将获得结业证书，此证书通常要接受监管机构的审查。

17. 加工设备

（1）观察清洁和消毒情况

检查期间应仔细检查所有食品加工设备的清洁情况，要特别注意设备的食品接触表面。

清洁、卫生的食品接触表面，可以控制致病微生物的引入和繁殖。无论是看上去还是摸上去，这些表面都应显得清洁干净。

（2）常见的食品接触表面

常见的食品接触表面包括：

器皿；刀具；切片机；准备台；砧板；传送带；制冰机；托盘；手套。

方法、化学消毒剂及设备：

作为检查的一部分，您应向食品工人询问保持所有设备和器皿接触表面清洁卫生所使用的方法、化学消毒剂及设备。

切记：

对于用来加工有潜在危害的食品的食品接触表面，应至少每4h清洁和消毒一次；

使用清洁剂和消毒剂时浓度要适当；

应通过温度控制来实现可抑制微生物生长的冷藏环境。

（3）消毒剂浓度

您还应该查看所有化学清洁剂的标签说明并与实际清洁程序中使用的浓度进行比较。消毒剂浓度应与标签说明一致。

应配备可准确测量消毒液浓度的测试套件或其他装置。对于任何清洁操作，您应要求测试所用消毒剂的浓度。

（4）清洁程序

下列情况下，应对设备进行正确的清洁和消毒：

每次加工不同类型的生鲜动物性食品（如牛肉、鱼、羊肉、猪肉或家禽）之前；

每次从处理生鲜食品转为处理即食食品（如沙拉与三明治）时；

从处理新鲜果蔬转为处理有潜在危害的食品（如家禽）时，反之亦然；

使用或存放食品温度测量装置前。

检查期间，应袖手旁观清洁程序。时刻警惕可能造成食品接触表面污染的上述问题或其他问题的发生。

（5）设备使用

检查过程中应从以下几个方面评估设备的使用情况：

设备状况；正确使用；足以达到预期用途；认证。

下面几页中，我们将详细介绍这些内容。

①设备状况

检测过程应检查所有食品加工设备的状况，特别要注意可增加食品污染风险的过度磨损或损坏问题。

此外，还应留意那些无法清洁干净、嵌有污物或食品残留物的破损或不平整表面。

其他应予记录的设备状况包括：

镀锌表面已生锈并磨损；

油漆和密封胶剥落或脱落；

接头或维修部位焊接松动；

木板或制备台有严重磨损、切痕或开裂；

输送带严重磨损乃至磨破；

塑料或玻璃防护罩破裂；

裸露食品正上方表面的支架、螺栓和螺钉松动。

②正确使用

检查过程中，还应查看设备和器皿是否有使用不当的迹象。设备或器皿使用不当，可能会造成污染或损坏，进而影响到食品安全。

下列情况不可接受：

将食品器皿用于可能受到有毒物质污染的用途；

使用食品测量容器来配制非食品化合物（如洗涤剂、机油和水添加剂）。

您应认真记录所发现的上述情况。

③足以达到预期用途

食品生产中使用的设备，在确保食品安全的同时，还要发挥出设计功能。

应当特别注意检查所有用于维持必要温度的设备。这包括在烹制、保温、冷却和/或再加热过程中所使用的温度控制装置。如果冷藏装置或保热装置的运作负荷超出其设计能力，可能会导致食品温度失控。此外，如果使用专门用于保热的装置进行再加热，可能无法实现所需的快速再加热效果。

您还应评估人工洗涤和消毒设施是否存在缺陷。可能的缺陷包括水槽隔间不足而无法完成三步处理，或水槽容量过小而无法正确浸泡食品接触设备的大型部件。如果现场没有合适的清洗或消毒设施，应视为设备不洁净。

④认证

各类专业机构可能会对食品加工设备的适用性进行审查并提供相关认证。

检查期间，务必检查设备的证书。

18. 食品储藏和陈列

（1）来源

您应始终警惕是否有来源未经审批的食品。

食品经营场所不得将不符合监管机构监管要求的家庭自制食品提供或出售给客人食用。低酸性食品（如汤、蔬菜、酱汁和肉）会带来特殊的风险。

如果食品的包装程序不合格或者贴有"家庭自制"风格（常常不符合食品标签法规）的标签，则该食品很可能存在问题。

对于检查期间发现的所有来源未经审批的食品，均应尽力追溯其来源。这些食品当中很可能有一部分会流向其他食品经营场所。迅速、彻底的追溯调查有助于控制并追回这些来源未经审批的商品。

下面介绍建议的食品来源要求。

（2）建议的来源要求

您应确保所检查的产品符合推荐的来源要求：

肉类和家禽产品：所有肉类和家禽产品都应通过检查和审批。

软体贝类：软体贝类应妥善标记且其来源应获得监管机构的认可。

野味：所接收的用于出售或餐饮的野味，应按照例行检查程序进行商业化养殖或宰杀。

牛奶：液体牛奶和奶制品的奶源应符合监管标准。

蘑菇：对于野外采摘的蘑菇品种，其来源地所产出的每种蘑菇都必须通过经认可的蘑菇鉴定专家的检查并确认其安全性。

冰块：用作食品或作为冷却介质与食品接触的冰块应使用饮用水制作。

（3）轮换程序

正确的轮换程序对保持食品新鲜至关重要。

对冷藏储藏区和干燥储藏区的检查，可深入揭示企业的轮换程序是否符合要求。食品应标有日期编码，日期最早或最先收到的食品应存放在前面，最后收到的食品应存放在后面。

如果储藏或陈列的易腐食品的日期编码已过期，则明确表明该企业未实行正确的轮换程序。这种情况下，可能需要对产品进行更仔细的检查，以寻找是否有腐败、分解和发霉的迹象。

通过观察轮换程序，还可能会发现有啮齿动物或昆虫出没的情况。

干货食品（如意大利面食、大米和坚果）可能会滋生昆虫，夏季尤其如此。

在食品容器上未明确注明过期日期的情况下，通过检查收货记录可以获得有价值的储藏信息。如果食品工人无法确定仓库中剩余食品的上架时间，则说明企业可能存在轮换程序不完善的问题。

（4）总体外观

检查期间还应仔细检查待售食品，以确认是否有任何不适合食用的迹象。

可以表明待售食品存在问题的食品状况包括：

食品容器凸起、严重凹陷、生锈或泄漏；

易腐食品（如土豆沙拉、鸡蛋沙拉或凉拌卷心菜）的容器边缘出现干燥或变色的食品；

陈列的易腐食品超出制造商建议的退货日期或销售截止日期；

真空包装食品出现破裂迹象；

瓶装食品中出现混浊或变色；

食品表面发霉；

干货食品（如意大利面食、大米和坚果）的包装上有蜘蛛网等。

虽然有些令人反感的状况可能不会给公众健康带来风险，但其他状况则表明，食品加工存在严重缺陷或温度控制长期不到位。除单纯的包装评估外，您还应探索可将食品的具体变化或加工标记与常见问题相关联的任何规律。

（5）标签合规性

所有食品都应盛装在原装容器内，并贴上适当的标签和标识。

标签应包括下列内容：

食品名称和/或食品描述；

配料名称和含量列表；

食品中添加的任何人工色素、调味料、化学防腐剂；

食品数量；

制造商、包装商或经销商的名称和营业地点。

大多数产品还会提供营养成分标签。

（6）交叉污染

交叉污染是指生物或化学污染物通过生食、食品操作员或食品处理环境等途径转移至食品。

如果致病菌或病毒转移到即食食品，即会发生交叉污染，此类交叉污染是食源性疾病的常见起因。

您应对食品企业的食品制备、储藏和陈列等环节发生交叉污染的潜在风险进行评估。

（7）常见缺陷

食品制备、储藏和陈列环节中可导致交叉污染的常见缺陷包括：

处理或加工期间，生食与熟食或即食食品未充分隔离；

产品在储藏期间未得到充分隔离或保护；

食品加工区、设备或器皿清洁和消毒不充分；

员工有不良的卫生习惯和洗手习惯；

食品处理程序不正确或食品器皿受到污染；

员工在食品企业的生食区和成品区之间来回走动。

（8）动物生食

如果食品经营场所在其食品制备、储藏和陈列环节，经常让动物生食与即食食品靠得很近，其交叉污染风险将会大大增加。

这种情况在食品零售店中很常见。检查期间应警惕发生交叉污染的可能性。

（9）不良习惯

员工在有下列不良习惯时可能会导致交叉污染：

储藏食品：在冷藏间或冷藏陈列柜中将生食放在熟食上方。

预留食品：为其他客人预留食品（可能包括面包篮和食盘装饰物）。

接触食品：徒手接触即食食品或者盛装在玻璃器皿或餐具中的食品或饮料。

混装剩余食物：将剩余食物与刚做好的食物混在一起。

重复使用食品器皿：食品器皿或食品接触表面未经适当清洁或消毒就再次使用。

储藏化学品：在储藏过食品的容器中储藏化学品。

储藏液体化学品：在位于裸露食品或食品接触表面（包括包装材料）正上方的喷雾瓶中储藏液体化学品。

以上仅列举了可能导致交叉污染问题的几个示例。

这些环节出现任何缺陷，都应立即提请管理人员注意。您应要求采取必要的纠正措施，以防止食源性疾病的爆发。

（10）观察昆虫和啮齿动物痕迹

对于害虫、昆虫和啮齿动物应加以控制，尽量降低和杜绝它们在食品生产区域出现。

您应留意是否有害虫出没的迹象。包括：

死的啮齿动物或昆虫；

食品储藏区和食品制备区出现啮齿动物粪便或昆虫；

食品容器上有洞。

企业应雇用专业的害虫防治公司来实施害虫综合治理。

（11）害虫综合治理方案

害虫综合治理方案应包括以下5个步骤：

检查是否存在害虫；

识别虫害特征；

针对整个经营场所制订卫生方案；

采用两套或多套害虫治理程序并使用杀虫剂；

通过跟踪检查评估方案的有效性。

19. 供水

（1）认可的水源

食品企业的供水应满足以下条件：

来自经认可的水源（例如，市政供水或独立的现场供水系统）；

可安全饮用（饮用水）并且不含微生物、化学物质及其他有害物质；

定期执行微生物和化学物质检测。

如果企业拥有自己的供水系统，那么您在每次检查时应查看供水系统的位置、建筑结构和维护情况。如果供水系统的状况令人满意，那么最好每年至少采集一次样品进行分析。

企业应将检测报告存档维护，您在检查过程中应查看这些报告。

（2）异味、颜色或沉淀物

如果水中有异味、颜色或沉淀物，在对其进行分析之前，应暂停使用。

在此期间，可以安排使用瓶装水，或让企业暂时停业。

（3）冷热水

应该通过加压给所有需要用水的装置供水。

提供的热水水温应至少符合以下条件：

洗手用水：38℃（100℉）。

器皿洗涤用水：54~71℃（130~160℉）。

机械洗碗机中器皿消毒用水：82℃（180℉）。

器皿消毒用水：82℃（180℉），需要使用辅助加热器进行加热。

（4）污水

企业废水应排入经认可的污水处理系统，或企业内部的现场废物处理系统。

如果企业自己的废物处理系统为新建的系统，则应经过监管机构的审批。如果是既有系统，则应绘制系统示意图，并且每年检查一次系统的运行情况。

如果出现异味或有废水排到地面或流入河流，则应勒令企业关闭，直至修复废物处理系统。

（5）供水口和交叉连接

供水口与管道装置和/或设备边缘溢流水位之间的空隙应是供水口直径的两倍。对于浸没式进水口，应安装经认可的防虹吸装置。该装置应符合施工、安装、维护、检查和测试标准。

在饮用水与非饮用水供水装置之间不应存在交叉连接。此外，在来自非饮用水水源的水可能出现回流的情况下，应提供保护正常供水的防回流装置或空隙。

（6）器皿洗涤

所有器皿洗涤设施和机械洗碗机的设计、建造、安装和维护都应符合相关标准。

可以使用三格水槽对设备和器皿进行洗涤、漂洗和消毒。水槽每格的上方应张贴操作程序说明。

在三格水槽的第一格中，用洗涤剂洗涤设备；

第二格中，用干净的热水漂洗设备；

第三格中，用经认可的消毒剂对设备进行消毒。

如果厨具数量有限，可用两格水槽代替三格水槽。

对于使用化学消毒剂的洗涤机，在最终漂洗中应使用按消毒剂制造商规定浓度配制的消毒剂。应在标签上注明使用方法和所需浓度。此外，应配备可测量消毒液浓度的测试套件。您应请相关人员来演示洗涤程序。

高温洗碗机应当：

在显眼位置带有制造商张贴的清晰可读的铭牌；

应指示机器的设计和操作规范，包括进行洗涤、漂洗和消毒时的输送带速度和温度要求；

如为固定轨道机器，则应指示其运行周期；

消毒漂洗水的温度至少达到82℃（180℉）（通常需要使用辅助加热器）。

您应要求操作员清洗一定数量的餐具，来演示各个洗涤和漂洗流程。操作期间，可使用最高保温温度计或可贯穿整个洗碗机长度的热敏带来检查水温。您还应检查机器上仪表的精度。

（7）蓄水

冷热水的蓄水量取决于每天服务的人数。

每人每天的洗手间及食物制备的必要用水量平均为7~10加仑①。准备每桌饭菜的必要用水量为2~5加仑。

20. 食品取样

（1）物证

样品是指物质中被采集并提交以供检查和分析之用的任何部分。样品可作为物证，为您的检查结果和证词提供证据支持。

所采集的样品应能代表整个被取样对象，如有可能，最好将整个对象作为样品。为使采集的样品具有代表性，请确保被取样材料的各个部分均有平等的被采集机会。

液态样品应进行混合取样。

（2）取样步骤

为确保样品保持无菌、纯净，取样应包含三个步骤：采集、储藏、提交。

①采集

取样装置和容器应确保无菌。此外，出于质量控制目的，您应使用类似的未开封空容器来盛放提交的样品。

很多情况下，需要重复取样。因此，您应为企业管理人员提供机会，允许他们同时采集供企业自己使用的样品。

②储藏

采集完成后，应保护样品，防止受到污染或损坏。如果采集的样品易腐蚀，那么应将其保存在适当的温度下（例如，冷冻食品应保持冷冻状态）。

对于有潜在危害的食品，最佳储藏温度如下：

5℃（41℉），用于冷藏；

60℃（140℉），用于保温。

③提交

如有可能，您应使用未开封的原装容器盛装样品或将样品容器密封后提交给化验室。请确保正确标记样品。

在运送样品前或将样品送至化验室前，应确保样品始终在您的控制之下。这样可以确保送至化验室的样品与所采集的样品为同一样品。

样品送出后，您应立即通知化验室样品正在运输途中，并告知预计送达时间。与化验

---

① 1加仑=3.785412L。

室技术人员探讨所要进行的检验，并就可能需要执行的其他程序征求技术人员的意见。

21. 检查报告

（1）违规记录

准备检查报告时，应包括：

企业的法定名称；电话号码和地址；企业类型；授权编号（如适用）；所有者姓名；检查日期和时间。

最好按数字或优先级顺序列出违规事实。

记录违规情况时，应引用法规中的适用部分来列举违规行为。此外，您还应确定负责人是否理解记录违规行为与食源性疾病预防的关系。

（2）支持信息

除企业信息和违规列表外，检查报告还应包含与检查相关的支持信息。支持信息可能包括：

证据认定；照片的使用；检查期间的纠正措施。

下面我们将详细介绍此类信息。

（3）证据认定

如发现禁运食品，您应记录与食品位置、数量、使用和标签相关的所有证据。不要包含无关的证据。

在行政听证会或法庭庭审期间，您可能需要认定违规行为并将其与相关企业关联。

（4）照片的使用

您可以使用照片来证明与所列举的企业异常状况相关的事实。

您应：确保照片的相关性。

切记：既不要拍摄记录不必要的冗余信息，也不要忽略某些材料，因为局部照片可能具有误导性。

拍摄彩色照片，照片应包含时间和日期戳。

最重要的是，务必了解您所在机构有关照片使用方面的政策规定及法定权利。

（5）检查期间的纠正措施

您应在检查表中记录所有违规情况，即便这些违规情况在检查期间已得到纠正也不例外。对于所有严重的违规情况，除在检查表中予以记录之外，还应在检查之时立即予以纠正。

如果企业即将出现某种健康危害，企业应暂时停业，直至违规情况得到纠正。对于不严重的违规情况，最好制定一个合规时间表。

下一节，您将了解有关合规时间表的更多知识。

（6）支持文件的正确审查

您应审查所有：菜单；贝类食品记录；食谱；温度记录；接收的食物；适用文件。

如有需要，务必核实"危害分析与关键控制点"计划。

企业所有者或经营者应了解这些文件，并能讨论和回答与这些文件有关的问题。

结束会议

（7）企业主要代表

企业所有者、经营者或负责人应出席结束会议，查看并讨论检查报告。那些有权同意合规时间表并做出违规整改承诺的人员也需要参加结束会议，这一点很重要。

切记，结束会议应在远离经营场所日常运营活动的地方（如负责人办公室）召开；并需要非常有效的沟通。

您既要认真聆听，也要适时发表意见。询问与会人员是否有任何问题或是否需要其他信息。

下面将具体介绍结束会议的要点。

（8）从严重的违规情况开始

最好先讨论严重的违规情况，然后是不严重的违规情况。

报告应简练地描述观察结果，并附上测量数据和样品。应以中立态度提交您的观察结果，避免提出判断性意见。观察结果及其他证据应当真实、有说服力。（例如："记录式温度计测量的温度表明，保热温度不够高。"）

为帮助相关负责人理解违规原因，请将各种违规情况与适用法规的相应条款对照列出。如果反复或频繁出现某种违规情况，就需要花时间来讨论其原因所在。

（9）严重违规行为

严重违规行为可能包括：

有潜在危害的食品的温度不符合要求；

患有传染病的员工带病工作；

员工卫生习惯不良；

供水不安全；

企业污水溢出；

管道不规范；

存在有毒物质。

（10）对公众健康的影响

利用召开结束会议的机会，解释并强调各种违规情况对公众健康的影响。

讨论违规情况与特定疾病之间的联系，包括疾病的贮主、传播方式、潜伏时间以及疾病在食用该食品的易感人群中的表现形式。

（11）合规时间表

您应与负责人就合规时间表进行讨论并达成共识。

合规时间表应包括需要在以下时间纠正的违规情况：

（12）立即纠正

以后某个期限内纠正。（例如，不严重的违规情况最迟可在 90 天内纠正，而一些严重的违规情况则需要短时间内予以纠正。）

严重违规情况最好在检查期间得以纠正，允许的延期时间不超过 10 天。是否延长期限应根据潜在危害的性质及纠正措施的复杂程度来确定。

对于合规时间表，应提出若干建议方案并进行讨论，以便负责人可以从中选择合适的方案。在合规时间表方面，应强调期望的成果，而不是实现该成果的过程。

（13）结论和收据

为结束讨论，您应审查口头提出和书面记录的每项违规情况。务必进行良好深入的沟通，仔细解释所有细节。

然后，您应：

提供一份填写完整的检查报告副本及列明纠正时间的合规时间表；

要求负责人在报告上签字或提供签名收据或确认函。

即使拒绝签署，企业所有者或操作员仍有义务在指定期限内纠正违规情况。

（14）处理争议

有时，检验机构或授权企业的所有者会要求就检查过程中存在的争议召开听证会。

如果是检验机构要求召开听证会，企业所有者通常必须说明企业未履行以往检查报告要求的理由。

如果是企业负责人要求召开听证会，原因通常是负责人不同意检查或合规时间表中的规定。检验机构应通知企业经营者出席为解决争议而预备召开的听证会。

附录 2   出口速冻方便食品生产企业注册卫生规范

出口速冻方便食品生产企业注册卫生规范

（2001 年 1 月 8 日由国家认监委国认注［2001］1 号文件公布）

1. 依据

本规范根据《出口食品生产企业卫生注册登记管理规定》，参照国际食品法典委员会（CAC）和有关进口国食品卫生法规、标准制定。

2. 适用范围

本规范适用于出口速冻方便食品生产企业。

3. 术语和定义

3.1   速冻方便食品：是指以粮谷、果蔬、肉、水产品等为原料经调制、加热（或未经加热）后速冻、冷（冻）藏等加工工艺生产的、经简单处理即可食用的食品。

3.2   出口速冻方便食品生产企业：是指经国家认证认可监督管理委员会注册的出口速冻方便食品生产、加工、储存企业。

3.3   生区：是指有加热工艺的产品，在加热工序之前的加工区域。

3.4   熟区：是指有加热工艺的产品，在加热工序开始之后的产品加工区域。

3.5   食品接触表面：是指在正常加工过程中，直接或间接接触食品的各种器具表面，如工器具、刀具、桌面、案板、传送带、制冰机、贮冰池、手套、围裙等。

3.6   危害分析和关键控制点（HACCP）：对食品安全危害进行识别、评估以及控制的体系。

4. 卫生质量控制体系、HACCP 管理体系

4.1   企业建立卫生质量体系，包括 HACCP 手册、程序文件和作业指导书在内的体系文件应符合《出口食品生产企业卫生要求》。

4.2   列入《卫生注册需要评审 HACCP 体系的产品目录》的出口速冻方便食品生产企业，应按照国际食品法典委员会《国际食品法典委员会 HACCP 体系及其应用准则》的要求建立和实施 HACCP 体系。

5. 生产、质量管理人员的卫生要求

5.1   健康要求

5.1.1   从事食品生产、质量管理的人员每年至少进行一次健康检查，必要时做临时健康检查；新进厂人员应经体检合格后持证上岗。企业应建立员工健康档案。

5.1.2   凡患有痢疾、伤寒、病毒性肝炎等消化道传染病（包括病原携带者），活动性肺结核、化脓性或渗出性皮肤病以及其他有碍食品卫生的疾病者，应调离食品加工及质量管理岗位。

5.2 卫生要求

5.2.1 生产、质量管理人员应保持个人清洁卫生，不得将与生产无关的物品带入车间；工作时不得戴首饰、手表，不得化妆。

5.2.2 进入车间时洗手、消毒并穿着工作服、帽、鞋，离开车间时换下工作服、帽、鞋；不同清洁区加工及质量管理人员的工作帽、服应用不同颜色加以区分，集中管理，统一清洗、消毒、发放；制馅、成型、加热、预冷、内包装人员应戴口罩和带有发罩的帽子。不同区域人员不准串岗。

6. 厂区环境

6.1 出口速冻方便食品生产企业不得建在有污染源、有碍食品卫生的区域；厂区周围应保持清洁卫生，交通便利，水源充足；厂区内不得生产、存放有碍食品卫生的其他产品。

6.2 厂区路面平整、无积水，主要通道应铺设水泥等硬质路面，空地应绿化。

6.3 厂区卫生间应当有冲水、洗手、防蝇、防虫、防鼠设施，墙壁及地面易清洗消毒，并保持清洁。

6.4 厂区排水系统畅通，厂区地面不得有积水和废弃物堆积，生产中产生的废水、废料的排放或者处理符合国家有关规定。

6.5 厂区建有与生产能力相适应的符合卫生要求的原料、辅料、化学物品、包装物料储存等辅助设施和废物、垃圾暂存设施。

6.6 厂区内不得有裸存的垃圾堆，不得有产生有害（毒）气体或其他有碍卫生的场地和设施。

6.7 厂区内禁止饲养与生产无关的动物。

6.8 工厂必须有虫害控制计划、灭鼠图，定期灭鼠除虫。

6.9 厂区应布局合理，生产区与生活区应分开，生活区对生产区不得造成影响。锅炉房、贮煤场所、污水及污物处理设施应与加工车间相隔一定的距离，并位于主风向的下风处。锅炉房应设有消烟除尘设施。

6.10 原料肉或水产品进厂、人员进出、成品出厂相互之间应避免发生交叉污染。

6.11 必要时厂区应设有原料运输车辆和工具的清洗、消毒设施。

6.12 工厂的废弃物应及时清除或处理，避免对厂区生产环境造成污染。

7. 车间和设施设备

7.1 车间

7.1.1 车间面积应与生产能力相适应，生产车间结构和设备布局合理，并保持清洁和完好。车间出口、与外界相连的车间排水出口和通风口应安装防鼠、防蝇、防虫等设施。

7.1.2 生、熟加工区应严格隔离，防止交叉污染。进口国有特殊要求的，应符合进口国的规定。

7.1.3 不同清洁区域应分设工器具清洗消毒间，清洗消毒间应备有冷、热水及清洗消毒设施和适当的排气通风装置。

7.1.4 车间地面应采用防滑、坚固、不透水、耐腐蚀的无毒建筑材料，并保持一定坡度，无积水，易于清洗消毒。

7.1.5　车间内墙壁、屋顶或者天花板应使用无毒、浅色、防水、防霉、不脱落、易于清洗的材料修建。墙角、地角、顶角应采取弧形连接，易于清洁。

7.1.6　车间门窗用浅色、平滑、易清洗、不透水、耐腐蚀的坚固材料制作，结构严密；非封闭的窗户应装设纱窗；车间窗户不宜有内窗台，若有内窗台的，内窗台台面应下斜约45°。

7.1.7　车间入口处设有洗手和鞋靴消毒设施，洗手消毒设施应与加工人员数目相适应，备有洗手用品及消毒液和符合卫生要求的干手用品。水龙头为非手动开关并应备有温水。水龙头配置比例应为每10人一个水龙头，200人以上的，每增加20人，增设一个水龙头。必要时应在车间内适当位置设有适当数量的洗手消毒设施。

7.1.8　设有与车间相连接的卫生设施，卫生设施包括：更衣室、卫生间、淋浴间等，其设施和布局不得对车间造成潜在的污染。

7.1.9　卫生间的门应能自动关闭，门、窗不得直接开向车间，且关闭严密。卫生间的墙壁和地面应采用易清洗消毒、不透水、耐腐蚀的坚固材料。卫生间的面积和设施应与生产人员数量相适应，设有洗手和干手设施，每个便池设施应设冲水装置，便于清洗消毒。卫生间内应通风良好、清洁卫生。

7.1.10　不同清洁程度要求的区域应设有单独的更衣室，个人衣物（鞋、包等物品）与工作服应分别存放，不造成交叉污染。更衣室的面积和设施应与生产能力相适应，并保持通风良好。更衣室内宜配备更衣镜、不靠墙的更衣架和鞋架。更衣室内有更衣柜的，应采用不易发霉、不生锈、内外表面易清洁的材料制作，保持清洁干燥。更衣柜应有编号，柜顶呈45°斜面。更衣室应配备空气消毒设施。

7.1.11　生产工艺有要求时，在车间内适当位置设有缓化间（或区域）。

7.1.12　应分设内外包装间，内包装间应备有消毒设施。

7.2　设备和附属设施

7.2.1　车间内的设备、设施和工器具用无毒、耐腐蚀、不生锈、易清洗消毒、坚固的材料制作，其结构易于清洗消毒。

7.2.2　加工设备的安装位置应按工艺流程合理排布，防止加工过程中发生交叉污染，便于维护和清洗消毒。

7.2.3　供水设施。加工用水的管道应采用无毒、无害、耐腐蚀的材料，应有防虹吸或防回流装置，不得与非饮用水的管道交叉接触，并有标识。

7.2.4　排水设施。排水系统应有防止固体废弃物进入的装置，排水沟底角应呈弧形，易于清洗，排水管应有防止异味溢出的水封装置以及防鼠网。应避免加工用水直排地面。任何管道和下水道应保证排水畅通，不积水。不允许由低清洁区向高清洁区排放加工污水。

7.2.5　通风设施。宜采用正压通风方式。进气口应远离污染源和排气口。进风口应有过滤装置，过滤装置应定期消毒。气流宜由高清洁区排向低清洁区。蒸、煮、油炸、烟熏、烘烤设施的上方应设有与之相适应的排油烟和通风装置。排气口应设有防蝇、虫和防尘装置。

7.2.6　照明设施。车间内位于食品生产线上方的照明设施应装有防护罩，工作场所以及检验台的照度符合生产、检验的要求，光线以不改变被加工物的本色为宜。检验岗位的照明强度应不低于540Lux；生产车间的照明强度应不低于220Lux；其他区域照明强度不低于110Lux。

7.2.7　温度显示装置。有温度要求的工序和场所应安装温度显示装置，车间温度按照产品工艺要求控制在规定的范围内。

7.2.8　车间供水、供汽、供电应当满足生产需要。

7.2.9　加热设施。应符合热加工工艺要求，配置符合要求的温度计、压力表。密闭加热设施还应有热分布图和温度显示装置，必要时配备自动温度记录装置。加热设施设备应有产品合格证，并按规定定期实施计量检定和校准。

7.2.10　高清洁区应配备空气消毒设施。

8. 原、辅料及加工用水（冰）

8.1　原、辅料

8.1.1　供加工出口速冻方便食品的原料肉类应符合出入境检验检疫机构有关要求，有兽医卫生检疫合格证书和厂检合格证明。

8.1.2　水产品原料应符合有关卫生安全要求。

8.1.3　果菜类原料应为新鲜或冷藏的，成熟适度，风味正常，无病虫害，无腐烂。农药残留应符合有关限量要求。

8.1.4　其他原、辅料和进口原、辅料应当符合国家有关标准和进口国家的有关安全卫生要求。

8.1.5　原、辅料经验收合格后方可使用。

8.2　水、蒸汽的供应

8.2.1　加工用水和制冰用水应符合国家生活饮用水卫生规范的要求。企业应备有供水网络图，并标注水质监测取样点编号。

8.2.2　企业在加工前应对加工用水（冰）的余氯含量进行检测，并定期对加工用水（冰）进行微生物项目检测，以确保加工用水（冰）的卫生质量。每年对水质的公共卫生检测不少于两次。

8.2.3　加工过程中不得使用静止水解冻原料。

8.2.4　需要使用蒸汽的操作应保证足够的压力和蒸汽供应。

9. 生产过程的卫生控制

9.1　有毒有害物品的控制

9.1.1　应建立有毒有害物品的专用储存库。清洗、消毒剂与食品添加剂等专库（或柜）存放，标识清楚。

9.1.2　严格执行有毒有害物品的储存和使用管理规定，确保厂区、车间和化验室使用的洗涤剂、消毒剂、杀虫剂、燃油、润滑油和化学试剂等有毒有害物品得到有效控制，避免对产品、食品接触表面和包装物料造成污染。

9.1.3 应列出有毒有害物品清单，建立使用记录。

9.2 防止污染

9.2.1 在生产过程中应按照生产工艺的先后次序和产品特点，将原料前处理、半成品、成品、包装等不同清洁卫生要求的区域有效分开设置，各加工区域的产品应分别存放，防止人流、物流交叉污染。

9.2.2 加工过程所用设备、操作台、工具、容器等应定时清洗消毒，与肉接触的刀具、绞肉机、搅拌器等设备应用82℃以上的热水清洗消毒。清洗消毒后的工器具应当妥善存放，避免再次污染。

9.2.3 应定期对直接接触产品的器具、加工环境和加工人员的手做微生物检验。

9.2.4 班前、班后应对生产设备、工具、容器、场地等进行彻底的清洗消毒，班前检查合格后，方可生产。

9.2.5 对加工过程中产生的不合格品、跌落地面的原料、产品及废弃物，应收集到固定地点的、有明显标识的专用容器中，并在卫生检验人员的监督下及时处理。

9.2.6 废弃物容器和可食产品容器不得混用，并有明显标识。废弃物容器应防水、防腐蚀、防渗漏，避免对产品造成污染。

9.2.7 禁止使用竹木工器具，对于传统工艺必须使用的，在保证食品安全卫生的前提下可以使用。

9.3 加工过程控制

9.3.1 原料肉和水产品等的缓化应在缓化间（或区域）内进行。

9.3.2 肉类、水产品、蔬菜等原料，在加工前应经充分挑选、清洗等处理。

9.3.3 有腌制工艺要求的，腌制间温度应控制在0~4℃。

9.3.4 蒸、煮、油炸、烟熏、烘烤等工序，应保持良好的通风，防止冷凝水污染产品。应制定明确的操作规程避免生熟交叉污染，并得到有效监控，保持完整的记录。进口国对加热工艺有特殊要求的，按进口国规定进行。

9.3.5 加热后的产品，速冻前应在符合卫生要求的预冷设施内进行预冷处理。

9.3.6 预冷后的产品应立即速冻，产品在冻结时应以最快速度通过食品的最大冰晶区（大部分食品为-1~-5℃）。产品冻结后的中心温度应低于-18℃。

9.3.7 产品的内包装应在温度受控且卫生的专用包装间内进行。根据产品工艺要求，必要时对成品进行金属探测检验。

9.3.8 对原料的处理、产品的成型、加热、预冷、速冻、包装等工序应控制在规定的时间内。

9.3.9 同一条生产线生产不同品种的产品时，在更换品种前应彻底清洗消毒。

10. 标识、包装、运输与储存

10.1 标识预包装、大包装的标志应符合 GB 7718《食品标签通用标准》《进出口食品标签管理办法》和进口国的要求。应在外包装标注卫生注册编号、批号和生产日期等内容。

10.2 包装

10.2.1 用于包装食品的物料符合卫生标准并且保持清洁卫生，不得含有有毒有害物质，不易褪色。

10.2.2 包装物料间通风干燥,有垫板,设有防鼠防虫设施。内、外包装物料分别存放,不得有污染。

10.3 运输应使用配备冷藏、保温等设施的运输工具运输,并保持清洁卫生。

10.4 储存

10.4.1 冷藏库的温度应当保持在-18℃以下,温度波动范围控制在2℃以内。配备温度显示装置和自动温度记录装置,并定期校准。

10.4.2 库内保持清洁卫生、无异味,定期消毒,有防霉、防鼠、防虫设施。库内物品与地面距离至少10cm,与墙壁距离至少30cm,堆码高度适宜,并分垛存放,标识清楚。

10.4.3 库内不得存放有碍卫生的物品;同一库内不得存放可能造成相互污染或者串味的食品。

10.4.4 应设有肉类(或水产)原料专用储存库。

11. 检验要求

11.1 检验机构

11.1.1 企业应设立与加工能力相适应的、独立的检验机构,能进行常规项目的检测。检验机构应具备检验工作所需要的检验设施和仪器设备,仪器设备应按规定定期实施计量检定和校准并有记录。

11.1.2 检验机构应对原料、辅料、半成品按标准取样检测,并出具检测报告。

11.1.3 成品出厂前应按生产批次进行检验,出具检验报告。检验报告应按规定的程序签发。

11.1.4 对检验不合格的产品应及时隔离,反馈信息,并在加工过程中及时采取纠正措施。

11.1.5 检验机构对产品质量有否决权。

11.2 检验人员:企业应配备足够数量的、具备相应资格的专业人员从事卫生质量管理工作。质量管理人员应经过培训,考核合格后持证上岗;企业还应对检验人员定期组织培训。

11.3 有关检验技术资料:企业实验室应具备常规检验工作所需要的原、辅料和成品检验的标准、技术要求、试验方法等有关检验技术资料。

11.4 委托检验:委托社会实验室承担企业卫生质量检验工作的,该实验室应当具备国家规定的资格,并且应当签有委托检验的合同。

12. 培训

12.1 企业应制订培训计划,定期对全体员工进行食品安全卫生知识培训。新进厂的人员必须经过卫生知识培训,考核合格后方可上岗。

13. 记录

13.1 对反映产品卫生质量情况的有关记录,应制定其标记、收集、编目、归档、存储、保管和处理的程序,并贯彻执行;所有质量记录应真实、准确、规范,并保存2年。

14. 建立产品召回制度

14.1　企业应制定产品标识、质量追踪和产品召回制度，以保证出厂产品在出现安全卫生质量问题时能够及时召回。

附录3　出口速冻果蔬生产企业注册卫生规范

出口速冻果蔬生产企业注册卫生规范

（2003 年 9 月 10 日由国家认监委国认注 ［2003］51 号文件公布）

引　言

1984 年国家进出口商品检验局发布《出口食品生产企业卫生注册管理条例》和《出口食品厂库最低卫生要求》，并经 1994 年进行修订以来，速冻蔬菜和脱水蔬菜加工企业虽然分别被纳入第一、二批注册企业名单，并开始进行注册管理工作，一直缺乏与这两类企业对应的注册管理依据和复查换证依据，不能满足对检验检疫监督管理工作的需要。1996 年 8 月，由福建出入境检验检疫局主持制定的《出口速冻蔬菜加工企业注册卫生规范》曾经通过了国家出入境检验检疫局的审定，但没能发布。2000 年，国家认证认可监督管理委员会根据形势和工作的需要做了第三次修订。

本次修订内容与 1994 年稿和 1996 年稿的不同点在于：

1. 按照国家质量监督检验检疫总局第 20 号令的要求，对速冻蔬菜企业在注册的同时进行 HACCP 初步运行情况的考核，体现在组织机构及其职责、SSOP 对应的 8 个方面的卫生要求、对有毒有害化学用品的控制等，分布在多个条款之中。

2. 根据品质控制的需要，对包装间温度、杀菌设施、各个出入口等硬件设施给予补充要求。

3. 根据卫生控制的需要，增加了对低温加工区关键部位三相控制及温度显示的要求。

4. 根据源头管理和蔬菜基地备案的新要求，在原料、辅料要求中予以体现，但又给予一定管理伸展幅度和缓冲措施。

5. 编制内容的操作部分从严从细，文本格式力求简洁，便于领会与使用。

本规范由国家认证认可监督管理委员会提出，并依此进行管理。

本规范起草单位：山东出入境检验检疫局

本规范主要起草人：朱春泗

出口速冻果蔬生产企业注册卫生规范

1. 制定依据

本规范根据《出口食品生产企业卫生要求》制定。

2. 适用范围

2.1　本规范适用于出口速冻（冷冻）蔬菜、水果等食品生产企业卫生注册。

2.2　速冻果蔬是指用新鲜蔬菜、新鲜水果和其他新鲜植物产品原料经水洗、去皮、加热或不加热、冷却、去水、速冻（冷冻）等工艺加工后低温储存的食品。

3. 卫生质量管理体系

3.1 出口速冻果蔬生产企业应当建立保证出口食品卫生的质量体系，并制定体现和指导质量体系运转的质量体系文件。

3.2 出口速冻果蔬生产企业的卫生质量体系应当包括下列基本内容：

3.2.1 卫生质量方针和目标；

3.2.2 组织机构及其职责；

3.2.3 生产、质量管理人员的要求；

3.2.4 环境卫生的要求；

3.2.5 车间及设施卫生的要求；

3.2.6 原料、辅料卫生的要求；

3.2.7 生产、加工卫生的要求；

3.2.8 包装、储存、运输卫生的要求；

3.2.9 有毒有害物品的控制；

3.2.10 检验的要求；

3.2.11 保证卫生质量体系有效运行的要求。

3.3 出口速冻果蔬生产企业必须按照国际食品法典委员会《危害分析和关键控制点（HACCP）体系及其应用准则》的要求建立和实施 HACCP 体系。

4. 卫生质量方针和目标

4.1 出口速冻果蔬生产企业应制定本企业的卫生质量方针、目标和责任制度，并贯彻执行。

4.2 企业最高管理者应确保卫生质量方针、目标和责任制度的有效实施。

4.3 生产企业应建立保持文件化的质量体系，确保出口速冻果蔬的生产符合本规范的要求。

5. 组织机构及其职责

5.1 出口速冻果蔬生产企业应当建立与生产相适应的、能够保证其产品卫生质量的组织机构，并规定其职责和权限。

5.2 出口速冻果蔬生产企业应建立一级（直属工厂最高领导）品管机构，对工厂监管负全面管理职责。

5.3 品质管理部门有充分权限以执行品质管理任务，其负责人有停止生产或出货的权力。

5.4 品质管理部门应有食品检验机构，卫生管理机构，作业现场品质人员配置。

5.5 生产负责人与品质管理负责人不得兼任。

5.6 应设立 HACCP 小组。

6. 生产、质量管理人员的要求

6.1 与食品生产有接触的人员经体检合格后方可上岗。

6.2 生产、质量管理人员每年至少进行一次健康检查，必要时做临时健康检查；凡患有影响食品卫生的疾病者，必须调离食品生产岗位。

6.3 生产、质量管理人员保持个人清洁，不得将与生产无关的物品带入车间；工作时不得戴首饰、手表，不得化妆；进入车间时洗手、消毒并穿着工作服、帽、鞋，离开车间时换下工作服、帽、鞋。

6.4 清洁区、非清洁区加工人员及检验人员工作服、帽应用不同颜色加以区分，集中管理，统一清洗、消毒、发放。

6.5 清洁区加工人员应戴口罩和发罩。

6.6 生产、质量管理人员应当定期接受加工卫生、卫生质量体系等内容的培训，并经过考核合格后上岗。

6.7 配备足够数量的、具备相应资格的专业人员从事卫生质量管理工作和实验室技术检测工作。

7. 环境卫生的要求

7.1 出口速冻果蔬生产企业不得建在有碍食品卫生的区域，厂区外周围环境应清洁卫生，无物理、化学、生物等污染源，空气、地表和地下水洁净无污染。

7.2 厂区内不得兼营、生产、存放有碍食品卫生的其他产品。

7.3 厂区路面平整、无积水，厂区无易起灰尘的地面。主要通道硬化，非通道地面适当绿化。

7.4 厂区卫生间有冲水、洗手、防蝇、防虫、防鼠设施，墙裙以浅色、平滑、不透水、无毒、耐腐蚀的材料修建，并保持清洁。

7.5 生产中产生的废水、废料的排放或者处理符合国家有关规定。

7.6 厂区建有与生产能力相适应的符合卫生要求的原料、辅料、化学物品、包装物料储存等辅助设施和废物、垃圾暂存设施。

7.7 根据工艺要求需设立原料前处理场所的，不得对厂区环境造成污染。

7.8 生产区与生活区隔离。锅炉房应设在下风向位置。

8. 车间及设施卫生的要求

8.1 车间面积与生产能力相适应，布局合理，排水畅通，通风良好。

8.2 车间地面用防滑、坚固、不透水、耐腐蚀的无毒材料修建，平坦、无积水并保持清洁；车间出口及与外界相连的排水、通风处安装防鼠、防蝇、防虫等设施。

8.3 车间内墙壁、屋顶或者天花板使用无毒、浅色、防水、防霉、不脱落、易于清洗的材料修建，墙角、地角、顶角具有弧度。

8.4 车间窗户有内窗台的，内窗台下斜约45°；车间门窗用浅色、平滑、易清洗、不透水、耐腐蚀的坚固材料制作，结构严密。

8.5 按照加工流程，根据不同的清洁程度，分设与加工间相连的更衣室，更衣室内配备有更衣镜及与加工人员数目相适应的便鞋架、水鞋架及挂衣帽架等更衣设施，要避免个人衣物与工作服形成交叉污染；更衣室设有更衣柜的，应采用不发霉、不生锈、易清洁的材料制作，并保持干燥；更衣室应有消毒措施，清洁卫生，通风良好，有适当照明。

8.6 视需要设立与更衣室相连接的卫生间。卫生间有冲水装置、洗手消毒设施及换气装置，备有洗涤用品和不致交叉污染的干手用品，水龙头为非手动开关，门窗不直接开向车间，室内应保持清洁，通风良好。卫生间外备有拖鞋架和专用拖鞋。

8.7 加工间入口处设有鞋靴消毒池。加工间入口处和加工间内适当的位置设足够数量的洗手消毒设施，备有洗涤用品及消毒液，水龙头为非手动开关。

8.8 加工间内工序布局合理，清洁加工区、非清洁加工区之间应严格分开，不形成交叉污染。

8.9 加工间内操作台、工器具、传送带（车）用无毒、不生锈、易清洗消毒、坚固耐用的材料制作。速冻机内不得有生锈、油漆、网带脱落破损等有可能污染产品的部件；冷冻间内不得有生锈蒸发排管、生锈风机、内壁保温层脱落等有可能污染产品的设备设施。

8.10 漂烫、蒸煮等加工区应相对隔离，并有温度监控装置。加热设施的上方，应设与之相适应的通风、排气装置；冷水管不得在加热设施上方；加工车间天花板不得存有凝结水。

8.11 包装间温度应控制在不影响产品质量的适宜的温度，但不得高于10℃；有空气杀菌设施；有给排水设施，可保证冲刷四壁及地面；包装间应有包装工人出入门、半成品入料口、成品出口、包装物料进口等通道并设置必要的防护设施，防止冷库操作工人及其他非清洁区人员出入包装间。

8.12 车间内位于工作区域照明设施的照度不低于220Lux，包装间、检验台上方的照度不低于540Lux。车间内生产线上方照明设施应装有防护设施。

8.13 速冻机、急冻间、冷藏库内、库门外应安装易于观察并不易破碎的温度显示装置，机房内应有集中显示、自动记录并控制的显示温度装置。

8.14 加热和制冷设备的温度计、显示装置、压力表必须符合要求，并经定期校准。

8.15 在加工间内适当位置设工、器具清洗消毒处或消毒间，供有82℃的热水或消毒剂，使用消毒剂的必须配备相应的充足清洁水容器以冲净工器具上的消毒剂。

9. 原料、辅料卫生的要求

9.1 原料应来自经检验检疫机构备案的种植基地、或者具备农药检测合格证明、或者具备产地环境无污染证明。

9.2 企业应建立完善的农残监控体系，确保原料农残符合进口国有关要求。

9.3 蔬菜、水果、其他植物产品原料必须采用新鲜或冷藏的。成熟适度，风味正常，无病虫害，无腐烂。半成品原料必须来自出口食品卫生注册、登记企业。

9.4 辅料应当符合国家有关卫生规定，有生产厂检验合格证；严禁使用进口国不允许使用的辅料。原料、辅料进厂后应专库存放，经过进厂验收合格后方准使用；超过保质期的原料、辅料不得用于食品生产。

9.5 加工用水（冰）符合国家《生活饮用水卫生标准》或者其他必要的标准，每年对水质的公共卫生防疫卫生检测不少于两次，每周一次微生物检测，每天一次余氯检测。自备水源应当具备有效的卫生保障设施。挂冰衣用水中不得加入消毒剂。

10. 生产、加工卫生的要求

10.1 生产设备布局合理，并保持清洁和完好。

10.2 应通过危害分析确定加工过程的关键控制点，并得到连续有效的监控，对监控失效期间的产品应及时隔离处理，并采取有效的纠偏措施。

10.3 对加工过程的食品接触表面如切菜机、速冻设备传送网带、加工流水线、操作台、工具、容器手推车辆和工人的手、工作服等应定时清洗、冲霜、消毒，并定期做微生物检测。

10.4 不便于直接清洗的蒸发排管、急冻间和冷藏库地面、内壁应定期维护和消毒。

10.5 班前、班后进行卫生清洁工作，专人负责检查，并做检查记录。

10.6 对加工过程中产生的不合格品、跌落地面的产品和废弃物，在固定地点用有明显标识的专用容器分别收集盛装，并在检验人员监督下及时处理，其容器和运输工具及时消毒。

10.7 应当对不合格品产生的原因进行分析，并及时采取纠正措施。

10.8 加工间原料入口、废料出口应有明显标识和防蚊蝇设施；废料出口尽可能远离原料进口，废料应及时、妥当地通过合理渠道处理到厂外；废料运输车辆不得污染厂区。

10.9 成品应经金属探测器检验合格。金属探测器应定时进行校准。

11. 包装、储存、运输卫生的要求

11.1 用于包装食品的物料符合卫生标准并且保持清洁卫生，不得含有有毒有害物质，不易褪色。

11.2 包装物料间干燥通风，内、外包装物料分别存放，不得有污染。

11.3 速冻果蔬脱盘、包装间应当与冷库以传递方式相连接，冷库操作工和车辆不得进入包装间。包装间不得兼作穿堂；有专用慢冻产品通道。

11.4 运输车辆定期消毒，保持干燥、卫生、无污染及异味；制冷、保温车状态良好。

11.5 出口速冻果蔬成品专库储存，未经包装的产品不得进入成品库。

11.6 速冻机-35℃，急冻库-33℃、冷藏库-18℃以下，保鲜库、冷藏库应保持稳定，库内保持清洁，定期消毒，有防霉、防鼠、防虫设施。

11.7 库内成品与墙壁距离至少30cm，与地面距离至少15cm，与顶棚距离至少60cm。垛位之间至少能使工人通过，垛位有管理卡。库内不得存放有碍卫生的物品；同一库内不得存放可能造成相互污染或者串味的食品。

12. 有毒有害物品的控制

12.1 速冻果蔬生产企业要建立有毒有害物品的专用储存库，标识清楚，专人管理。

12.2 杀虫剂及其他化学药品的使用必须经相关主管部门批准，未经批准不得使用。

12.3 严格执行有毒有害物品的储存和使用管理规定，确保厂区、车间和化验室使用的洗涤剂、消毒剂、杀虫剂、燃油、润滑油和化学试剂等有毒有害物品得到有效控制，避免对产品、产品接触表面和包装物料造成污染。

12.4 速冻果蔬生产企业应列出有毒有害物品清单，建立使用记录。

13. 检验的要求

13.1 企业有与生产能力相适应的内设检验机构和具备相应资格的检验人员。检验机构应直接由厂长领导，对产品质量有否决权。

13.2 企业内设检验机构具备相适应的微生物、农残等检验工作所需要的标准资料、检验设施和仪器设备，检验仪器按规定进行计量检定，检验要有检测记录。

13.3 企业内设检验机构必须对原料、辅料、半成品按标准取样检验，并出具检验报告。

13.4 对检验不合格的原料、半成品、成品应及时出具报告并隔离不合格品，督促指导相应管理者在加工过程中及时采取纠偏措施。

13.5 成品出厂前必须按生产批次进行检验，出具检验报告；检验报告应按规定程序签发及保存。

13.6 使用社会实验室承担企业卫生质量检验工作的，应当签有合同，并且该实验室应当具有相应的资格。

14. 保证卫生质量体系有效运行的要求

14.1 制定原料、辅料、半成品、成品及生产过程卫生控制程序，并有效执行，做好记录。

14.2 建立并执行卫生标准操作程序并做好记录，确保加工用水（冰）、食品接触表面、有毒有害物质、虫害防治等处于受控状态。

14.3 对影响食品卫生的关键工序，要制定明确的操作规程并得到连续的监控，对关键工序的监控必须有记录。

14.4 制定和执行对不合格品的控制制度，制度包括不合格品的标识、记录、评价、隔离处置和可追溯性等内容。

14.5 制定产品标识、质量追踪和产品召回制度，以保证出厂产品在出现安全卫生质量问题时能够及时召回。

14.6 制定和执行加工设备、设施的维护程序，保证加工设备、设施满足生产加工的需要。

14.7 制订和实施职工培训计划并做好培训记录，保证不同岗位的人员熟练完成本职工作。

14.8 建立内部审核制度，一般每半年进行一次内部审核，一年进行一次管理评审，并做好记录。

14.9 对反映产品卫生质量情况的有关记录，制定标记、收集、编目、归档、存储、保管和处理的程序，并贯彻执行；所有质量记录必须真实、准确、规范并具有卫生质量的可追溯性，保存期不少于 2 年。

附录4 速冻食品生产HACCP应用准则

ICS67. 120. 10

X04

GB

中华人民共和国国家标准

GB/T 25007—2010

速冻食品生产 HACCP 应用准则

Hazard analysis and critical control point (HACCP) for application of quick-frozen foods

2010-09-02 发布 2010-12-01 实施

中华人民共和国国家质量监督检验检疫总局
中国国家标准化管理委员会 发布

目　次

前　言

本标准的附录 A、附录 B、附录 C、附录 D 和附录 E 均为资料性附录。

本标准由中国商业联合会提出并归口。

本标准起草单位：中国商业联合会商业标准中心、郑州三全食品股份有限公司、河南省速冻食品工程技术研究中心、河南全惠食品有限公司、成都全益食品有限公司、郑州全味食品有限公司、郑州全新食品有限公司、深圳市福葫食品有限公司、佛山市金城速冻食品有限公司、上海市冷冻食品行业协会等。

本标准主要起草人：曹德胜、陈南、黄忠民、林榆生、冼洁莹、张宁鹤、郑军芬、苏玲、张文叶、靳晓蕾、刘振宇。

速冻食品生产 HACCP 应用准则

1 范围

本标准规定了速冻食品生产过程中的危害分析和关键控制点（HACCP）体系的原理及其应用要求。

本标准适用于速冻食品生产的全过程。

2 规范性引用文件

下列文件中的条款通过本标准的引用而成为本标准的条款。凡是注日期的引用文件，其随后所用的修改单（不包括误的内容）或修订版均不适用于本标准，然而，鼓励根据本标准达成协议的各方研究是否可使用这些文件的最新版本。凡是不注日期的引用文件，其最新版本适用于本标准。

GB 5749　生活饮用水卫生标准

GB 7718　预包装食品标签通则

GB/T 22000　食品安全管理体系　食品链中各类组织的要求

GB/T 27341　危害分析与关键控制点（HACCP）体系　食品生产企业通用要求

3 术语和定义

GB/T 2200 和 GB/T 27341 中确立的以及下列术语和定义适用于本标准。

3.1 速冻食品 quick-frozen foods

用快速方法冻结，并采用冷藏链使其在流通领域保持-18℃或更低温度的带有标识的食品。

3.2 冷藏链 cold chain

食品从生产到消费的各个环节中，连续不断采用低温方法流通和保存的一个系统，包括：冻结（或冷却）、冷藏、低温运输、区域配送和零售。

4 HACCP 体系的原理

HACCP 体系由以下 7 项原理组成：

原理 1：进行危害分析。

原理 2：确定关键控制点（CCPs）。

原理 3：建立关键限值。

原理 4：建立关键控制点（CCPs）的监控体系。

原理 5：建立纠偏措施，当监控表明某个特定 CCP 偏离时采用。

原理 6：建立验证程序，确定 HACCP 体系运行的有效性。

原理 7：建立有关上述原理及其在应用中的所有程序和记录的文件系统。

5 HACCP 体系的应用

5.1 总则

5.1.1 管理层及 HACCP 工作小组对 HACCP 体系建立、实施及验证给予全面责任承诺和参与。

5.1.2 HACCP 体系应用前，应建立实施 HACPP 体系所必需的质量管理文件，并加以实施和保持，以及持续改进其有效性。

5.1.3 应按本标准的要求建立体现 HACCP 7 项原理的 HACCP 体系，并形成文件。

5.2 文件要求

5.2.1 基础前提文件

    a）良好的操作规范；

    b）卫生标准操作程序；

    c）生产工序操作要求；

    d）职工培养计划；

    e）产品标识、质量跟踪和产品召回制度；

    f）加工设备、设施维护保养条例；

    g）微生物监控规程（菌落总数、大肠菌群等）。

5.2.2 其他前提文件

    a）产品标准；

    b）计量、监控设备标准条例；

    c）实验室管理制度；

    d）委托社会检测机构的合同或协议；

    e）文件与资料管理规定；

    f）使用的其他文件化内容（书面或电子形式），可包括：

    1）规范（或标准）；

    2）图纸：生产厂（公司）总平面图及周围地区平面图；生产车间平面图（物流、人流图）；生产工艺流程图；生产车间供、排水（汽）图、灭鼠措施分布图；

    3）现行的有关规定；

    4）其他支持性文件（如设备手册，制定抑制细菌性病原体生长的资料，建立产品安全保质期的资料，确定杀死细菌性病原体加热要求的资料，以及向有关顾问或专家进行咨询的信件等）。

5.2.3 前提文件记录表。

5.3 HACCP 体系文件与记录应包括

    a）HACCP 体系建立规程；

    b）HACCP 小组名单及职责分工；

    c）产品描述；

    d）产品加工生产流程图（参见附录 A）；

e） 危害分析表；

f） HACCP 计划表；

g） HACCP 计划记录表。

5.4 文件控制

HACCP 体系文件的建立应依照 HACCP 原理所要求的逻辑程序进行，组织应对此进行文件控制（参见附录 B）。

5.5 记录控制

应建立并保持纪录，以提供符合要求的 HACCP 体系有效运行证据。

6 速冻食品良好操作规范

企业应按照《中华人民共和国食品安全法》和相应卫生规范要求，建立并实施速冻食品生产企业的 GMP（良好操作规范），具体参见附录 C。

7 速冻食品卫生操作程序

根据速冻食品生产企业的实际情况，制定符合要求的食品卫生标准操作程序，具体参见附录 D。

7.1 接触速冻食品（包括原料、半成品、成品）或与速冻食品有接触的物品如水等应符合安全、卫生要求。

7.2 接触速冻食品的器具、手套和内、外包装材料等应清洁、卫生和安全。

7.3 确保速冻食品免受交叉污染。

7.4 保证操作人员的手的清洗消毒，保持洗手间设施的清洁。

7.5 防止润滑剂、燃料、清洗消毒用品、冷凝水及其他化学、物理和卫生等污染物对速冻食品造成安全危害。

7.6 正确标注、存放和使用各类有毒化学物质。

7.7 保证与速冻食品接触的员工的身体健康和卫生。

7.8 预防和清除蚊蝇、老鼠等虫害。

8 生产工序操作要求

8.1 生产工艺

8.1.1 应确定并策划直接影响产品质量的生产工艺过程，确保过程受控制。

8.1.2 制定基本生产工艺流程。

8.1.3 制定产品加工工艺、操作规程、产品配方、检验和企业产品标准，并形成文件，加以控制。

8.1.4 按工艺要求对生产过程确定关键控制点，建立关键限值，对关键控制点的人员培训，对设备等进行性能鉴定，并有过程记录。

8.2 加工前关键控制点（CCPs）

8.2.1 对供方的控制

8.2.1.1 对原、辅料供方进行评价和选择，从合格的供方处采购。

8.2.1.2　对供方的供货能力、供货的质量保证能力等信息资料及实际情况进行考核，综合评定，以确定合格的供方。

8.2.1.3　对合格供方的能力、业绩、供货记录等进行动态综合评价，建立和保存相关资料记录。

8.2.2　原、辅料进厂检验

8.2.2.1　应制定原、辅料采购验收和索证索票制度。

8.2.2.2　原、辅料应符合相关标准规定且是检验合格的产品。

8.2.2.3　采购的原、辅料根据各自质量的要求，应放在符合要求的仓库内储存。

8.2.2.4　对储存且在保质期内的原材料，使用前应进行感官和微生物检验，判为合格品的才能投入生产。

8.3　加工过程中关键控制点（CCPs）

8.3.1　原料

所选原料应是新鲜和适度成熟的原料。

8.3.2　微生物

应评定原料在使用前致病的微生物的存在和程度及防止生产过程中再污染。

8.3.3　安全

根据原料的微生物控制要求，确定原料被致病微生物危害的程度，并确定原料是否进入后续生产工序。

8.3.4　质量

尽可能地控制住速冻成品（或半成品）中微生物数量，有助于保持口味、新鲜度和色泽，亦有助于获得适宜的储存期。

8.3.5　冻结前的预处理

8.3.5.1　成品在速冻前应经过多种加工工序，如清洗、分类、剪切、分割、成熟老化、切片、加热等，其中CCP视不同品种而定，尤其应减少在临界温度区（10~60℃）的停留时间。

8.3.5.2　对众多食品，热处理应在70℃以上停留不少于2min，然后尽快地降到10℃以下。

8.3.5.3　蔬菜经烫漂可以杀死细菌、抑制酶的活性，但会影响口味和色泽等质量问题。

8.3.5.4　速冻前一些成品或半成品需要暂存，储藏条件（尤其是温度）应视不同品种而定。

8.3.5.5　速冻食品在加工过程中需要解冻，应清楚注明解冻方法、解冻时间、解冻温度，以及温度的测量仪器和测量仪器的布置方法。解冻方法的确定应考虑食品的厚度和大小均匀性，操作时应控制好解冻时间和温度参数。

8.4　速冻

8.4.1　速冻装置内部空气温度应预冷到≤-30℃。

8.4.2　经处理或预包装后的食品应尽快进入速冻装置内进行速冻。

8.4.3　应视不同品种和规格对被速冻的食品制定通过最大冰晶带的温度区（一般系指被

冻食品的中心温度-1～-5℃）的时间。

8.4.4 被冻食品的中心温度达到-18℃或更低，冻结过程完成。

8.4.5 冻结好的食品不能滞留在高温、高湿环境，应尽快送入-18℃或更低温度的冷库。

8.4.6 对速冻后需包装的速冻食品，应在温度不高于15℃的环境中迅速包装，并应即刻送入-18℃或更低温度的冷库。

8.5 包装

速冻食品有包装后速冻和速冻后包装之分。速冻食品包装应满足：

——保护食品的感官和其他品质的特性；

——保护食品不受微生物和其他污染物的影响；

——与其他影响食品质量和安全的物质隔离；

——标签应符合 GB 7718 的规定。

8.6 速冻食品的冷藏

8.6.1 速冻食品的储藏库温度应在-18℃或更低。

8.6.2 速冻食品库房温度波动要小于±2℃。

8.6.3 有异味的其他速冻食品不能储存在同一库房内。

8.6.4 储存的速冻食品出库应执行"先进先出"的原则。

8.6.5 速冻食品进入流通领域应执行食品"冷藏链"的要求。

8.7 不合格品控制

8.7.1 制定不合格品控制文件，确保不合格品不进入流通领域。

8.7.2 对采购的原料、辅料，以及成品的加工过程和产品的储运中发现的不合格品应按有关规定处理并记录。

9 微生物检验

9.1 应按照产品质量要求建立对有关微生物进行检验的程序，并达到合格要求。

9.2 应建立对其他可能存在的致病菌进行检验的程序，并达到合格要求。

10 HACCP 计划建立规程

10.1 组建 HACCP 工作小组

速冻食品生产应确保有相应的产品专业知识和有关技术的支持。HACCP 小组应由保证建立有效 HACCP 计划所需相关专业知识的、有经验和能实施的领导、生产技术人员、工程技术人员、质量管理人员及其他必要人员组成。以确定有效的 HACCP 计划，明确 HACCP 计划的范围，列出速冻食品生产中所涉及的环节，并说明所强调的危害的总体分类。

10.2 产品描述

HACCP 工作的首要任务是对实施 HACCP 系统管理的产品进行描述。描述的内容包括：

——产品的名称；

——产品的原料和主要成分；

——产品的理化性质和加工方法；

——包装方式；

——储存条件；

——保质期限；

——配送要求；

——销售要求。

10.3 绘制和确认速冻产品加工工艺流程图

HACCP 工作小组应深入生产线，详细了解产品的生产和加工过程，绘制产品的生产工艺流程图并现场验证流程图。

10.4 HACCP 计划程序

10.4.1 危害分析（原理 1）

10.4.1.1 危害分析讨论和评估

10.4.1.1.1 危害分析讨论人员由各部门专业人员参加。

10.4.1.1.2 危害分析讨论时，范围应广泛、全面，对所用的原料、产品加工的每一步骤和所用设备、终端产品及其储存和分销方式等进行分析。在此阶段应尽可能列出所有可能出现的潜在危害。

10.4.1.1.3 危害评估是对每一个危害发生的可能性及其严重程度进行评估，以确定对食品安全非常关键的显著危害，并将其纳入 HACCP 计划。

10.4.1.2 进行危害分析时应将安全问题与一般质量问题分开。涉及安全问题的危害有：

a) 生物危害：包括细菌、病毒、霉菌毒素、寄生虫和有害生物因子。

b) 化学危害：天然的化学物质、超规定使用食品添加剂、无意或偶然加入的化学品、生产过程中产生的有害化学物质：

1) 天然的化学物质：组胺等；

2) 无意或偶然加入的化学药品：农业上的化学药品、禁用物质、有毒物和化合物、工厂化学物质（润滑剂、清洁剂等），以及包装材料及助剂中化学物迁移；

3) 食品添加剂：防腐剂、营养素添加剂、色素添加剂。

c) 物理危害：潜在于食品中不常发现的有害异物，如玻璃、金属等。

10.4.1.3 列出危害分析表

危害分析表可使执行者明确危害分析的思路。HACCP 工作小组还应考虑对每个危害可采取哪种控制措施。

10.4.2 确定关键控制点（原理 2）

10.4.2.1 应用判断树（参见附录 E）的逻辑推理方法，确定 HACCP 系统中的关键控制点（CCP）。在某一步骤上对一个确定的危害进行控制对保证速冻食品安全是必要的，然而在该步骤或其他步骤上都没有相应的控制措施，那么，对该步骤或其前后步骤的生产或加工工艺必须进行修改，包括相应的控制措施。

10.4.2.2 通过分析速冻食品生产流程表确定关键控制点。

10.4.3 建立每个关键控制点的关键限值（原理 3）

10.4.3.1 每项控制措施要有一个或多个相应的关键限值。

10.4.3.2 关键限值的确定要有科学的依据，分别来自科学刊物、法规性指南（含标准）、专家试验等。用来确定科学限值的依据和参考资料应作为 HACCP 方案支持文件的一部分。

10.4.3.3 关键限值包括但不限于：时间、温度、pH、有效氯和添加剂等的使用量，以及感官指标等。

10.4.4 建立对每个关键控制点进行监控的系统（原理 4）

10.4.4.1 通过监测发现关键控制点是否失控，通过监测提供必要的信息，以及调整生产过程，防止超出关键限值。

10.4.4.2 操作人员使用操作限值以降低偏离风险。加工工序应在超过操作限值时进行调整，以避免超出关键限值，操作人员可使用这些调整措施避免失控或避免采取纠偏行动，及早发现失控的趋势，并采取行动防止产品返工，避免造成产品的报废。只有在超出关键限值时才采取纠偏行动。

10.4.4.3 监控系统包括：

——监控内容：通过观察和测量来评估一个 CCP 的操作是否在关键限值内。

——监控方法：常用的有物理和化学检测指标，包括时间和温度组合、酸度或 pH、感官检验。

——监控设备：有温湿度计、计时器、天平、pH 计、化学分析设备等。

——监控频率：监控可以是连续的或非连续的。连续监控对许多物理或化学参数都是可行的。如果监控不是连续的，那么检测的数量或频率应确保关键控制点在监控之下。

——监控人员：可以进行 CCP 检测的人员包括流水线上的人员、设备操作者、监督员、维修人员、质保人员等。负责 CCP 的人员必须接受 CCP 监控技术的培训，掌握 CCP 监控的重要性，能及时进行监控活动，准确报告每次监控工作，随时报告违反关键限值的情况以便及时采取纠偏行动。

10.4.5 建立纠偏措施（原理 5）

10.4.5.1 在 HACCP 计划中，对每个关键控制点都应该预先建立相应的纠偏措施，以便出现偏离时实施。

10.4.5.2 纠偏措施应包括：

——确定引起偏离的原因。

——确定偏离期所涉及产品的处理方法，例如隔离和保存，并作安全评估、退回原料、重新加工、销毁等。

——记录纠偏行动，包括对受影响产品的最终处理、采取纠偏行动人员的姓名、必要的评估结果。

10.4.6 建立验证程序（原理 6）

10.4.6.1 通过验证、审查、检验，确定 HACCP 是否正确运行，验证程序包括对 CCP 的验证和对 HACCP 体系的验证。

10.4.6.2 CCP 的验证活动应包括：

  ——校准：CCP 验证活动包括监控设备的校准，以确保测量的准确度。

  ——校准记录的复查：复查设备的校准记录、检查日期和校准方法，以及试验结果。应保存校准的记录并加以复查。

  ——针对性的原样检测。

  ——CCP 记录的复查。

10.4.6.3 HACCP 体系的验证

10.4.6.3.1 验证的频率：足以确认 HACCP 体系在有效运行，每年至少进行一次或在体系发生故障时、产品原材料或加工过程发生显著改变时或发生了新的危害时进行。

10.4.6.3.2 体系的验证活动：检查产品说明和生产流程图的准确性；检查 CCP 是否按 HACCP 的要求被监控；监控活动是否在 HACCP 计划中规定的场所执行；监控活动是否按照 HACCP 计划中规定的频率执行；当监控表明发生了偏离关键限值的情况时，是否执行了纠偏行动；设备是否按照 HACCP 计划中规定的频率进行校准；工艺过程是否在既定的关键限值内操作；检查记录是否准确、是否按照要求的时间来完成等。

10.4.7 建立记录档案（原理 7）

  HACCP 体系应保存的记录包括：

  ——危害分析表：用于进行危害分析和建立关键限值的信息记录。

  ——HACCP 计划表：应包括产品名称、CCP 所处的步骤和危害的名称、关键限值、监控措施、纠偏措施、验证程序和保持记录的程序。

  ——HACCP 体系运行记录表：包括监控记录、纠偏记录和验证记录。

10.5　培训

  HACCP 有效执行的基本要素是对在行业（企业）中有关人员进行 HACCP 原理和应用的培训并形成记录。作为 HACCP 培训的辅助性方法，应制定工作说明和工作程序，规定每个关键控制点操作人员的任务：

  ——所有人员要充分认识到相关关键控制点正确控制的重要性；

  ——所有人员应知道他们在防止食品污染和变质方面的作用和义务；

  ——食品加工人员应具备必要的知识和技能；

  ——对处理清洁剂和其他有害化学物品的有关人员要进行安全技术指导；

  ——对有关人员进行正确使用食品添加剂的业务培训。

10.6　跟踪与回收

  生产企业应确保对市杨上销售的速冻食品拥有完全跟踪和快速召回的能力。

  ——在一定时间内应保存加工、生产、配送的有关记录；

  ——对速冻食品的储存条件和食用方法要标识清楚，以利于生产企业的跟踪；

  ——建立可能对公共健康带来危害产品的召回方法；

  ——在尚未确认销毁或获准重新加工以前，必须对召回的产品进行监管。

附录 A （资料性附录）速冻鸡块生产流程图

加工类别：速冻食品

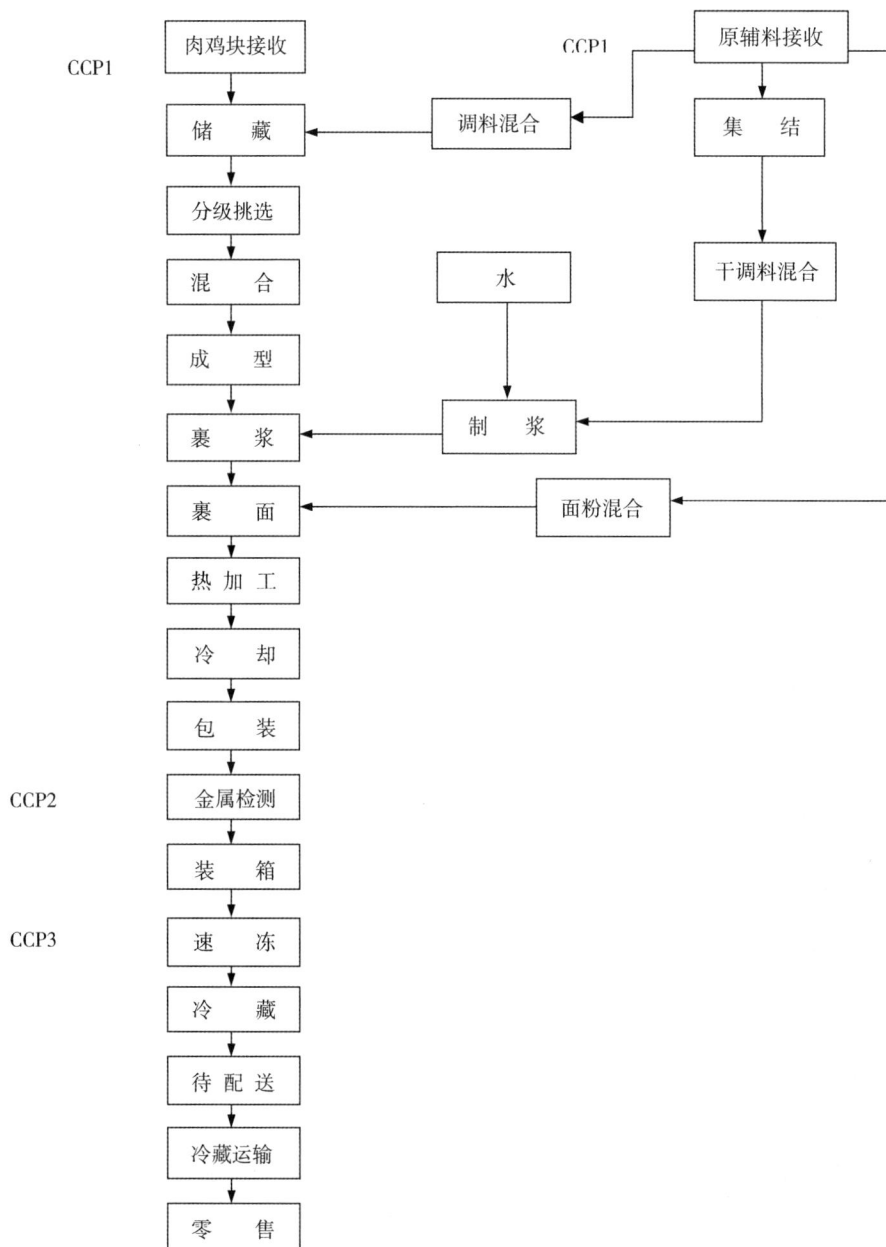

```
                        ┌──────────┐                    ┌──────────┐
                        │ 肉鸡块接收 │         CCP1        │ 原辅料接收 │
        CCP1            └────┬─────┘                    └────┬─────┘
                             ↓          ┌──────────┐         ↓
                        ┌────────┐  ←── │ 调料混合  │ ←──  ┌────────┐
                        │ 储  藏 │      └──────────┘      │ 集  结 │
                        └────┬───┘                        └────┬───┘
                             ↓                                 ↓
                        ┌────────┐                        ┌──────────┐
                        │ 分级挑选 │                        │ 干调料混合 │
                        └────┬───┘      ┌────────┐        └────┬─────┘
                             ↓          │  水   │             ↓
                        ┌────────┐      └────┬───┘
                        │ 混  合 │           ↓
                        └────┬───┘
                             ↓
                        ┌────────┐
                        │ 成  型 │
                        └────┬───┘
                             ↓          ┌────────┐
                        ┌────────┐  ←── │ 制  浆 │ ←── 
                        │ 裹  浆 │      └────────┘
                        └────┬───┘
                             ↓                          ┌──────────┐
                        ┌────────┐  ←────────────────── │ 面粉混合  │
                        │ 裹  面 │                       └──────────┘
                        └────┬───┘
                             ↓
                        ┌────────┐
                        │ 热 加 工 │
                        └────┬───┘
                             ↓
                        ┌────────┐
                        │ 冷  却 │
                        └────┬───┘
                             ↓
                        ┌────────┐
                        │ 包  装 │
                        └────┬───┘
        CCP2                 ↓
                        ┌────────┐
                        │ 金属检测 │
                        └────┬───┘
                             ↓
                        ┌────────┐
                        │ 装  箱 │
                        └────┬───┘
        CCP3                 ↓
                        ┌────────┐
                        │ 速  冻 │
                        └────┬───┘
                             ↓
                        ┌────────┐
                        │ 冷  藏 │
                        └────┬───┘
                             ↓
                        ┌────────┐
                        │ 待 配 送 │
                        └────┬───┘
                             ↓
                        ┌────────┐
                        │ 冷藏运输 │
                        └────┬───┘
                             ↓
                        ┌────────┐
                        │ 零  售 │
                        └────────┘
```

图 A.1 速冻鸡块生产流程图

附录 B （资料性附录）HACCP 应用逻辑程序图

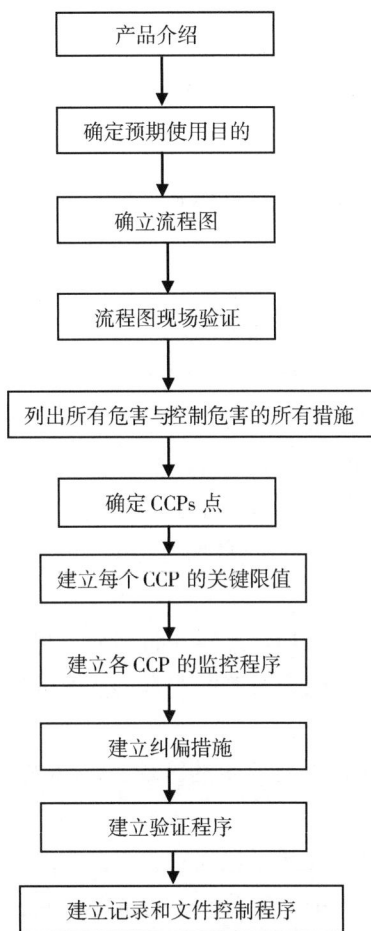

```
            ┌──────────────┐
            │   产品介绍    │
            └──────┬───────┘
                   ↓
            ┌──────────────┐
            │ 确定预期使用目的│
            └──────┬───────┘
                   ↓
            ┌──────────────┐
            │  确立流程图   │
            └──────┬───────┘
                   ↓
            ┌──────────────┐
            │ 流程图现场验证 │
            └──────┬───────┘
                   ↓
        ┌──────────────────────┐
        │ 列出所有危害与控制危害的所有措施 │
        └──────────┬───────────┘
                   ↓
            ┌──────────────┐
            │  确定 CCPs 点 │
            └──────┬───────┘
                   ↓
         ┌──────────────────┐
         │ 建立每个 CCP 的关键限值│
         └────────┬─────────┘
                  ↓
         ┌──────────────────┐
         │ 建立各 CCP 的监控程序│
         └────────┬─────────┘
                  ↓
            ┌──────────────┐
            │  建立纠偏措施  │
            └──────┬───────┘
                   ↓
            ┌──────────────┐
            │  建立验证程序  │
            └──────┬───────┘
                   ↓
        ┌──────────────────┐
        │ 建立记录和文件控制程序│
        └──────────────────┘
```

图 B.1　HACCP 应用逻辑程序图

附录 C （资料性附录）速冻食品良好操作规范

C.1　一般要求

C.1.1　卫生质量方针和目标。

C.1.2　机构及其职责。

C.1.3　生产、质量管理人员的要求。

C.1.4　环境的要求。

C.1.5　车间及设施的要求。

C.1.6　原料、辅料的要求。

C.1.7　生产、加工的要求。

C.1.8　包装、储存、运输的要求

C.1.9　有毒有害物品的控制。

C.1.10　检验的要求。

C.1.11　保证卫生质量体系有效运行的要求。

C.1.12　人员培训。

C.2　具体要求

C.2.1　应制定本企业的卫生质量方针、目标和责任制度，形成文件，并贯彻执行。

C.2.2　应建立与生产相适应的、能够保证其产品卫生质量的组织机构，并规定其职责和权限。

C.2.3　生产、质量管理人员应符合下列要求：

　　a）与速冻食品生产有接触的人员应经体检合格后方可上岗；

　　b）生产、质量管理人员每年进行一次健康检查，必要时做临时康检查；凡患有影响食品卫生的疾病者，必须调离速冻食品生产岗位；

　　c）生产、质量管理人员应保持个人清洁，不得将与生产无关的物品带入车间；工作时不得戴首饰、手表，不得化妆；进入车间时穿戴好工作服、帽、鞋，工作服、帽、鞋应定期消毒；

　　d）生产、质量管理人员应经过培训并考核合格后方可上岗；

　　e）配备足够数量的、具备相应资格的专业人员从事卫生质量管理工作。

C.2.4　环境卫生应符合下列要求：

　　a）生产车间不得建立在有碍食品卫生的区域，厂区内不得兼营、生产、存放有碍速冻食品卫生的其他产品；

　　b）厂区路面平整、无积水、无裸露地面；

　　c）厂区卫生间应有冲水、洗手、防蚊蝇、防鼠等设施，墙裙以浅色、平滑、不透水、无毒、耐腐蚀的材料修建，并保持清洁；

　　d）生产中产生的废水、废料的排放或者处理应符合国家有关规定；

　　e）厂区建有与生产能力相适应的符合卫生要求的原料、辅料、化学物品、包装物料储存等辅助设施和废物、垃圾暂存设施；

　　f）生产区应与生活区隔离。

C.2.5　生产加工车间及设施应符合下列要求：

　　a）车间面积与生产能力相适应，布局合理，排水通畅；车间地面用防滑、坚固、不透水、副腐蚀的无毒材料修建，平坦、无积水并保持清洁车间出口及与外界连接的排水、通风处应安装防鼠、防蚊蝇等设施；

　　b）车间内墙壁、屋顶或者天花板使用无毒、浅色、防水、防霉、不脱落、易于清洗的材料修建，墙角、地脚、顶角具有弧度；屋顶或天花板不应结露、滴水；

　　c）车间内窗户有内窗合的，内窗台下斜约45°；车间门窗用浅色、平滑、易清洗、不透水、耐腐蚀的坚固材料制作，结构密封；

d) 车间内位于速冻食品生产线上方的照明设施有保护罩，工作场所以及检验台的照度符合生产、检验的要求，光线以不改变被加工的本色为宜；

e) 车间供电、供气、供水满足生产需要；

f) 设有足够数量的洗手、消毒、烘干手的设备或者用品，洗手水龙头为非手动开关；

g) 车间入口处设有鞋、靴等消毒设施；

h) 设有与车间相连接的更衣室，不同清洁程度要求的区域设有单独的更衣室。与更衣室相连接的卫生间和沐浴室，应保持清洁卫生，其设施和布局不得对车间造成潜在的污染风险；

i) 车间内的设备、设施和工器具应由无毒、耐腐蚀、不生锈、易清洗消毒、坚固的材料制作，其构造易于清洗消毒；

j) 速冻间与产品生产车间是隔开的，速冻产品应通过传递口传送；

k) 速冻食品的预包装间应与速冻间紧连，室内温度控制在低于 15℃。

C.2.6 生产加工用原料、辅料应符合下列要求并得到有效控制：

a) 生产用原料、辅料应符合安全卫生规定要求，避免来自空气、土壤、水、饲料、肥料中的农药或者其他有害物质的污染；

b) 生产用原料、辅料的检验、检疫合格证，经进厂验收合格后方准使用；

c) 加工用水应符合国家 GB 5749 的规定，对水质的公共卫生、防疫卫生检测每年不得少于两次，自备水源应具备有效的卫生保障设施并符合 GB 5749 的要求；

d) 超过保质期的原料、辅料不得用于食品生产。

C.2.7 速冻食品生产加工过程应符合下列要求：

a) 生产设备布局合理，人流、物流不交叉；

b) 生产设备、工具、容器、场地等严格执行清洗消毒制度，盛放食品的容器不得直接接触地面；

c) 班前、班后进行卫生清洁工作，专人负责检查，并做检查记录；

d) 原料、辅料、半成品、成品分别存放在不会受到污染、符合要求的区域；

e) 按照生产工艺的要求和产品特点，将原料处理、半成品处理和加工、工器具的清洗消毒、成品内包装、成品外包装、成品检验和成品储存等不同清洁卫生要求的区域分开设置，防止交叉污染；

f) 对加工过程中产生的不合格品、跌落地面的产品和废弃物，在固定地点用有明显标识的专用容器分别收集盛装，并在检疫人员监督下及时处理，其容器和运输工具及时消毒；

g) 对不合格品产生的原因进行分析，并及时采取纠正措施。

C.2.8 速冻食品的包装、储存、运输过程应受到良好的卫生控制：

a) 用于包装食品的材料符合卫生标准并且保持清洁卫生，不应含有有毒有害物质，不易褪色。包装标签应符合 GB 7718 的规定。

b) 包装物料间干燥通风，内、外包装物料分别存放，不应有污染。

c) 运输工具符合卫生要求，并根据产品特点配备防雨、防尘、冷藏、保温等设施。

d) 速冻设备和冷藏库的温度应符合产品生产的工艺要求，并配备温度计或自动温度记录装置，定期校准。库内保持清洁，定期消毒，有防霉、防鼠、防蚊蝇等措施，库内物品与墙壁、地面、屋顶和冷却设备保持一定距离，库内不得存放有碍卫生的物品；同一库内不得存放可能造成交叉污染的食品。

C.2.9　严格执行有毒有害物品的储存和使用相关国家标准的规定，确保厂区、车间和化验室使用的洗涤剂、消毒剂、杀虫剂、燃油、润滑油和化学试剂等有毒有害物品得到有效控制。

C.2.10　速冻食品的卫生检验应符合下列要求，并得到有效控制：

　　a）配有与生产能力相适应的内设检验机构和具备相应资格的检验人员；

　　b）配备检验工作所需要的标准资料、检验设施和仪器设备，检验仪器按规定进行计量检定，检验要有检测记录；

　　c）使用社会实验室承担企业卫生质量检验工作的，该实验室应具有相应的资格，并签订合同。

C.2.11　应保证卫生质量体系能够有效运行，达到如下要求：

　　a）制定并有效执行原料、辅料、半成品、成品及生产过程卫生控制程序，做好记录；

　　b）建立并执行卫生标准操作程序并做好记录，确保加工用水、食品接触表面，有毒有害物质、虫害防治等处于受控状态；

　　c）对影响速冻食品卫生的关键工序，要制定明确的操作规程并得到连续的监控，同时必须有监控记录；

　　d）制定并执行对不合格品的控制制度，包括不合格品的标识、记录、评价、隔离处置和可追溯性等内容；

　　e）制定并执行加工设备、设施的维护程序，保证加工设备、设施满足生产加工的需要；

　　f）建立内部审核制度，一般每半年进行一次内部审核，每年进行一次管理评审，并做好记录；

　　g）对反映产品卫生质量情况的有关记录，应制定并执行标记、收集、编目、归档、存储、保管和处理等管理规定，所有质量记录必须真实、准确、规范，并具有卫生质量的可追溯性，保存期不少于2年。

C.2.12　制定并实施职工培训计划并做好培训，保证在岗人员熟练完成本职工作。

附录D　（资料性附录）速冻食品卫生操作程序

D.1　一般要求

D.1.1　接触速冻食品（包括原料、半成品、成品）或与速冻食品有接触的物品如水等应符合安全、卫生要求。

D.1.2　接触速冻食品的器具、手套和内外包装材料等必须清洁、卫生和安全。

D.1.3　确保速冻食品免受交叉污染。

D.1.4　保证操作人员手的清洗消毒，保持洗手间设施的清洁。

D.1.5 防止润滑剂、燃料、清洗消毒用品、冷凝水及其他化学、物理和卫生等污染物对速冻食品造成安全危害。

D.1.6 正确标注、存放和使用各类有毒化学物质。

D.1.7 保证与速冻食品接触的员工的身体健康和卫生。

D.1.8 预防和清除蚊蝇、老鼠等虫害。

D.2 具体要求

D.2.1 防止食品被污染，即防止食品、食品包装材料和食品所有接触表面被微生物、化学品及物理的污染物所污染。

D.2.1.1 污染物的来源主要是水滴、冷凝水、灰尘、外来物质、地面污染、无保护装置的照明设备，及消毒剂、杀虫剂、化学药品的残留等。

D.2.1.2 防止和控制措施。

D.2.1.3 包装材料存放库保持干燥、清洁、通风、防霉，内外包装分别存放，并设有防虫鼠设施。

D.2.1.4 符合卫生标准的洗涤剂、消毒剂，不允许与速冻食品接触。消毒后的车间场地、墙面、工器具重新用于速冻食品生产之前要用清水彻底清洗洗涤剂、消毒剂的残留物。

D.2.1.5 加工车间通风良好，车间温度控制在 20~26℃，产品储存库有专人负责，防止水滴、冷凝水、冰霜对产品造成污染。

D.2.1.6 设备与食品接触面出现凹陷或裂缝、不光滑并影响残留物清洗时应及时修补、更换，防止造成污染。

D.2.1.7 加工设备出现故障时，立即关机，清理干净。设备维修后必须及时清洗消毒后方可投入生产。

D.2.2 加工生产用水的卫生安全控制，水质应符合 GB 5749 的规定。

D.2.2.1 生产用水的卫生检测，由当地卫生防疫部门每半年检测一次，并保留检测记录，确保符合国家饮用水标准的规定。

D.2.2.2 应制定完整的供水、排水网络系统图，各执行部门须对各自辖区内的加工生产用水阀标识编号。

D.2.2.3 应每月对生产用水管道及污水管道进行一次检查，重点对可能出现问题的交叉连接处进行检查，并予以记录。软管使用后盘起挂在架子或墙壁上，管口不许接触地面。

D.2.2.4 开工前、工作期间应对软管进行监测、防止虹吸、回流和交叉现象的发生，并予以记录。

D.2.2.5 纠正

当监测发现加工用水存在问题时，质检部门的 HACCP 小组必须及时评估，如有必要，应终止使用存在问题的加工用水，至问题得到解决，并重新检测合格后，方准继续使用。

D.2.3 食品接触面的状况和情况

D.2.3.1 食品接触面系指加工器具、刀具、工作台面、传送带、产品周转箱、盘、手推车、储水池、手套、围裙、套袖等。

D.2.3.2 食品接触面的监测

D.2.3.2.1　监测的目的是确保食品接触面的设计、安装、制作便于卫生操作、维护、保养、清洁及消毒，以符合卫生要求。

D.2.3.2.2　监测对象是接触面的状况，食品接触面的清洁和消毒，使用消毒剂的类型和浓度，接触食品的传送带、加工器具、刀具、手套、套袖、外衣、围裙、加工用碎冰的清洁及状态等。

D.2.3.2.3　监测方法有：视觉检查、化学检测、微生物检测、验证检查。

D.2.3.3　生产用的工作台、运输车、链条及其他工具如盘、刀均应用不锈解材质或无毒白色塑料制成。

D.2.3.4　每天班前、班后将所有工器具进行全面清洗消毒；在加工过程中断、重新启动前也应重新清洗消毒，并予以记录。

D.2.3.5　工作服每天由洗衣房进行一次统一清洗消毒。洗衣房设有消毒装置，对清洗后的工作服进行消毒，不同清洁区的工作服分别清洗消毒，清洁和脏的工作服应分区域放置。

D.2.3.6　生产车间应设空气消毒设施。

D.2.3.7　化验室对生产中及消毒后的接触面（工器具、工作服、手套）及车间空气进行相关微生物的检测，一旦发现问题及时纠偏。

D.2.4　防止交叉污染

D.2.4.1　交叉污染是指通过原料与成品、食品加工者或加工环境把物理的、化学的、生物的污染转移到成品的过程。

D.2.4.2　控制交叉污染的范围涉及工器具、工作服、手套、外包装物料等到食品。

D.2.4.3　手、设备、机械等在接触了不卫生的物品后应及时清洗消毒。

D.2.4.4　生产间内禁止使用竹、木器具，禁止堆放与生产无关的物品。

D.2.4.5　所有速冻食品加工中生产的废弃物用专用容器收集和盛放，并应及时清除，处理时防止交叉污染。

D.2.4.6　在清洗、消毒车间的设备和工具时不能污染产品。

D.2.4.7　清洁区、非清洁区用隔离门分开，两区工作人员不得串岗，原料与成品隔离。工器具不得交叉。

D.2.4.8　车间废水排放从清洁度高的区域流向清洁度低的区域，污水直接排入下水道。

D.2.4.9　非加工区域内工作人员不得进入加工区域。

D.2.5　洗手消毒及卫生间设施

D.2.5.1　建立一套完善的洗手、消毒及卫生间设施，洗手、消毒设施应为非手触式，设置在车间入口处，在卫生间、车间内有醒目的标识，能够满足生产加工和卫生的需要。

D.2.5.1.1　洗手、消毒及卫生间设施的清洁、维护与卫生保持有专人负责。

D.2.5.1.2　车间入口处有鞋、靴消毒池，用有效的消毒剂消毒。各种消毒剂应交叉使用，配制消毒液要有配制记录。

D.2.5.1.3　洗手的消毒水温度为25℃左右，消毒剂具有良好的杀菌效果，消毒液浓度的标识要醒目。

D.2.5.1.4　流动的消毒车以一定的消毒频率（建议每隔30min或60min）对人员进行消毒。

D.2.5.2 洗手消毒方法、频率

D.2.5.2.1 制定明确的消毒方法、时间、频率。

D.2.5.2.2 由质检部门对洗手消毒进行监控,并做好记录。化验室定期做表面微生物的检验,并给予记录。

D.2.5.3 厕所设施

D.2.5.3.1 厕所设施与车间相连,门不直接朝向车间。

D.2.5.3.2 良好的如厕习惯:换下工作服→卫生间拖鞋→如厕→洗手消毒→干手(用干手器)→换拖鞋→换上工作服。

D.2.5.3.3 厕所采用单个冲水式设置,通风良好,地面干燥,保持清洁,无异味,并有防蚊蝇设施。

D.2.5.4 车间的消毒制度

D.2.5.4.1 车间以一定的消毒频率(建议每小时一次)对工器具进行消毒:清水→清洗剂→清水→82℃热水→清水→擦干晾干。

D.2.5.4.2 每班班后对地面进行清洗消毒:清水→清洗剂或热水→消毒剂→清水。

D.2.6 有毒化学物质的标记、储存和使用

D.2.6.1 所有使用的化学物质要有主管部门批准生产、销售和使用说明的证明,化学物质的使用说明包括主要成分、药性、使用剂量的注意事项等。

D.2.6.2 应制定并公布有毒化学物的使用、储存规章制度,并对操作人员进行培训。

D.2.6.3 有专门的场所、固定容器储存有毒化学物。

D.2.6.4 有毒化学物的储存和使用有专人管理,定期检查,做好记录。

D.2.6.5 对有毒清洁剂、消毒剂、杀虫剂做好标识与登记,列明名称、毒性、生产厂名、生产日期、使用剂量、注意事项、使用方法等。

D.2.6.6 对清洁剂、消毒剂、杀虫剂等有毒化学物的使用要严格控制,以防止污染食品接触面和包装材料。

D.2.7 员工的健康与卫生控制

D.2.7.1 从事速冻食品生产的人员必须经过卫生防疫部门体检合格,获得健康证明,方可上岗。

D.2.7.1.1 加工(检验)人员每年进行一次健康检查,伤寒及带菌者、细菌性痢疾及带菌者、化脓性或渗出性脱屑皮肤病患者、活动性肺结核、传染性肝炎患者、手外伤未愈者,不得直接参加速冻食品加工工作,痊愈后经卫生防疫部门检查合格后方可重新上岗。

D.2.7.1.2 发现患有疾病或可能患有疾病的人员及时报告。

D.2.7.2 每年定期或不定期对员工进行培训,记录存档。

D.2.8 虫害的去除

D.2.8.1 应加强对蚊蝇、老鼠等的控制。

D.2.8.2 制定虫害防治计划和实施计划。控制重点场所包括厕所、下脚料出口、垃圾箱周围、食堂等虫害孳生的地方。

D.2.8.3 防止措施

D.2.8.3.1 清除蚊蝇、鼠类易孳生的地方。

D.2.8.3.2　采用风幕、纱窗、暗道、挡鼠板、水封等措施，防止虫害进入车间，绝对禁止使用老鼠药。

D.2.8.3.3　对厂区采用药物喷洒的方法捕杀有害飞虫。

D.2.8.3.4　确保车间、库房等区无蚊蝇、老鼠等虫害。

D.2.8.4　组织者每月定期对车间库房进行检查，发现问题立即进行纠正，并做好检查记录。

附录 E　（资料性附录）判断树

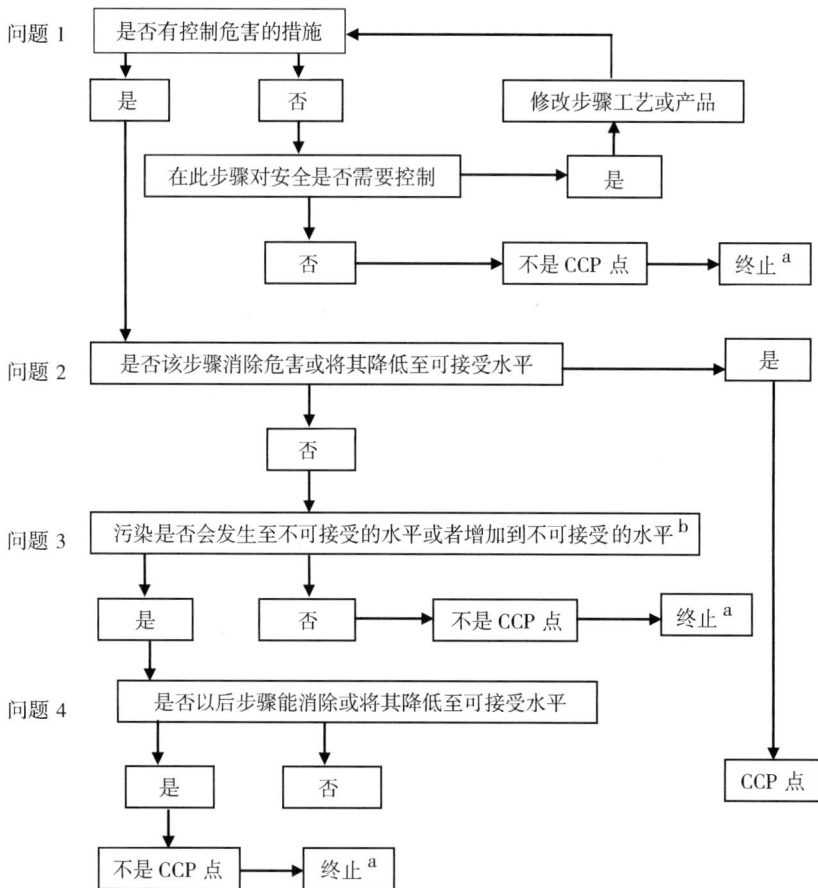

注：本图引自 CAC/RCP1—1969，Rev.，4（2003）的附件。

a. 按描述的过程进行至下一个危害。

b. 在识别 HACCP 计划中的关键控制点时，需要在总体目标范围内对可接受水平和不可接受水平作出规定。

图 E.1　CCP 识别顺序图

参 考 文 献

[1] Recommended International Code of Practice General Principles of Food Hygiene，CAC/RCP1—1969，Rev. 4（2003）

附录 5 速冻水果和速冻蔬菜生产管理规范

ICS 67.080

X 24

GB

中 华 人 民 共 和 国 国 家 标 准

GB/T 31273—2014

速冻水果和速冻蔬菜生产管理规范

Criterion of processing management for quick-frozen

fruit and quick-frozen vegetable

2014-10-10 发布 　　　　　　　　　　　2015-03-11 实施

中华人民共和国国家质量监督检验检疫总局

中国国家标准化管理委员会 　发布

前　言

本标准按照 GB/T 1.1—2009 给出的规则起草。

本标准由中国商业联合会提出。

本标准由中国商业联合会归口。

本标准起草单位：杭州日新进出口有限公司、南通四方冷链装备有限公司、郑州享利制冷设备有限公司、浙江新迪国际食品有限公司，浙江五芳斋实业股份有限公司、中国商业联合会标准中心。

本标准主要起草人：冀人玲、杨大波、黄杰、郭明涛、蒋焕召、汪宇舟、陈维、洪凰、张晨。

速冻水果和速冻蔬菜生产管理规范

1　范围

本标准规定了速冻水果和速冻蔬菜生产管理规范的术语和定义、总则、文件要求、原料要求、厂房、设施和设备、人员要求、卫生管理、生产过程的控制和质量管理等的要求。

本标准适用于速冻水果和蔬菜的生产管理。

2　规范性引用文件

下列文件对于本文件的应用是必不可少的。凡是注日期的引用文件，仅注日期的版本适用于本文件，凡是不注日期的引用文件，其最新版本（包括所有的修改单）适用于本文件。

GB 2760　食品安全国家标准　食品添加剂使用标准

GB 5749　生活饮用水卫生标准

GB 8978　污水综合排放标准

GB/T 10470　速冻水果和蔬菜　矿物杂质测定方法

GB/T 10471　速冻水果和蔬菜　净重测定方法

GB 14881　食品安全国家标准　食品生产通用卫生规范

GB 14930.1　食品工具、设备用洗涤剂卫生标准

GB 14930.2　食品安全国家标准　消毒剂

GB/T 19001—2008　质量管理体系　要求

GB/T 25007—2010　速冻食品生产 HACCP 应用准则

SB/T 10699—2012　速冻食品生产管理规范

SB/T 10827　速冻食品物流规范

食品召回管理规定（国家质量监督检验检疫总局令［2007］第 98 号）

3　术语和定义

下列术语和定义适用于本文件。

3.1　速冻 quick frozen

将被冻产品迅速通过最大冰品区域，使其热中心温度达到-18℃以下的冻结过程。

3.2　漂烫 blanching

一种降低酶活性的热处理方法。

4　总则

4.1　企业应建立水果和蔬菜速冻加工质量管理体系，形成文件，予以实施，并持续改进。

4.2　企业应确定水果和蔬菜速冻加工质量管理体系的范围，该范围应规定所涉及的产品或产品类别、加工过程和生产场所。

4.3　企业应确保对任何影响速冻水果和蔬菜质量的外包过程实施控制，并在管理体系中

加以识别和验证。

4.4 文件控制按照 GB/T 19001—2008 的规定执行。企业应建立下列文件：

    a）制定水果和蔬菜速冻加工的质量方针和目标，并形成文件；

    b）加工管理体系的有效建立、实施和更新所需的文件；

    c）程序文件；

    d）过程的记录。

5 原料和食品添加剂

5.1 原料

5.1.1 水果或蔬菜品质应符合相关国家标准或行业标准等规定的要求。

5.1.2 应建立合格供应商评价体系，执行索证、索票制度。

5.2 食品添加剂

5.2.1 产品质量应符合相关的国家标准或行业标准的规定要求。

5.2.2 使用范围和用量应符合 GB 2760 的规定要求。

6 厂址、设施和设备

6.1 厂址

6.1.1 厂址周边不应有影响食品卫生的污染源。

6.1.2 供水源应满足生产要求，排污接口应符合国家环保要求。

6.2 设施和设备

6.2.1 有与生产能力相匹配的原料处理车间、速冻生产间、预包装间和温度保持≤−18℃的冷库。

6.2.2 配有与生产的产品品种、生产能力相匹配的速冻装置（参见附录 A）及清洗、漂烫、速冻、包装以及其他相关设备。

6.2.3 配有符合国家环保要求的废水，污水处理设施。

6.2.4 配备的卫生间及洗手消毒等设施，应符合 GB/ T 25007—2010 附录 D 规定的要求。

6.2.5 应配备符合国家规定要求的消防和安防等相关的设施和设备。

6.3 水、蒸汽和电

6.3.1 生产用水应符合 GB 5749 规定的要求。

6.3.2 蒸汽压力和蒸汽量应满足生产要求。

6.3.3 配有保证正常生产时的供电能力，以及供电线路临时断电时，维持冷库内恒温要求的供电能力。

7 人员

7.1 要求

7.1.1 生产人员的健康和卫生要求应符合 GB 14881 规定的要求。

7.1.2 生产人员应经过专业培训，具有从事水果和蔬菜速冻加工的基本知识和操作技能。

7.1.3 检验人员应具备专业检验资质和相应的检测技能。

7.1.4 所有人员应接受消防和安防的培训。

7.2 管理

7.2.1 企业应设生产、产品质量及卫生的专职管理人员。

7.2.2 生产管理负责人和质量管理负责人不宜相互兼任。

7.2.3 应制定并实施年度业务培训计划，建立培训档案。

8 卫生

8.1 制度

8.1.1 应制定包括环境、厂房设施、清洗消毒和人员卫生管理等制度。

8.1.2 生产操作的卫生管理要符合 GB/T 25007—2010 附录 D 的相关规定。

8.2 环境卫生

8.2.1 雨、污水分离排放，不应有污遗蓄积。污水排放应符合 GB 8978 的规定。

8.2.2 废弃物应委托有资质的单位处置。

8.2.3 厂区污物管理应执行 GB 14881 的规定。

8.3 厂房设施卫生

应维护与保持整洁。

8.4 生产设备卫生

8.4.1 设备、容器和管道（含连接管）以及器具，应根据生产需要定期清洗消毒，保持清洁。

8.4.2 选用的洗涤剂和消毒剂应分别符合 GB 14930.1 和 GB 14930.2 规定的要求，并设专用贮存间和专人管理。

8.5 除虫灭害

应按 GB 14881 的规定执行。

8.6 个人卫生

应符合 GB 14881 的规定。

9 过程控制

9.1 原料选择

9.1.1 水果

原料应与产品类型相匹配，成熟度适中、完整和清洁。

9.1.2 蔬菜

原料应与产品类型相匹配，色泽鲜艳、外观完整、成熟度适中和鲜嫩。

9.2 主要工序

9.2.1 漂烫

9.2.1.1 水果

经选择合格的水果应在 90~98℃ 的热水中漂烫，漂烫时间视产品品种和规格而异，参见附录 B。

9.2.1.2 蔬菜

根据不同品种的蔬菜，选择适宜的温度和时间进行漂烫，参见附录 C。

9.2.2 冷却

9.2.2.1 水果

经漂烫后的水果应迅速用温度≤10℃并符合 GB 5749 规定要求的冷水冷却并及时沥干。

9.2.2.2 蔬菜

经漂烫后的蔬菜应迅速在温度≤10℃的冷水中冷却，或采用≤10℃的冷风进行冷却，并及时沥干。

9.2.3 速冻

9.2.3.1 水果

经沥干的水果应迅速在温度<-30℃的环境中冻结。要求无结块、无冰晶，呈单体状，冻结终了产品的热中心温度达到≤-18℃。

9.2.3.2 蔬菜

经沥干的蔬菜应迅速在<-30℃的环境中冻结。要求布料均匀，呈单体（或块状）。冻结终了产品的热中心温度≤-18℃。

9.2.4 金属检测

经预包装后的速冻水果和速冻蔬菜应进行单体（包、盒）金属检测。

9.2.5 低温冷藏

经金属检测的速冻水果或速冻蔬菜（或再次进行销售包装后）应快速进入温度≤-18℃的冷库。

10 质量管理

10.1 管理手册

制定产品生产环节的质量管理手册。

10.2 质量控制

确定加工过程把控质量的关键环节。

10.3 检验

10.3.1 应制定原辅材料、半成品和成品的采样方法（成品应执行相关产品标准中的规定）、采样的场所、检验方法、检验结果判定和样品的储存、留样等有关操作规定及记录样式。

10.3.2 速冻水果和速冻蔬菜净重的测定应符合 GB/T 10471 的规定；速冻水果和速冻蔬菜矿物杂质的测定应符合 GB/T 10470 的规定；速冻水果和速冻蔬菜温度的测定参见 SB/T 10699—2012 附录 A、附录 B 的规定。

10.3.3 检验计划的实施、需要重新检验取样的有关事项，以及不合格品的处理事项应有专人负责。

10.3.4 质量管理部门应及时向有关的管理部门通报检验结果等有关事项。

10.4 贮藏

10.4.1 待加工原料暂存应分类、分批，注意防晒。

10.4.2 成品应及时贮存在≤-18℃的冷库。

10.4.3 冷库应有温度记录，发现异常应及时处理。

10.4.4 成品出库应执行"先进先出"的原则，并定期对外观进行检查，出现外包装破损应停止发货，需再次质量检验合格后方可出库。

10.4.5　成品出库应包括批号、出货时间、地点、对象、数量等出货记录。

10.4.6　成品库内不应存有毒、有害、易燃及可能引起串味等的物品。

10.5　运输

应符合 SB/T 10827 规定的要求。

10.6　销售

10.6.1　建立产品销售管理制度。

10.6.2　食品召回应执行《食品召回管理规定》。

附录 A　（资料性附录）速冻设备选用推荐数

速冻设备的相关参数见表 A.1。

表 A.1　速冻设备推荐参数一览表

设备名称和型号	生产能力（kg/h）	功率（kw）	制冷剂	工作温度（℃）	适用范围
流态床冻结装置	1000	37.8	R717、R404A、R507	-35	单体冻结
	1500	48.8			
	2000	64.2			
全流态冻结装置	3000	77.2			
	4500	107.8			
	6000	137.8			

附录 B　（资料性附录）速冻水果加工相关参数

速冻水果加工的相关参数见表 B.1。

表 B.1　水果漂烫、冷却、速冻参数表

产品名称	漂烫			冷却		速冻		备注
	介质	温度（℃）	时间（s）	介质	温度（℃）	介质	温度/℃	
黄桃	水	>95	>120	水	<10	空气	≤-35	单体
草莓	/	/	/	/	/	空气	≤-35	单体
黑莓	/	/	/	水	<10	空气	≤-35	单体
桑葚	/	/	/	水	常温	空气	≤-35	单体
葡萄	/	/	/	水	常温	空气	≤-35	单体
橘子	/	/	/	水	常温	空气	≤-35	单体
橙子	/	/	/	水	常温	空气	≤-35	单体
柠檬	/	/	/	水	常温	空气	≤-35	单体
杨梅	/	/	/	/	/	空气	≤-35	单体

附录 C （资料性附录）速冻蔬菜加工相关参数

速冻蔬菜加工相关参数见表 C.1。

表 C.1　蔬菜漂烫、冷却和速冻参数表

产品名称		漂烫			冷却		速冻		备注
		介质	温度（℃）	时间（s）	介质	温度（℃）	介质	温度（℃）	
胡萝卜丁		水	>95	50	水	≤5	空气	≤−35	单体
荠菜		水	>93	30	水	≤5	空气	≤−35	呈长方形
芦笋	白笋条	直径：0.9~1.2cm 长：17cm	水	>95	38	水	≤5	空气	≤−35	单体
		直径：1.2~1.6cm 长：17cm	水	>95	42	水	≤5	空气	≤−35	单体
		直径：1.6~2.0cm 长：17cn	水	>95	60~70	水	≤5	空气	≤−35	单体
		直径：2.0~2.2cm 长：17cm	水	>95	88	水	≤5	空气	≤−35	单体
	白笋尖	0.6~1.2cm	水	>95	38	水	≤5	空气	≤−35	单体
		1.2~1.6cm	水	>95	55	水	≤5	空气	≤−35	单体
		1.6~2.0cm	水	>95	60~70	水	≤5	空气	≤−35	单体
	白笋段	0.6~1.2cm	水	>95	38	水	≤5	空气	≤−35	单体
		1.2~1.6cm	水	>95	55	水	≤5	空气	≤−35	单体
	绿笋条	直径：0.9~1.2cm 长：17cm	水	>95	45	水	≤5	空气	≤−35	单体
		直径：1.2~1.4cm 长：17cm	水	>95	65	水	≤5	空气	≤−35	单体
		直径：1.4~1.6cm 长：17cm	水	>95	85	水	≤5	空气	≤−35	单体
		直径：0.9~1.2cm 长：15cm	水	>95	25	水	<10	空气	≤−35	单体
		直径：1.2~1.4cm 长：15cm	水	>95	60	水	<10	空气	≤−35	单体
		直径：1.4~1.6cm 长：15cm	水	>95	80	水	<10	空气	≤−35	单体
		直径：0.5~0.7cm 长：11cm	水	>95	10	水	<10	空气	≤−35	单体
		直径：0.7~0.9cm 长：11cm	水	>95	25	水	<10	空气	≤−35	单体
	绿笋段	直径：0.6~0.8cm	水	>95	10	水	<10	空气	≤−35	单体
		直径：0.8~1.2cm	水	>95	15	水	<10	空气	≤−35	单体
毛豆荚		水	>96	>70	水	<10	空气	≤−35	单体
毛豆粒（仁）		水	>96	>40	水	<10	空气	≤−35	单体
青豆		水	>96	>50	水	<10	空气	≤−35	单体
甜玉米		水	>96	>50	水	<10	空气	≤−35	单体
油菜花		水	>96	>50	水	<10	空气	≤−35	单体
西兰花（茎椰菜）		水	>96	>55	水	<10	空气	≤−35	单体
蚕豆		水	>96	>50	水	<10	空气	≤−35	单体
莲藕		水	>96	>50	水	<10	空气	≤−35	单体
甜豌豆		水	>96	>55	水	<10	空气	≤−35	单体

（续）

产品名称			漂烫			冷却		速冻		备注
			介质	温度（℃）	时间（s）	介质	温度（℃）	介质	温度（℃）	
荷仁豆			水	>96	>50	水	<10	空气	≤-35	单体
香菇			水	>96	>3	水	<10	空气	≤-35	单体
雷笋			水	>96	>180	水	<10	空气	≤-35	单体
青刀豆			水	>96	>50	水	<10	空气	≤-35	单体
青刀豆	青刀豆条	M级	水	>96	>95	水	<10	空气	≤-35	单体
		S级	水	>96	>80	水	<10	空气	≤-35	单体
	青刀豆段	直径：8~11mm 长：20~40mm	水	>96	≥75	水	<10	空气	≤-35	单体
椒丁			水	>85	>150	水	<10	空气	≤-35	单体
地瓜丁	10×10cm		水	>90	>65	水	<10	空气	≤-35	单体
西葫芦丁	10cm		水	>90	>55	水	<10	空气	≤-35	单体
荷兰豆			水	>96	>75	水	<10	空气	≤-35	单体
白花菜	30~50mm		水	>96	>105	水	<10	空气	≤-35	单体
	20~40mm				>95					
绿花菜	30~50mm		水	>96	>95	水	<10	空气	≤-35	单体
	20~40mm				>80					
甜豆			水	>96	>95	水	<10	空气	≤-35	单体
西芹	10×10mm		水	>96	>60	水	<10	空气	≤-35	单体
黑木耳			水	>85	>60	水	<10	空气	≤-35	单体
小青菜	整棵直径：30mm		水	>95	>65	水	<10	空气	≤-35	单体
	长：30~50mm				>60					
菠菜			水	>95	>110	水	<10	空气	≤-35	单体
小松菜			水	>96	>100	水	<10	空气	≤-35	单体
萝卜叶			水	>96	>100	水	<10	空气	≤-35	单体
南瓜			水	93±1	>100	水	<10	空气	≤-35	单体

附录6 食品安全管理体系——速冻方便食品生产企业要求

ICS67.040

X 00

GB

中华人民共和国国家标准

GB/T 27302—2008

食品安全管理体系
速冻方便食品生产企业要求

Food safety management system—Requirements for quick frozen
convenience food product establishments

2008-8-28 发布　　　　　　　　　　　　　2008-12-01 实施

中华人民共和国国家质量监督检验检疫总局
中 国 国 家 标 准 化 管 理 委 员 会　　发布

目　次

前　言

本标准的附录 A 为资料性附录。

本标准由中国合格评定国家认可中心和中华人民共和国浙江出入境检验检疫局提出。

本标准由全国认证认可标准化技术委员会（SAC/TC 261）归口。

本标准起草单位：中国合格评定国家认可中心、中华人民共和国浙江出入境检验检疫局、国家认证认可监督管理委员会注册管理部、中华人民共和国河南出入境检验检疫局、中国质量认证中心、郑州三全食品股份有限公司、中华人民共和国上海浦江出入境检验检疫局、扬州五亭食品有限公司、上海市食品研究所、中国认证认可协会。

本标准主要起草人：蔡宇、虞跃、赵军强、王宏敏、梁小峻、吴晶、张柳、林荣蕙、傅瑞云、盛满钰、陈恩成、尚晓旭。

引 言

本标准从我国速冻方便食品安全存在的有关问题入手，采取自主创新和积极引进并重的原则，结合速冻方便食品生产企业的特点，提出了建立速冻方便食品企业食品安全管理体系的特定要求。

本标准的编制基础为"十五"国家重大科技专项"食品企业和餐饮业 HACCP 体系的建立和实施"科研成果之一"食品安全管理体系含肉和（或）水产品的速冻方便食品生产企业要求"。

GB/T 22000—2006《食品安全管理体系　食品链中各类组织的要求》为食品中的各类组织提供了通用要求，速冻方便食品生产企业及相关方在使用 GB/T 22000 中，提出了针对本类型食品专业生产特点对通用要求进一步细化的需求。

鉴于速冻方便食品生产企业的生产加工过程的差异性，本标准提出了针对本类产品特点的"关键过程控制"要求。主要包括原、辅料控制，强调组织对其食品中上游组织的管理；重点提出内包装材料、食品添加剂的控制；突出加工、运输、储藏过程中产品及环境温度的控制对于食品安全的重要性，体现加工全过程冷链控制的特殊性；同时关注加工设施设备的结构和清洗消毒以控制微生物繁殖，提倡通过过程卫生监控，确保产品的安全；特别强调过敏原、转基因原料的控制，避免产品交叉污染，确保消费者食用安全。

食品安全管理体系
速冻方便食品生产企业要求

1 范围

本标准规定了速冻方便食品生产企业建立和实施食品安全管理体系的特定要求，包括人力资源、前提方案、关键过程控制、检验、产品追溯和撤回。

本标准配合 GB/T 22000 以适用于速冻方便食品生产企业建立、实施与自我评价其食品安全管理体系，也可用于对此类食品生产企业食品安全管理体系的外部评价和认证。

本标准用于认证目的时，应与 GB/T 22000 一起使用。GB/T 22000 与本标准之间的对应关系参见附录 A。

2 规范性引用文件

下列文件中的条款通过本标准的引用而成为本标准的条款。凡是注日期的引用文件，其随后所有的修改单（不包括勘误的内容）或修订均不适用于本标准，然而，鼓励根据本标准达成协议的各方研究是否可使用这些文件的最新版本。凡是不注日期的引用文件，其最新版本适用于本标准。

GB 2760 食品器加剂使用卫生标准

GB 5749 生活饮用水卫生标准

GB 14881—1904 食品企业遇用卫生规范

GB/T 18517—2001 制冷术语

CB/T 22000—2006 食品安全管理体暴食品链中各类组织的要求（ISO 22000：2005，IDT）

3 术语和定义

GB/T 22000—2006 及 GB/T 18517—2001 确立的以及下列术语和定义适用本标准。

3.1 速冻方便食品

以粮谷、果蔬、畜禽肉、水产品等为原料，经调制、加热（或未经加热）、速冻和包装等加工工艺生产，并在-18℃或以下的温度下储存，简单处理即可食用的食品。

3.2 速冻

将预处理后的食品在最短时间内通过最大冰晶生成带温度，并使其中心温度达到-18℃或以下的过程。

3.3 冷链

为保持食品的品质，使其在从生产到消费的全过程中，始终处于低温状态的配有专门设施设备的物流网络。

4 人力资源

4.1 食品安全小组的组成

食品安全小组由具有相关知识和经验的多专业人员组成，通常包括从事食品卫生和质量控制、生产加工、工艺制定、检验、设备维护、原辅料采购、仓储管理及销售等工作的人员。

4.2 能力、意识和培训

4.2.1 食品安全小组成员应理解 HACCP 原理和食品安全管理体系标准。

4.2.2 从事速冻方便食品工艺制定、食品卫生和质量控制、实验室检验等工作的人员应具备相关知识。

4.2.3 生产加工人员应熟悉速冻方便食品生产基本知识及加工工艺，并经过相关法律法规中关于人员卫生要求的培训。

5 前提方案

5.1 厂区环境及布局

5.1.1 企业不得建在有污染源和其他有碍食品卫生的区域；厂区内不得生产、存放有碍食品卫生的其他产品。

5.1.2 厂区布局应合理，生产区和生活区应分开。锅炉房、贮煤场所、污水及污物处理设施应与加工车间相隔一定的距离，并位于主风向的下风处。锅炉房应设有消烟除尘设施。

5.1.3 厂区应建有与生产能力相适应的符合卫生要求的原料、辅料、化学物品、包装物料储存等辅助设施和封闭的废弃物、垃圾暂存设施。

5.1.4 厂区内人员、原料、成品、废弃物等应避免交叉污染。

5.1.5 厂区路面平整、无积水，通道应铺设水泥等硬质路面，空地应绿化。

5.1.6 厂区排水系统通畅，厂区地面不得有积水，生产中产生的废水的排放或者处理应符合国家相关规定。

5.1.7 厂区卫生间应有冲水、洗手、防蝇、防虫、防鼠设施，墙壁及地面应易清洗消毒，并保持清洁。

5.1.8 废弃物应及时得到清除或处理。

5.1.9 厂区内禁止饲养与生产无关的动物。

5.1.10 工厂应有虫害控制计划、灭鼠图，定期灭鼠除虫。

5.1.11 必要时在厂区的合适位置应设有原料运输工具的清洗消毒设施。

5.2 车间和设施设备

5.2.1 车间面积应与生产能力相适应，车间结构和设备应布局合理，并保持清洁和完好。车间出口、与外界相连的车间排水出口和通风口应安装防鼠、防蝇、防虫等设施。

5.2.2 生、熟加工区应严格隔离，防止交叉污染。

5.2.3 不同清洁区域应分设工器具清洗消毒间，清洗消毒间应备有冷、热水及清洗消毒设施和适当的排气通风装置。

5.2.4 车间地面应采用防滑、坚固、不透水、耐腐蚀的无毒建筑材料，并保持一定坡度，无积水，易于清洗消毒。

5.2.5 车间内墙壁、屋顶或者天花板应使用无毒、浅色、防水、防霉、不脱落、易于清洗的材料修建。墙角、地角、顶角应采取弧形连接，易于清洁。

5.2.6 车间门窗应使用浅色、平滑、易清洗、不透水、耐腐蚀的坚固材料制作，结构紧密；非封闭的窗户应装有纱窗；车间窗户不宜有内窗台，若有内窗台的，内窗台台面应向下斜约45°。

5.2.7 车间入口处应设有洗手和鞋靴消毒设施，洗手消毒设施应与生产人员数量相适宜，备有洗手用品及消毒液和符合卫生要求的干手用品。水龙头为非手动开关，水温应适宜。必要时应在车间内适当位置设有适当数量的洗手消毒设施。

5.2.8 应设有与车间相连接的更衣室。必要时，应设置卫生间、淋浴间等，其设施和布局不得对车间造成潜在的污染。

5.2.9 卫生间的门应能自动关闭，门、窗不得直接开向车间，且关闭严密。卫生间的墙壁和地面应采用易清洗消毒、不透水、耐腐蚀的坚固材料。卫生间的面积和设施与生产人员数量相适宜，设有洗手和干手设施，每个便池设施应设冲水装置，便于清洗消毒。卫生间内应通风良好、清洁卫生。

5.2.10 不同清洁程度要求的区域应设有单独的更衣室，个人物品（如：鞋、包等物品）与工作服应分别存放，防止产生交叉污染。更衣室的面积和设施应与生产人员的数量相适宜，并保持通风良好，更衣室内宜配备更衣镜、不靠墙的更衣架和鞋架。更衣室内的更衣柜应采用不易发霉、不生锈、内外表面易清洁的材料制作，保持清洁干燥。更衣柜应有编号，便于清洗消毒。更衣室应配备空气消毒设施。

5.2.11 生产工艺有要求时，应在车间内适当位置设置缓冲间（或区域）。

5.2.12 应分设内外包装间，内包装间应备有消毒设施。

5.2.13 有温度要求的工序和场所应安装温度显示和记录装置，车间温度按照产品工艺要求控制在规定的范围内。加工车间的温度不应高于25℃（加热工序除外），包装间的温度不高于20℃。

5.2.14 设施设备应满足以下要求：

a）车间内接触加工品的设备、设施、工器具应使用化学性质稳定、无毒、无害、无味、耐腐蚀、不生锈、易清洗消毒、表面光滑而且防吸附、坚固的材料制作。对工艺中应使用、且无法替代的竹木器具及棉麻制品，在确保食品安全卫生的前提下，方可使用。

b）所有速冻方便食品加工用的机器设备的设计和构造应能防止危害食品卫生，机器设备应尽可能易于拆卸，以便于清洗消毒，并容易检查保养，且不会造成伤害。应有使用时可防止润滑油、金属碎屑、污水或其他可能引起污染的物质混入食品中。

c）需经常冲洗的机械动力设备，其电线接点均应使用防水型。

d) 食品接触面应平滑、无凹陷或裂缝，以减少食品碎屑、污垢及有机物之聚积，使微生物的生长降低到最低程度。

e) 加工设备的安装位置应按工艺流程合理布局，防止加工过程中发生交叉污染，并便于维护和清洗消毒。

f) 加热实施应符合热加工工艺要求，并配置符合要求的温度计、压力表，必要时应配备自动温度记录装置。

5.2.15 辅助设施应满足以下要求：

a) 供、排水设施应符合 GB 14881—1994 中 4.3.7 的要求

b) 通风设施应采用正压通风方式。进气口远离污染源和排气口。进气口应有过滤装置，过滤装置应定期消毒。排气口应设有防蝇、虫和防尘装置，蒸、煮、油炸、烟熏、烘烤等设施的上方应设有与之相适应的排油烟和通风装置。气流的流向不应对产品造成污染。

c) 生产区域的照明设施应装有防护装置。生产线上检验台的照明强度应不低于540lx；生产车间的照明强度应不低于 220lx；其他区域照明强度不低于 110lx。光线应以不影响判定被加工物本色为宜。

5.2.16 生产用水应满足以下要求：

a) 加工和冰用水应符合 GB 5749 的要求。企业应有供水网络图，并对出水口标注水质监图取样点编号。

b) 企业在加工前应对加工用水（冰）的余氯含量进行检测，并定期对加工用水（冰）进行微生物项目检测，以确保加工用水（冰）的卫生质量。对水质的公共卫生检测每年不少于两次。

c) 原料解冻不得使用静止水。

5.2.17 需要使用蒸汽的操作应保证足够压力的蒸汽供应。

5.2.18 供电应满足生产要求，并保持电压的稳定，以确保冷冻产品温度的维持和防止设备的损坏。

5.2.19 企业应确保足够的制冷能力和必需的设施，并确保满足冷链控制各过程所需的制冷要求。

5.3 维护保养

5.3.1 厂房、设施、设备和工器具应保持良好的工作状态。

5.3.2 仪器设备应定期进行维护、计量检定和（或）校准。

5.3.3 应制订设备设施维修保养计划，保证其正常运转和使用，对于设备设施维修保养应做好详细的记录。

5.3.4 暂时不用的设施设备应保持清洁卫生状态，并有适当的防护措施。

5.4 有毒有害物品的控制

5.4.1 应建立并实施有毒有害物品的储存和使用管理计划，确保有毒有害物品得到有效

控制。

5.4.2 应设置有毒有害物品的专用储存设施，加锁并有专人保管。有毒有害物品均应有固定包装，标识清楚。

5.4.3 使用有毒有害物品时，应由经过专门培训的人员按照规定进行操作，避免对食品、食品接触表面和食品包装材料造成污染。

5.4.4 应建立和保持有毒有害物品的控制记录。

5.5 人员健康和卫生

5.5.1 企业应建立员工健康档案，从事食品生产、检验、管理和经营的人员应符合《中华人民共和国食品卫生法》中相关健康检查的规定，体检合格后方可从事相关工作。

5.5.2 直接从事食品生产、检验、管理和经营的人员，如患有影响食品卫生疾病者，应调离本岗位。

5.5.3 生产、检验、管理和经营的人员应保持个人清洁卫生，不得将与生产无关的物品带入车间；工作时不得戴饰品、手表，不得化妆。

5.5.4 进入车间时应洗手、消毒并穿着工作服、帽、鞋，离开车间时换下工作服、帽、鞋，工作服、帽、鞋应统一发放，集中管理，统一清洗、消毒。不同卫生要求的区域和（或）岗位的人员应穿戴不同颜色或标志的工作服、帽、鞋以示区别。不同区域人员不得串岗。加热（调制）、预冷、速冻、内包装人员应戴口罩。

6 关键过程控制

6.1 总则

企业根据 GB/T 22000 进行危害分析时应至少关注本章所述各关键过程，并选择适当的控制措施组合对危害实施控制。

6.2 原辅料的控制

6.2.1 原辅料的要求

6.2.1.1 原辅料的采购和验收

a）原辅料应当符合相关安全卫生要求；

b）应建立原辅料合格供方名录，并制定原辅料的验收标准、抽样方案及检验方法等，并有效实施；

c）接收原辅料时，应检查供方提供的安全卫生检测报告，必要时进行相关项目的验证。

6.2.1.2 原辅料的储藏和运输

a）应根据产品特性，将不同的原辅料分别存放于适宜的储存库中，避免交叉污染、串味和变质；

b）不同种类的原辅料应分别存放，必要时配备温度显示装置和自动温度记录装置；

c）原辅料的进出应避免与成品、人员发生交叉污染；

d）原辅料的使用应遵从先进先出原则；

e）冷冻原料解冻时应在能防止原料品质下降的条件下进行。

6.2.2 食品添加剂的控制

6.2.2.1 食品添加剂的采购和验收

a）食品添加剂应当符合相关产品标准和安全卫生要求；

b）应建立食品添加剂合格供方名录，并制定食品添加剂的验收标准、抽样方案及检验方法等，并有效实施；

c）食品添加剂接收时应检查供方提供的安全卫生检测报告，验收合格后，方可入库。

6.2.2.2 食品添加剂的储藏

食品添加剂应根据产品特性存放于适宜的储存库中，必要时分别存放，并有标识，避免交叉污染、失效。领取时应记录使用的种类、许可证号、进货量、使用量及有效期限等。

6.2.2.3 食品添加剂的使用

a）食品添加剂的使用应符合 GB 2760 和其他相关安全卫生要求；

b）应对食品添加剂的称量与投料建立复核制度，有专人负责，使用添加剂前操作人员应逐项核对并依序添加，确保正确执行并做好记录。

6.2.3 过敏原、转基因原料的控制

6.2.3.1 应建立过敏原、转基因成分的原料一览表，包括原料名称、对应的合格供方名录、产品名称、加工中进入的工序，产品的相应标识等。

6.2.3.2 含有过敏原、转基因的原料在生产加工过程中，应采取区域隔离；产品更换过程中采取严格的清洗消毒程序等措施以确保产品的安全性。

6.2.3.3 应建立过敏原、转基因的控制措施组合，包括合理的生产排序、生产品种转换时的清洁、标识的传递，返工管理，标签和配方的核对等。

6.2.3.4 应有效实施过敏原、转基因的控制措施并保持相应记录。

6.3 内包装材料的控制

6.3.1 内包装材料的采购和验收

6.3.1.1 内包装材料的材质应符合相关安全卫生要求。

6.3.1.2 应建立与食品直接接触的内包装材料合格供方名录，制定验收标准，并有效实施。

6.3.1.3 内包装材料接收时应检查供方提供的安全卫生监测报告，必要时进行相关项目的验证。

6.3.1.4 当供方或包装材料的材质发生变化时，应重新评价，并要求供方提供有资质的机构出具的安全卫生项目检测报告。

6.3.2 内包装材料的储藏和运输

6.3.2.1 内包装材料应存放于适宜的储存库中，有适当的防护设施避免交叉污染，并有标识。对温湿度敏感的，应控制储存库的温湿度。

6.3.2.2 运输工具应清洁干燥，避免污染内包装材料。

6.4 加工过程的控制

6.4.1 对于加工过程中的安全和卫生控制点，应规定检查和（或）检验的项目、依据的标准、抽样规则及方法等，确保执行并做好记录。

6.4.2 加工中发生异常现象时，应迅速追查原因并加以纠正，对在异常情况下生产的产品应分别存放，正确评估，按照纠正措施的要求进行处理。

6.4.3 对时间和温度有控制要求的工序，如漂烫、蒸煮、冷却、储存等，应严格按照产品工艺要求进行操作。

6.4.4 应控制馅心类半成品暂存过程的温度、时间，并经验证其对产品安全性没有影响。

6.4.5 更换产品时应对生产流水线、工器具进行清洗、消毒，以避免交叉污染，同时做好标识区分。

6.4.6 当加热工序由操作性前提方案或 HACCP 计划进行控制时，应对加热工艺规程进行确认，当控制因素发生变化时，进行再确认。

6.4.7 当存在返工或回料投放时，应制定控制措施并有效实施以确保产品的安全卫生。

6.4.8 加热后的产品，速冻前应在符合卫生要求的预冷设施内进行预冷处理，预冷中要防止污染，同时应采用有效的除冷凝水措施，预冷后的产品应及时速冻。

6.4.9 速冻时，产品应以最快的速度通过产品的最大冰晶区（大部分食品是-1～-5℃）。产品冻结后，中心温度应低于-18℃，速冻加工后的食品在运送到冻藏库过程中，应采取有效的措施，使温升保持在最低限度。

6.4.10 包装应在温度受控的环境中进行。

6.5 贮存过程的控制

6.5.1 冻藏库的室内空气应适当流动以保持均匀，温度应保持在-18℃或以下。

6.5.2 冻藏库的库内温度应定时核查、记录，应配备温度显示装置和自动温度记录仪。

6.5.3 冻藏库内产品的堆码不应阻碍空气循环。产品与地面的间隔不小于 10cm，产品与库墙的间隔不小于 30cm。

6.5.4 冻藏库内贮存的产品出库应遵从先进先出的原则。

6.5.5 冻藏库应定期整理、清洁消毒。

6.6 运输和配送过程的控制

6.6.1 运输和配送产品应使用适宜的运输工具，并保持工具清洁卫生。

6.6.2 运输和配送产品的冷藏车设有能记录运输过程厢体温度的仪表，还应有车厢外面能直接观察的温度显示设施，运输人员应定时检查厢内的温度并控制温升，冷藏车厢体温度在装载前应预冷到 10℃或更低，产品装载要迅速。

6.6.3 运输产品的厢体宜使产品温度保持在-18℃或以下，运输初期产品温度应保持在-18℃或以下，途中产品温度不得过-15℃。

6.6.4 配送过程中产品温度保持在-18℃或以下，最高不得高于-12℃，并在交货后尽快降至-18℃。

6.7 冷链的保持及控制

6.7.1 应采取有效措施确保以下过程中的温度控制要求得到满足：

冷冻原料（如：畜肉、禽肉、水产品等）的运输和储存；

原料或半成品的调制和暂存；

速冻过程控制；

内包装工序；

产品运输和配送。

6.7.2 应配置冷链控制所需的温度监控仪、全程制冷车辆等设施。

6.7.3 应保持各冷链控制过程的记录。

7 检验

7.1 检验能力

7.1.1 企业应有与生产能力相适应的内部检验部门，并具备相应资格的检验人员。

7.1.2 企业内部检验部门应具备检验工作所需要的标准资料、检验设施和仪器设备；检测仪器应按规定进行校准和（或）检定，并具备相应的检测能力。

7.1.3 企业委托外部检验机构承担检测工作的，该检验机构应具备相应的资质和能力。

7.2 检验要求

抽样应按照规定的程序和方法执行，确保抽样工作的公正性和样品的代表性、真实性，抽样方案应科学；抽样人员应经专门的培训，具备相应资质。

产品检测方法应满足现行有效的国家标准和行业标准的要求；农残、兽残等项目的检测，按现行有效的国家标准执行；出口产品按进口国法律法规及合同、信用证规定的方法执行。

8 产品追溯和撤回

8.1 产品追溯

企业应建立和实施产品追溯系统，以确保从原辅料到成品的标识清楚，具有可追溯性。产品追溯系统应覆盖原辅料的验收与使用，半成品和成品入（出）库批次、标识的管理等内容，实现从原辅料验收到产品分销处和（或）零售点全过程的标识与追溯。

对反映产品卫生质量情况的有关记录，应制定其标记、收集、编目、归档、存储、保管和处理的程序，并贯彻执行；所有质量记录应真实、准确、规范，产品记录应根据产品特性确定保存期限。

8.2 撤回

企业应建立不安全批次产品的撤回方案，应能够追溯到销售批次和客户，应采用模拟撤回、实际撤回或其他方式来验证产品撤回方案的有效性。

附录 A （资料性附录）GB/T 22000—2006 与 GB/T 27302—2008 之间的对应关系

表 A.1 GB/T 22000—2006 与 GB/T 27302—2008 之间的对应关系

GB/T 22000—2006			GB/T 27302—2008
引言			引言
范围	1	1	范围
规范性引用文件	2	2	规范性引用文件
术语和定义	3	3	术语和定义
食品安全管理体系	4		
总要求	4.1		
文件要求	4.2	8.1	产品追溯
总则	4.2.1		
文件控制	4.2.2		
记录控制	4.2.3		
管理职责	5		
管理承诺	5.1		
食品安全方针	5.2		
食品安全管理体系策划	5.3		
职责和权限	5.4		
食品安全小组组长	5.5		
沟通	5.6		
外部沟通	5.6.1		
内部沟通	5.6.2		
应急准备和响应	5.7		
管理评审	5.8		
总则	5.8.1		
评审输入	5.8.2		
评审输出	5.8.3		
资源管理	6		
资源提供	6.1	7.1	检验能力
人力资源	6.2	4	人力资源
总则	6.2.1	4.1	食品安全小组的组成
能力、意识和培训	6.2.2	4.2	能力、意识和培训
基础设施	6.3	5	前提方案
工作环境	6.4	5	前提方案
安全产品的策划和实现	7	6	关键过程控制
总则	7.1		

（续）

GB/T 22000—2006		GB/T 27307—2008	
前提方案（PRPs）	7.2	5	前提方案
	7.2.1		
	7.2.2		
	7.2.3	5.1	厂区环境及布局
		5.2	车间和设施设备
		5.3	维护保养
		5.4	有毒有害物品的控制
		5.5	人员健康和卫生
		6.2	原辅料的控制
		6.3	内包装材料的控制
		6.5	贮存过程的控制
		6.6	运输和配送过程的控制
实施危害分析的预备步骤	7.3	4.1	食品安全小组的组成
总则	7.3.1		
食品安全小组	7.3.2		
产品特性	7.3.3		
预期用途	7.3.4		
流程图、过程步骤和控制措施	7.3.5		
危害分析	7.4	6	关键过程控制
总则	7.4.1		
危害识别和可接受水平的确定	7.4.2		
危害评估	7.4.3		
控制措施的选择和评估	7.4.4		
操作性前提方案（PRPs）的建立	7.5	6	关键过程控制
HACCP 计划的建立	7.6	6	关键过程控制
HACCP 计划	7.6.1		
关键控制点（CCPs）的确定	7.6.2		
关键控制点的关键限值的确定	7.6.3		
关键控制点的监视系统	7.6.4		
监视结果超出关键限值时采取的措施	7.6.5		
预备信息的更新、规定前提方案和 HACCP 计划文件的更新	7.7		
验证策划	7.8	7	检验
可追溯性系统	7.9	8.1	产品追溯
不符合控制	7.10	8.2	撤回
纠正	7.10.1		
纠正措施	7.10.2		
潜在不安全产品的处置	7.10.3		
撤回	7.10.4		
食品安全管理体系的确认、验证和改进	8		
总则	8.1		

（续）

GB/T 22000—2006		GB/T 27307—2008	
控制措施组合的确认	8.2	6.4.6	
监视和测量的控制	8.3	7	检验
食品安全管理体系的验证	8.4		
内部审核	8.4.1		
单项验证结果的评价	8.4.2		
验证活动结果的分析	8.4.3		
改进	8.5		
持续改进	8.5.1		
食品安全管理体系的更新	8.5.2		

参考文献

［1］GB 7718—2004 预包装食品标签通则.

［2］GB 12694—1990 肉类加工厂卫生规范.

［3］GB/T 15091—1995 食品工业基本术语.

［4］GB 19295—2003 速冻预包装面米食品卫生标准.

［5］GB/T 22004—2007 食品安全管理体系 GB/T 22000—2006 的应用指南.

［6］BRC 全球标准. 食品. 2005 年.

［7］CAC/RCPO 8—1976 速冻食品加工和处理的操作规程.

［8］SB/T 10412—2007 速冻米面食品.

［9］SN/T 0795 出口速冻方便食品检验规程.

［10］出口速冻方便食品生产企业注册卫生规范.

［11］国家质量监督检验检疫总局. 出口食品生产企业卫生注册登记管理规定. 2002 年第 20 号令.

［12］国家质量监督检验检疫总局. 出口食品生产企业卫生要求. 2002 年第 20 号令附件 2.

［13］国家质量监督检验检疫总局. 食品召回管理规定. 2007 年第 98 号令.

［14］国家质量监督检验检疫总局. 食品标识管理规定. 2007 年第 102 号令.

［15］国家认证认可监督管理委员会. 食品生产企危害分析与关控制点（HACCP）管理体系认证管理规定. 2002 年第 3 号公告.

［16］国家认证认可监督管理委员会. 食品安全管理体系认证实施规则. 2007 年第 3 号公告.

［17］中国认证机构国家认可委员会，中国认证人员与培训机构国家认可委员会，全国质量管理和质量保证标准化技术员会. GB/T 19011—2003 质量和（或）环境管理体系审核指南. 北京：中国标准出版社，2003.

［18］中国合格评定国家认可中心.“十五”国家重大科技专项“食品安全关键技术”课题成果，中国食品企业和餐饮业 HACCP 体系的建立和实施丛书：食品安全管理体系评价准则、认证制度和认可制度. 北京：中国标准出版社，2006.

附录7　食品安全管理体系——速冻果蔬生产企业要求

ICS67.040

X 00

GB

中华人民共和国国家标准

GB/T 27307—2008

食品安全管理体系
速冻果蔬生产企业要求

Food safety management system—Requirements for quick
frozen fruits and vegetable product establishments

2008-10-22 发布　　　　　　　　　　　　　　2009-05-01 实施

中华人民共和国国家质量监督检验检疫总局
中国国家标准化管理委员会　　　发布

目 次

前　言

本标准的附录 A、附录 B、附录 C 为资料性附录。

本标准由中国合格评定国家认可中心和中华人民共和国济南出入境检验检疫局提出。

本标准由全国认证认可标准化技术委员会归口。

本标准起草单位：中国合格评定国家认可中心、中华人民共和国济南出入境检验检疫局、国家认监委注册管理部、上海质量体系认证中心、中国农业大学食品学院、莱阳龙大食品有限公司、莱阳恒润食品有限公司。

本标准主要起草人：姜铁白、宫君秋、周文权、李燕、吴广枫、谭平、杨志刚、章红兵、孔德峰、王子扬。

引　言

本标准从我国速冻果蔬安全存在的关键问题入手，采取自主创新和积极引进并重的原则，结合速冻果蔬企业生产特点，针对企业卫生安全生产环境和条件、关键过程控制、检验等，提出了建立速冻果蔬企业食品安全管理体系的特定要求。

本标准的编制基础为"十五"国家重大科技专项"食品企业和餐饮业 HACCP 体系的建立和实施"科研成果之一"食品安全管理体系　速冻果蔬生产企业要求"。

GB/T 22000—2006《食品安全管理体系　食品链中各类组织的要求》为食品链中的各类组织提供了通用要求。速冻果蔬生产企业及相关方在使用 GB/T 22000 中，根据本类型食品企业生产特点，提出了对通用要求进一步细化的需求。

鉴于速冻果生产企业在生产加工过程方面的差异，为确保产品安全，除应关注的一些通用要求外，本标准提出了针对本类产品特点的"关键过程控制"要求，主要包括原辅料控制和加工过程控制，重点提出对果蔬的漂烫处理、金属异物的检测，确保消费者食用安全。

食品安全管理体系
速冻果蔬生产企业要求

1 范围

本标准规定了速冻果蔬生产企业建立实施食品安全管理体系的特定要求，包括人力资源、前提方案、关键过程控制、检验以及产品追溯和撤回。

本标准配合 GB/T 22000 以适用于速冻果蔬生产企业建立、实施与自我评价其食品安全管理体系，也适用于对此类食品生产企业食品安全管理体系的外部评价和认证。

本标准用于认证目的时，应与 GB/T 22000 一起使用。本标准与 GB/T 22000 的对应关系参见附录 A，与速冻果蔬生产企业相关的法规和标准清单参见附录 B，有关速冻果蔬生产企业良好操作规范的要点参见附录 C。

2 规范性引到用文件

下列文件中的条款通过本标准的引用而成为本标准的条款。凡是注日期的引用文件，其随后所有的修改单（不包括勘误的内容）或修订版均不适用于本标准，然而，鼓励根据本标准达成协议的各方研究是否可使用这些文件的最新版本，凡是不注日期的引用文件，其最新版本适用于本标准。

GB 5749—2006　生活饮用水卫生标准

GB 14881—1994　食品企业通用卫生规范

GB/T 18517—2001　制冷术语

GB/T 22000—2006　食品安全管理体系 食品链中各类组织的要求（ISO 22000：2005，IDT）

3 术语和定义

GB/T 22000—2006 和 GB/T 18517—2001 确立的以及下列术语和定义适用于本标准。

3.1 原料 raw material

用于加工的无毒、无害、新鲜的蔬菜水果。

3.2 漂烫 blanching

为抑制果蔬中酶的活性而用沸水或蒸汽进行适宜的加热处理，并杀死表面微生物的过程。

3.3 金属异物 metal foreign body

原料采收过程或加工过程中由于加工机械的金属碎屑脱落或其他途径而导致混入的金属碎片类异物。

3.4 果蔬基地 fruit and vegetable base

被适当隔离的，具备一定规模并实行统一管理的水果、蔬菜种植场地。

3.5 清洗 wash

用水除去尘土、残屑、污物或其他可能污染食品之不良物质的操作。

3.6 速冻 quick frozen

将预处理后的食品在最短时间内通过最大冰晶生成带温度，并使其中心温度达到 −18℃或以下的过程。

4 人力资源

4.1 食品安全小组的组成

食品安全小组应由具有相关专业知识和经验的人组成，常包括从事食品卫生、质量控制、生产加工、工艺制定、检验、设备维护、原辅料采购、仓储管理和销售等工作的人员。

4.2 能力、意识和培训

4.2.1 食品安全小组成员应理解危害分析与关键控制点（hazard analysis and critical control point，HACCP）原理和食品安全管理体系的标准。

4.2.2 食品安全小组应具有熟悉速冻果蔬生产基本知识及加工工艺的人员。

4.2.3 从事工艺制定、卫生质量控制、检验及从事漂烫、金属检测等关键工序操作的人员应当经过相关知识培训，具备上岗条件。

4.2.4 生产人员应熟悉卫生标准操作程序，遵守前提方案的相关规范要求。

5 前提方案

5.1 总则

从事速冻果蔬生产的企业，根据 GB/T 22000—2006 建立食品安全管理体系时，应符合 GB 14881—1994 的要求。

5.2 基础设施和维护

5.2.1 应具有符合速冻果蔬专业要求和生产安全产品必需的生产厂房、卫生设施、储存、运输、检验等基础设施。加工场地应远离有害场所，至少符合 GB 14881—1994 和国家质检总局 2002 年第 20 号令《出口食品生产企业卫生注册登记管理规定》的要求。

5.2.2 应具备符合速冻果蔬生产技术要求的原料存放、清洗、漂烫、冷却、速冻、包装、冷藏、运输和防止虫害及鼠害的设备和设施。

5.2.3 应具备与生产能力相适应的水、电、气等能源供给及废弃物处理设施。

5.2.4 采购原料的运输工具与原料仓库不应增加对产品的污染。

5.2.5 原料入口和加工废弃物出口有效分离，标志明确，加工废弃物集中存放处远离加工间，并应有密闭装置，废弃物集中存放处应及时清理。

5.2.6 加工间输水管道、蒸汽管道、冷库蒸发排管、排风机等不宜存在内部和外部锈蚀；水循环和污水排放系统设计合理，对不同用途管道进行编号并标记清新，易于辨认和抽查。

5.2.7 能源供应和废水、废气排放应符合当地环保要求。锅炉用煤和运送垃圾的途径不应对加工区造成污染。

5.2.8 车间与外界相通的门窗、人员出入口、下水道出口、包装物料间及排气扇等空气出口设置有良好的防蚊蝇设施。

5.2.9 各加工间设计、卫生设计、工艺设计和设备材料能够满足产品安全卫生的需要，设备维修所用油和器械不应污染产品。

5.2.10 应建立必要的设施设备维护保养计划。明确规定对加工设备进行维护保养的频率，对关键工序的设备要及时进行检查、校准，并形成相应的记录。设备的维护保养应确保生产中加工设备不会对食品造成安全隐患。

5.3 卫生标准操作程序

5.3.1 接触食品（包括原料、半成品、成品）的水和（或）冰应当符合 GB 5749—2006。

5.3.2 接触食品的器具、手套和内外包装材料等应清洁、卫生和安全。

5.3.3 确保食品免受交叉污染。

5.3.4 保证操作人员手的清洗消毒，保持洗手间设施的清洁。

5.3.5 防止润滑剂、燃料、清洗消毒用品、冷凝水及其他化学、物理和生物等污染物对食品造成安全危害。

5.3.6 正确标注、存放和使用各类有毒化学物质。

5.3.7 清除和预防鼠害、虫害。

5.3.8 对包装、储运的卫生进行控制，必要时应控制包装、储运时的温度。

5.4 人员健康和卫生

5.4.1 从事食品生产、质量管理的人员应符合《中华人民共和国食品卫生法》关于从事食品加工人员的卫生要求和健康检查的规定。与生产有接触的生产、检验、维修及质量管理人员每年应进行一次健康检查，必要时做临时健康检查，体检合格后方可上岗。

5.4.2 从事食品生产加工的人员，凡有病毒性肝炎、活动性肺结核、肠道传染病及肠道传染病带者、化脓性或渗出性皮肤病、疥疮、手部有外伤者及其他有碍食品卫生安全的患病人员应调离食品生产、检验岗位。

5.4.3 生产、质量管理人员应保持个人清卫生，不得将与生产无关的物品带入车间；工作时不得戴首饰、手表，不得化妆；进入车间时应洗手、消毒并穿着工作服、帽、鞋，离开车间时换下工作服、帽、鞋；不同清洁区加工及质量管理人员的工作帽、服应用不同颜色或标识加以区分，工作服、帽应集中管理，统一清洗、消毒，统一发放；不同区域人员不应串岗。

6 关键过程控制

6.1 总则

企业根据 GB/T 22000—2006 进行危害分析时应关注关键过程，并选择适宜的控制措施组合对危害实施控制。

6.2 基地管理

应建立文件化的基地管理程序，基地应提供基地环境检测报告和基地备案资料，包括基地备案号、基地性质、面积、植保员、土壤检测报告、灌溉用水检测报告、农药管理制度等，以有效控制化学危害。

6.3 原辅料验收

应编制文件化的原辅材料控制程序，明确原辅料标准和采购与验收要求，并形成记录，定期复核。

果蔬原料应在满足产品特性的温度下储存和运输。新鲜、易腐烂变质、有特殊加工时间要求的原料，应明确从采摘、收购到进厂加工的时限。

应制定选择、评价和重新评价供方的准则，对原料、辅料、容器、包装材料的供方进行评价、选择，企业应建立合格供应方名录。企业应按 GB/T 22000—2006 中 7.3.3.1 的要求制定原料、辅料验收规则。

6.4 加工过程控制

6.4.1 对于漂烫类产品，加工车间应有符合加工技术要求的热处理设备，确保对果蔬原料进行热处理时杀死表面的微生物。热处理设备配有必要的监控仪器，该仪器能够对热处理的时间、温度等参数进行描述并保留记录。监控仪器应定期进行校准，确保其处于持续有效监控状态。每种产品加工前均需做漂烫时间和温度关键限值的确定试验，并保持记录。生产企业应对漂烫后的产品进行抽样检测，以验证漂烫的效果，确保最终产品的安全。

6.4.2 对于非漂烫类产品，生产企业可根据工艺要求进行相应的生物危害控制。

6.4.3 生产车间应对金属及其他恶性杂质制定控制措施，并定期对控制措施的有效性进行评价。

7 检验

7.1 检验能力

7.1.1 实验室各工作间应具备与工作需要相适应的场地、仪器和设备、检测方法标准。应具备醒目的操作规程与标识。

7.1.2 实验室应分别设置保存样品和标准品的专用场所。样品的抽取、处置、传送和贮存应制定相应的规范。

7.1.3 实验室所用化学药品、仪器和设备应有合格的采购渠道、存放地点、标记标签和使用说明，要保存仪器和设备的校准记录及维护记录，保存化学药品、仪器和设备的使用记录。

7.1.4 实验室应配备足够的人员，这些人员应经受过与其承担任务相适应的教育和培训，并具备相应的技术知识和经验。速冻果蔬生产企业应保存技术人员培训、技能、经历和资格等技术业绩档案。

7.1.5 实验室应有独立的、与实际工作相符合的文件化的实验室管理程序。

7.1.6 实验室应保存检验数据的原始记录。

7.1.7 检验仪器的计量应符合 GB/T 22000—2006 中 8.3 的要求。

7.1.8 速冻果蔬生产企业委托外部检验机构开展检验工作的，应签订委托合同。

7.1.9 受委托的社会实验室应当具有相应的资质，具备完成委托检验项目的实际检测能力。

7.1.10 生产过程中直接关系到安全卫生质量控制等时效性较强的检验项目，如感官、微生物等项目，应由企业设立的实验室自行完成检验，不得对外委托。

7.2 检验要求

抽样应按照规定的程序和方法执行。抽样方案应科学，确保抽样工作的公正性和样品的代表性、真实性。抽样人员应接受过专门的培训，具备相应资质。

产品检测方法应满足现行的国家标准和行业标准的要求。农残等项目的检测，按现行的国家标准执行。出口产品按进口国法律法规、合同及信用证规定的方法执行。

8 产品追溯和撤回

8.1 产品追溯

应建立和实施产品追溯系统，以确保从产品的初次分销追踪到所使用原料的种植基地。

对反映产品卫生质量情况的有关记录，应制定其标识、收集、编目、归档、存储、保管和处理的程序，并贯彻执行。所有质量记录应真实、准确、规范，冷冻产品的记录应至少在产品保质期满后再保存 12 个月。

8.2 撤回

应建立不安全批次产品的撤回方案，应能够追溯到销售批次和客户。应采用模拟撤回、实际撤回或其他方式来验证产品撤回方案的有效性。

附录 A （资料性附录）GB/T 22000—2006 与 GB/T 27307—2008 之间的对应关系

表 A.1 GB/T 22000—2006 与 GB/T 27307—2008 之间的对应关系

GB/T 22000—2006		GB/T 27307—2008	
引言			引言
范围	1	1	范围
规范性引用文件	2	2	规范性引用文件
术语和定义	3	3	术语和定义
食品安全管理体系	4		
总要求	4.1		
文件要求	4.2	8.1	产品追溯
总则	4.2.1		
文件控制	4.2.2		
记录控制	4.2.3		
管理职责	5		
管理承诺	5.1		
食品安全方针	5.2		
食品安全管理体系策划	5.3		
职责和权限	5.4		
食品安全小组组长	5.5		
沟通	5.6		
外部沟通	5.6.1		
内部沟通	5.6.2		
应急准备和响应	5.7		
管理评审	5.8		
总则	5.8.1		
评审输入	5.8.2		
评审输出	5.8.3		
资源管理	6		
资源提供	6.1		检验
人力资源	6.2		人力资源
总则	6.2.1		食品安全小组的组成
能力、意识和培训	6.2.2		能力、意识和培训
基础设施	6.3	5	前提方案
工作环境	6.4	5	前提方案
安全产品的策划和实现	7	6	关键过程控制
总则	7.1		

（续）

GB/T 22000—2006		GB/T 27307—2008	
	7.2	5	前提方案
	7.2.1		
前提方案（PRPs）	7.2.2		
	7.2.3	5.2	基础设施和维护
		5.3	卫生标准操作程序
		54	人员健康和卫生要求
实施危害分析的预备步骤	7.3	4.1	食品安全小组的组成
总则	7.3.1		
食品安全小组	7.3.2		
产品特性	7.3.3		
预期用途	7.3.4		
流程图、过程步骤和控制措施	7.3.5		
危害分析	7.4	6.2	基地管理
总则	7.4.1	6.3	原辅料验收
危害识别和可接受水平的确定	7.4.2	6.4	加工过程控制
危害评估	7.4.3		
控制措施的选择和评估	7.4.4		
操作性前提方案（PRPs）的建立	7.5		
HACCP 计划的建立	7.6		
HACCP 计划	7.6.1		
关键控制点（CCPs）的确定	7.6.2		
关键控制点的关键限值的确定	7.6.3		
关键控制点的监视系统	7.6.4		
监视结果超出关键限值时采取的措施	7.6.5		
预备信息的更新、规定前提方案和 HACCP 计划文件的更新	7.7		
验证策划	7.8	7	检验
可追溯性系统	7.9	8.1	产品追溯
不符合控制	7.10		撤回
纠正	7.10.1		
纠正措施	7.10.2		
潜在不安全产品的处置	7.10.3		
撤回	7.10.4		
食品安全管理体系的确认、验证和改进	8		
总则	8.1		
控制措施组合的确认	8.2		
监视和测量的控制	8.3	7	检验

（续）

GB/T 22000—2006		GB/T 27307—2008
食品安全管理体系的验证	8.4	
内部审核	8.4.1	
单项验证结果的评价	8.4.2	
验证活动结果的分析	8.4.3	
改进	8.5	
持续改进	8.5.1	
食品安全管理体系的更新	8.5.2	

附录 B　（资料性附录）相关法规和标准清单

国家认证认可监督管理委员会 2002 年第 3 号公告　食品生产企业危害分析与关键控制点（HACCP）管理体系认证管理规定

GB 2760　食品添加剂使用卫生标准

GB 2762　食品中污染物限量

GB 2763　食品中农药最大残留限量

GB 7718　预包装食品标签通则

GB 9687　食品包装用乙烯成型品卫生标准

GB 9693　食品包装用聚丙烯树脂卫生标准

GB 14930.1　食品工具、设备用洗涤剂卫生标准

GB 14930.2　食品工具、设备用洗涤消毒剂卫生标准

GB 15204　食品容器、包装材料用偏氯乙烯-氯乙烯共聚树脂卫生标准

GB 16331　食品包装材料用尼龙 6 树脂卫生标准

GB 16332　食品包装材料用尼龙成型晶卫生标准

GB 18406.1　农产品安全质量　无公害蔬菜安全要求

GB 18406.2　农产品安全质量　无公害水果安全要求

GB/T 18407.1　农产品安全质量　无公害蔬菜产地环境要求

GB/T 5009.38　蔬菜、水果卫生标准的分析方法

GB/T 10470　速冻水果和蔬菜　矿物杂质测定方法

GB/T 10471　速冻水果和蔬菜　净重测定方法

GB/T 19537　蔬菜加工企业 HACCP 体系审核指南

CAC/RCP 1—1969　［Rev.4（2003），Amd.1（1990）］食品卫生通则

CAC/RCFP 5—1971　脱水干果和蔬菜（包括食用菌）卫生操作规范

CAC/RCP 8—1976，Rev.2（1983）　速冻食品加工处理卫生操作规范

CAC/RCP 46—1999　延长货架期的冷藏包装食品卫生操作规范

CAC/RCP 53—2003　新鲜水果和蔬菜卫生操作规范

附录 C （资料性附录）速冻果蔬生产企业良好操作规范要点

速冻果蔬生产企业良好操作规范（good manufacturing practice，GMP）要点如下：

1）卫生质量方针和卫生质量目标。

2）组织机构及其职责。

3）生产、检验人员的管理（按食品企业 GMP 和 GB 14881—1994 的相关规定）。

4）环境卫生的要求。

5）车间及设施卫生的要求：

——地面、墙壁、天花板、门窗、管道等；

——通风设施；

——供水设施；

——更衣设施；

——洗手消毒设施；

——冷库设施；

——卫生间设施。

6）原料、辅料卫生质量的控制。

7）生产卫生质量的控制。

8）包装、储存、运输卫生的控制。

9）检验的要求。

10）质量记录的控制。

11）质量体系的内部审核。

参考文献

NORMAN N P, JOSEPH H F. 食品科学 [M]. 5 版. 王璋, 等译. 北京：中国轻工业出版社, 2001.

宫君秋. 出口蔬菜质量控制 [M]. 山东：山东科技出版社, 2000.

中国合格评定国家认可中心. 食品安全管理体系评价准则、认证制度和认可制度 [M]. 北京：中国标准出版社, 2006.